Manuale di procedura penale minorile

Elga Turco

Manuale di procedura penale minorile

Giappichelli

VIA PO, 21 - TEL. 011-81.53.111

http://www.giappichelli.it

ISBN/EAN 979-12-211-2969-4
ISBN/EAN 979-12-211-6235-6 (ebook)

G. Giappichelli Editore

Questo libro è stato stampato su carta certificata, riciclabile al 100%

Stampa: Stampatre s.r.l. - Torino

A Giulio ed Anna,
estensioni della mia anima

INDICE

CAPITOLO III
I PROTAGONISTI

CAPITOLO IV
LE LIMITAZIONI DELLA LIBERTÀ PERSONALE

pag.

CAPITOLO V
I MECCANISMI DI *DIVERSION*

pag.

CAPITOLO VI

IL PROCEDIMENTO: LE DEVIAZIONI RISPETTO ALL'*ITER* ORDINARIO

CAPITOLO VII

PENE E MISURE DI SICUREZZA: IL DOPPIO BINARIO PER I MINORI

CAPITOLO VIII

LA DISCIPLINA PENITENZIARIA

PREFAZIONE

Il procedimento penale a carico del minorenne è in bilico tra cognizione ed educazione: senza rinunciare alla funzione tipica – l'accertamento del fatto e della correlativa responsabilità –, adegua le sue forme alle peculiarità del giovane inquisito che, diversamente dall'adulto, è un soggetto fragile, dalla personalità *in fieri*, alla ricerca della propria identità.

Nel corso del rito penale, dunque, i diritti e le garanzie espressamente riconosciute al minorenne, in qualità di indagato/imputato dotato di una piena capacità processuale, secondo i principi scolpiti nell'art. 111 Cost., sono corredati da una serie di cautele cucite "su misura" del piccolo protagonista, finalizzate ad evitare che l'irruzione del minore nella spiacevole vicenda processuale possa interferire negativamente con il suo percorso individuale di formazione e crescita e compromettere, irrimediabilmente, lo sviluppo armonico della sua personalità.

Così, la finalità "rieducativa", se per l'adulto è solo "tendenziale" e, comunque, differita al momento dell'esecuzione della pena – come esige l'art. 27, comma 3, Cost. –, per il minore è immediatamente cogente ed attuale, tanto da richiedere un trattamento differenziato e, dunque, la predisposizione di un procedimento *ad hoc* e di istituti specificatamente mirati allo scopo.

Questa tensione ideale verso il "fine educativo" del minore è il *fil rouge* che lega tra loro tutte le disposizioni originarie del d.P.R. 22 settembre 1988, n. 448: da quelle che impongono la specializzazione dei soggetti istituzionali coinvolti – il giudice, il pubblico ministero, la polizia giudiziaria e il difensore – e garantiscono l'assistenza affettiva e psicologia, in ogni stato e grado del procedimento, dei genitori (o di altra persona idonea) e dei servizi sociali, a quelle che prescrivono l'obbligatorietà degli accertamenti sulla personalità, la residualità della detenzione, l'inammissibilità dell'azione civile, la non pubblicità delle udienze dibattimentali, sino alle disposizioni che facilitano l'accesso ad un modello di giustizia – c.d. *restorative justice* – alternativo allo stereotipo tradizionale, improntato ad una sostanziale "mitezza", che fornisce una risposta al crimine "senza spada"; si tratta dei meccanismi di *diversion*, sorretti dalla matrice di "minima offensività", diretti a garantire una rapida e indolore fuoriuscita del minore dal circuito processuale.

La disciplina contenuta nel d.P.R. n. 448 del 1988 – ricamata da un legislatore che, seguendo le nitide mappe nautiche fornite dalle Carte internazionali, ha mantenuto sapientemente la rotta verso il *best interests of the child* –, da quando è venuta alla luce, si è rivelata una sorta di "enclave normativa", restando immune ai movimenti tellurici attraversati dalla giustizia penale ordinaria, generati da novelle schizofreniche, affastellatesi a ritmi irrefrenabili, che hanno trasfigurato il volto del codice di procedura penale.

Dal 2022 tutto è cambiato.

Per un verso, le riforme ad ampio raggio attuate nel contesto di un disegno volto all'efficienza del sistema penale in generale hanno proiettato il loro fascio di luce anche sul circuito minorile, con ricadute positive – è il caso del d.lgs. 10 ottobre 2022, n. 150 (Riforma Cartabia), che ha innestato la giustizia riparativa nel processo penale minorile e in sede esecutiva e ha rivitalizzato le sanzioni sostitutive delle pene detentive brevi (concepite, sin dal *nomen iuris*, come vere e proprie "pene", funzionali alla rieducazione del condannato e al raggiungimento di obiettivi di prevenzione generale e speciale) – o, talvolta, di lieve impatto – così è stato per il *maquillage* ordinamentale operato attraverso il d.lgs. 10 ottobre 2022, n. 149, che ha soppresso il Tribunale per i minorenni e ha istituito un Tribunale unico per le persone, per i minorenni e per le famiglie, alla cui sezione distrettuale è stata affidata la giurisdizione in materia penale.

Per altro verso, il microsistema minorile è stato bersaglio diretto di un legislatore che ha ritenuto "necessario" intervenire "d'urgenza" ben due volte, in linea con la «cronica oscillazione» tra tutela *dal* e tutela *del* minorenne che delinque [1]: preliminarmente, turbato da ripugnanti episodi di cronaca nera realizzati da *baby gang* e travolto dall'onda emozionale generata dalle drammatiche vicende, ha manipolato impetuosamente il d.P.R. n. 448 del 1988 – e anche il d.lgs. 2 ottobre 2018, n. 121 – con l'obiettivo di «sanzionare e dissuadere dal tenere comportamenti contrari alla legge»; il riferimento è al d.l. 15 settembre 2023, n. 123 – c.d. decreto Caivano – convertito, con modificazioni, dalla l. 13 novembre 2023, n. 159: salvo un solo innesto di stampo rieducativo – il nuovo meccanismo di *diversion ex* art. 27-*bis* l.m., tra le cui maglie si annidano vuoti e ambiguità –, i *restyling* più significativi, modulati in una dimensione prettamente repressiva, hanno condotto ad un ribaltamento della giustizia penale minorile; la restrizione della libertà personale del giovane indagato/imputato, sinora consentita solo come *extrema ratio*, acquisisce, allo stato attuale, una assolu-

---

[1] La locuzione è mutuata da G. GIOSTRA, *Premessa alla sesta edizione*, in AA.VV., *Il processo penale minorile. Commento al d.P.R. 448/1988*, Giuffrè, Milano, 2024, a cura di G. GIOSTRA, p. XXIII, che, a proposito delle novità significative degli ultimi anni, parla di «cronica oscillazione del legislatore penale minorile tra tutela *del* e tutela *dal* minorenne che delinque».

ta centralità, giustificata – evidentemente – dall'impellente esigenza di tutelare la collettività dagli effetti criminogeni della delinquenza giovanile.

In seconda battuta, incalzato dalla Commissione Europea – che ha avviato una procedura di infrazione a carico del nostro Paese, per la carenza di complete misure di adeguamento alla Direttiva (UE) 2016/800 sulle «Garanzie procedurali per i minori indagati o imputati nei procedimenti penali» – è tornato a maneggiare, attraverso il d.l. 16 settembre 2024, n. 131, convertito, con modificazioni, dalla l. 14 novembre 2024, n. 166, il d.P.R. n. 448 del 1988 e il d.lgs. n. 121 del 2018, al fine di garantire al minorenne una tempestiva ed esaustiva informazione su tutti i diritti che gli competono in qualità di indagato e indagato/imputato/condannato sottoposto ad una restrizione della libertà personale, nonché una tangibile assistenza – affettiva, psicologica e "difensiva" – nel corso del procedimento penale e una puntuale e indeclinabile valutazione sanitaria se *in vinculis*.

Il volume scandaglia la trama tessuta dal d.P.R. n. 448 del 1988, passando in rassegna l'evoluzione normativa cui si è fatto cenno, nonché gli arresti giurisprudenziali sulle principali questioni ermeneutiche che ruotano attorno ai vari istituti processuali e tutte le pronunce della Corte costituzionale in materia, sempre ispirate al *favor minoris*.

Certamente, il manuale tiene conto, anche, delle mutazioni patite negli anni dal codice di procedura penale, che hanno colpito *de relato* il d.P.R. n. 448 del 1988, come il passaggio al processo *in absentia* e il riordino della disciplina sulla difesa d'ufficio. Un interesse particolare, poi, è rivolto alla riforma penitenziaria minorile, partorita dopo oltre venticinque anni dalla sentenza-monito della Corte costituzionale che sollecitava il legislatore ad intervenire tempestivamente, a salvaguardia della specifica esigenza di «individualizzazione e flessibilità del trattamento» del giovane condannato.

L'auspicio è che il libro possa essere una bussola maneggevole per chiunque – studente, studioso, operatore del diritto – voglia navigare nelle acque della giustizia penale minorile, non più tanto chete, né tanto meno cristalline.

Lecce, 24 febbraio 2025

Elga Turco

AVVERTENZE PER IL LETTORE

Nel volume, in ogni capitolo:

1) gli articoli del d.P.R. 22 ottobre 1988, n. 448 sono citati con l'acronimo di legge minorile, ossia "l.m.";

2) gli articoli del d.lgs. 28 luglio 1989, n. 272 sono citati nel seguente modo: art. … disp. att. l.m.;

3) le fonti normative sono citate per esteso solo la prima volta; di seguito, sono citate in forma abbreviata;

4) il d.lgs. 10 ottobre 2022, n. 150 è citato per esteso solo la prima volta; di seguito, è citato con la forma abbreviata "Riforma Cartabia";

5) il d.l. 15 settembre 2023, n. 123, convertito, con modificazioni, dalla l. 13 novembre 2023, n. 159, è citato per esteso solo la prima volta; di seguito, è citato con la forma abbreviata "decreto Caivano";

6) la sezione distrettuale del Tribunale unico per le persone, per i minorenni e per le famiglie è citata con l'acronimo T.P.M.F.

Un particolare **ringraziamento** alla dott.ssa Agnese Del Giudice, che ha contribuito alla revisione editoriale del presente volume, con professionalità, passione e instancabile dedizione.

CAPITOLO I

LE FONTI

1. *La tutela del minore nell'ordinamento giuridico nazionale: origini storiche.*

Nell'ordinamento giuridico italiano, l'esigenza di garantire un **trattamento diversificato** tra adulto e minore coinvolto in un procedimento penale inizia ad avvertirsi concretamente alla **fine del IX secolo**.

Già il **codice penale sardo** del **1859** contiene interessanti disposizioni: la responsabilità penale si presume al compimento del **ventunesimo anno** di età; al di sotto di tale soglia, per il ragazzo che abbia compiuto i **quattordici anni**, sono previste riduzioni di pena, da scontare nelle carceri comuni; il minore di quattordici anni, invece, nei casi in cui sia appurata la commissione del fatto «**con discernimento**», è sistemato in apposite case di custodia; se, invece, ha agito «**senza discernimento**» o ha commesso **reati di lieve entità «con discernimento»**, è ricoverato in stabilimenti pubblici di lavoro. In questi ultimi luoghi è destinato, altresì, il minore di sedici anni dedito all'ozio o al vagabondaggio. Il quadro è completato dal **codice civile** del **Regno d'Italia** del **1865**, il quale contempla la possibilità di internare il giovane «discolo», su richiesta anche solo verbale del genitore, in speciali case di correzione o di educazione.

Anche il primo codice penale unitario – il **Codice Zanardelli** –, entrato in vigore nel **1889**, differenzia il trattamento giuridico del minore a seconda dell'**età** e del «**discernimento**». In particolare, individua **quattro** categorie: **fino ai nove**

anni, vige un regime di **assoluta "non procedibilità"** (art. 53); per il minore che abbia compiuto i **nove anni ma non ancora i quattordici**, il regime muta a seconda che si agisca **con o senza «discernimento»**: nel primo caso, il minore è imputabile ma, nell'ipotesi di condanna, sono previste **forti diminuzioni** di **pene** (quindici anni per reati puniti con l'ergastolo), da scontare, a seconda della gravità del fatto, nelle Case di correzione o di custodia; nel secondo caso, il minore «**non soggiace a pena**»; tuttavia, il giudice penale, se si tratta di reato punibile con «l'ergastolo o la reclusione, ovvero la detenzione non inferiore ad un anno», può ordinare che il minore sia rinchiuso presso **istituti di correzione e/o di educazione**, per un periodo non eccedente la maggiore età o, in alternativa, che si provveda ad una ingiunzione nei confronti dei genitori o di coloro che hanno l'obbligo di provvedere all'educazione del fanciullo, perché vigilino sulla sua condotta (art. 54); gli stessi provvedimenti possono essere presi dal presidente del Tribunale civile, su richiesta del pubblico ministero, nei confronti del minore di nove anni (art. 53, comma 2); per il ragazzo che abbia compiuto i **quattordici anni ma non ancora i diciotto** e per quello da **diciotto a ventuno anni** opera una presunzione sul possesso del «**discernimento**» e, nel caso di condanna, sono previste riduzioni di pene via via meno significative (art. 55).

Risale all'11 maggio 1908 la **Circolare del Ministro** Guardasigilli Vittorio Emanuele **Orlando** il quale, allarmato «dall'aumento spaventevole della delinquenza dei minori» e consapevole dell'inevitabile lentezza di un'azione legislativa al riguardo, rivolge ai capi degli uffici giudiziari una serie di **raccomandazioni** dirette a garantire la **specializzazione** del giudice, l'**indagine personalistica**, la **non pubblicità** delle udienze.

In particolare, il Ministro Orlando raccomanda: 1) che siano sempre i medesimi giudici a gestire la trattazione dei processi contro imputati minorenni; 2) che i predetti giudici, tenuti a «studiare con animo quasi paterno la psicologia dell'imputato» e a «trattarlo alla buona e senza intimidazioni, cercando di guadagnarne la confidenza e di fargli comprendere la necessità dell'osservanza delle leggi e del rispetto alla disciplina ed alla pubblica autorità», non si limitino «all'accertamento del fatto delittuoso nella sua pura materialità», ma procedano «a tutte quelle indagini che valgono a far conoscere lo stato di famiglia del piccolo imputato, il tenore e le condizioni di sua vita, i luoghi e le compagnie che frequenta, l'indole e il carattere di coloro che su di lui esercitano la potestà patria e tutoria, i mezzi eventualmente adoperati per ritirarlo dalla via del pervertimento, di tutte insomma quelle notizie che possono dare un criterio esatto delle cause dirette»; 3) che si fissino le udienze con imputati minorenni in giorni ed ore in cui non vi siano dibattimenti con imputati adulti e che si allontanino «dalle aule, dove si amministra la giustizia penale [...] quei giovanetti, che, senza alcun interesse diretto e solo per morbosa curiosità, assistono ai dibattimenti», per evitare ogni possibile «contagio morale».

Un anno dopo, col R.d. del 7 novembre **1909**, viene nominata una **Commissione reale** che, presieduta dal primo presidente della Corte di cassazione, Oronzo **Quarta**, ha il compito di studiare le cause della delinquenza minorile e di elaborare un codice per i minorenni che utilizzasse «la combinazione armonica delle diverse competenze, da quelle d'ordine giuridico penale a quelle sociologiche, dalla pedagogia alle discipline carcerarie». I lavori della Commissione si concludono con l'elaborazione di un **progetto, denominato «Magistratura dei minorenni»,** che, mutuando alcune delle raccomandazioni della circolare Orlando, persegue l'obiettivo di **riunire in un unico testo normativo** tutte le disposizioni disseminate nel codice penale, nel codice civile e nelle varie leggi speciali (regolamenti sulla pubblica sicurezza, sul lavoro dei fanciulli, sull'emigrazione, sui riformatori, ecc.) e di creare una **magistratura specializzata**.

Il **progetto Quarta** prevede, infatti, l'istituzione, in ogni città sede di Tribunale, di un **magistrato monocratico *ad hoc*** che, dotato di una «speciale competenza nelle discipline biologiche, pedagogiche e sociali», deve in via esclusiva «vigilare circa l'assistenza, tutela, protezione, istruzione, disciplina e correzione dei minorenni» e, altresì, **giudicare i fatti di reato lievi**; per quelli più gravi, la competenza si radica presso il Tribunale ordinario che, tuttavia, deve essere composto da giudici individuati annualmente per questa funzione.

La **carcerazione preventiva è vietata** in fase di istruzione e l'arresto del minore non è consentito in caso di flagranza: misure, queste, sostituite, per i maggiori di nove anni, con speciali forme di custodia. Nel giudizio, da celebrare a **porte chiuse**, il magistrato distrettuale, «tenendo speciale conto dell'ambiente in cui vive il minorenne, e delle condizioni personali di lui», può, «nel sovrano e **insindacabile** suo giudizio, **proscioglierlo** da ogni ulteriore procedimento», oppure **disporre una delle varie misure previste**: ammonimento, affidamento, arresti domiciliari brevi, per un periodo non superiore ai venti giorni, libertà sorvegliata, collocamento in istituto di beneficenza o in un riformatorio, per un tempo variabile per il minore ultrasedicenne e sino al compimento del ventunesimo anno di età.

Il **Progetto Quarta**, completato nel 1912, **non approderà mai in Parlamento**, complice la Guerra mondiale, prima, e l'avvento del fascismo, poi.

I principi fissati nella Circolare Orlando e nel Progetto Quarta saranno timidamente evocati dal **codice di procedura penale** del **1913**, il quale prevede limitazioni circa il mandato di cattura del minore e, al fine di scongiurare, sul piano pedagogico, gli effetti deleteri di un giudizio di massa, stabilisce – in deroga alla garanzia costituzionale della pubblicità del giudizio, scolpita nell'art. 72 dello Statuto Albertino – che il dibattimento deve svolgersi a **porte chiuse**, salvo che vi sia un coimputato maggiorenne (art. 375, comma 2).

Negli anni successivi alla Prima guerra mondiale fioriscono altri progetti di riforma della legislazione minorile – il **Progetto Ferri** del **1921** e quello **Orlandini** del **1922** – che seguiranno, però, la stessa sorte del Progetto Quarta.

Dobbiamo attendere il **1929** per avere, finalmente, un passo significativo verso più concrete realizzazioni di ordine istituzionale: il Ministro della Giustizia Alfredo **Rocco**, in attesa che sia completata l'opera legislativa – ancora allo stato di progetto –, emana una **circolare** (la n. 2236) con cui, riprendendo, ad oltre un ventennio di distanza, con toni più perentori, alcune delle direttive contenute nella circolare Orlando, intende istituire «**magistrati per minorenni**» e «assicurare una migliore applicazione delle norme di carattere preventivo» concernenti «la criminalità minorile [...]». Per realizzare il primo obiettivo, si prevede che, nelle più importanti Corti d'appello (quelle di Torino, Milano, Firenze, Roma, Napoli e Palermo), nonché nei Tribunali e nelle Preture delle stesse città, i processi contro imputati minori di diciotto anni, privi di coimputati maggiorenni, si affidino sempre ai medesimi magistrati, non solo per la funzione istruttoria – come aveva già stabilito la circolare Orlando –, ma anche per le funzioni requirenti, di spettanza del pubblico ministero. Inoltre, i **giudizi** devono essere devoluti «ad una **speciale sezione permanente**, composta, salvo i casi di temporaneo impedimento, sempre dagli stessi magistrati e da un unico pretore o vice-pretore». Si dispone, infine, che i dibattimenti a carico di imputati minori di diciotto anni si tengano «in sedi separate e lontane dagli edifici in cui si giudicano gli imputati maggiorenni, allo scopo di evitare contatti non giovevoli per i piccoli giudicabili e la loro stessa permanenza negli affollati ambulacri dei palazzi di giustizia».

2. *I codici del 1930.*

La previsione di «speciali udienze», «**a porte chiuse**», per «i dibattimenti in cui sono imputati minori di diciotto anni» è confermata dall'art. 425 del **nuovo codice di procedura penale** – entrato in vigore nel **1931** – che consente la deroga solo in presenza di coimputati maggiorenni e fa salva la possibilità, per il presidente del Tribunale o per il Pretore, di concedere «ai genitori, ai tutori o ai rappresentanti di istituti di assistenza dei minorenni d'intervenire all'udienza».

Importanti innovazioni sono introdotte, altresì, nel **nuovo codice penale (codice Rocco)**, entrato in vigore insieme a quello processuale e tutt'ora vigente.

In particolare, il codice Rocco, anzi tutto, innalza l'età dell'**imputabilità** da nove a **quattordici anni** e abbassa l'età della **maturità** da ventuno a **diciotto anni**: per il **minore di quattordici anni** opera una **presunzione assoluta** di incapacità di intendere e di volere (art. 97 c.p.); pertanto, egli **non può essere sottoposto a pena** ma, nel caso in cui sia accertata la sua pericolosità sociale, soggiace alle **misure di sicurezza** del **riformatorio giudiziario o** della **libertà vigilata** (art. 224 c.p.)[1]. Per il minore che abbia compiuto i quattordici anni, la **presunzione** di incapacità di intendere e di volere è **relativa**: il giudice, cioè, deve **verificare in concreto** la capacità di intendere e di volere al momento della commissione del reato (art. 98 c.p.); all'esito positivo dell'accertamento corrisponde, in caso di condanna, la riduzione della pena **fino ad un terzo**[2].

Le ragioni addotte dal Guardasigilli Rocco per **l'innalzamento dell'età** imputabile sono esplicitate nella sua relazione al Re: «La Commissione parlamentare, conformemente al sistema del codice del 1889, ha trovato eccessivo ritenere non imputabili tutti i minori di quattordici anni ed ha proposto di abbassare sensibilmente tale limite, osservando che a quattordici anni l'intelligenza è già sviluppata, e che la donna può contrarre matrimonio a dodici anni. Ma non basta che sia sviluppata l'intelligenza; occorre sopra tutto che sia compiuto, o almeno molto progredito, il processo di formazione etica dell'individuo. È necessario, insomma, che per poter dare una base razionale all'imputabilità, la persona abbia raggiunto un'età nella quale è in grado non solo di ben intendere ciò che fa, ma altresì di valutare adeguatamente i motivi della volontà, il carattere morale (se non ancora quello giuridico) e le conseguenze del fatto. Ora, secondo i migliori studi sull'argomento, prima dei quattrodici anni, tenuto conto di tutti gli elementi biologici, psicologici, etnologici, ecc., non si può dire che gli individui appartenenti alla nostra popolazione abbiano raggiunto l'indicato grado di sviluppo. Lo stesso codice del 1889, in sostanza, riconosce questa verità, dal momento che, nell'età che va dai nove ai quattordici anni, presume la non imputabilità, sia pure fino a prova contraria. Questo sistema ha dato luogo a gravi difficoltà d'interpretazione e a notevoli inconvenienti pratici, così che ho preferito adottare una presunzione assoluta di non imputabilità, tanto più che le misure di sicurezza rassicurano contro ogni pericolo derivante dall'impunità»[3].

Il codice Rocco, poi, oltre a confermare benefici penitenziari preesistenti, come la **liberazione condizionale** (art. 176 c.p.) e la **sospensione condizionale della pena** (art. 163 c.p.), innesta, in deroga alla logica retributiva, un inedito istituto che garantisce una rapida estromissione del **minore colpevole** dal circuito processuale: il **perdono giudiziale** (art. 169 c.p.)[4].

---

[1] Sul funzionamento del doppio binario, cfr. Cap. VII.

[2] In tema di imputabilità del minore, v. Cap. III, § 1.

[3] *Approvazione del testo definitivo del Codice Penale. Relazione a S.M. il Re del Ministro Guardasigilli Rocco*, in *Gazz. Uff. del Regno d'Italia*, Anno 71°, 26 ottobre 1930, n. 251, p. 4468, punto 59.

[4] Per una dettagliata analisi dell'istituto, cfr. Cap. V, §§ 2-2.3.

3. *Il R.d.l. 20 luglio 1934, n. 1404 e i successivi interventi legislativi di settore.*

Dopo qualche anno dall'entrata in vigore dei nuovi codici – penale e di procedura penale –, viene emanato il **R.d.l. 20 luglio 1934, n. 1404** (convertito, con modificazioni, dalla l. 7 maggio 1935, n. 835), con l'obiettivo di disciplinare in modo sistematico la "materia minorile".

Innanzi tutto, si istituisce, presso ogni sede di Corte d'appello o di sezione di Corte d'appello, il **Tribunale per i Minorenni**.

Si tratta di un organo di decisione **specializzato**, **autonomo** rispetto agli altri tribunali penali e civili, con **competenza esclusiva** per i reati commessi dal minore che abbia compiuto i quattordici anni (art. 9) e di **composizione mista**: **due magistrati togati** – uno avente grado di consigliere di Corte d'appello, che lo presiede, l'altro avente grado di giudice – e **un cittadino benemerito** dell'assistenza sociale, scelto fra i cultori di biologia, psichiatria, antropologia criminale, pedagogia, psicologia (art. 2).

Parallelamente, viene istituito presso ogni Tribunale per i Minorenni un ufficio autonomo del **pubblico ministero**, con a capo un magistrato avente grado di sostituto procuratore del Re o di sostituto procuratore generale di Corte d'appello (art. 4).

Il R.d.l. n. 1404 del 1934 prevede, altresì, la creazione di un «**centro di rieducazione per minorenni**» (art. 1), delegato ad applicare le misure stabilite dal Tribunale, al quale fanno capo una serie di **servizi e strutture**, istituite, in un unico edificio, in ogni sede di Corte d'appello o di sezione di Corte d'appello: il riformatorio giudiziario, il riformatorio per *corrigendi*, un carcere per minorenni, nonché un centro di osservazione per minorenni organizzato dall'opera nazionale per la protezione della maternità e dell'infanzia.

Il Tribunale per i Minorenni ha competenza civile, amministrativa e penale.

In **campo civile** (art. 32) adotta provvedimenti concernenti la protezione del minore in situazioni potenziali di pregiudizio o di abbandono (limitazioni all'esercizio della patria potestà, interdizione del minore, adozione, ecc.).

In **campo amministrativo** (artt. 25-31) dispone **misure a carattere rieducativo** nei confronti del minore che «dia manifeste prove di traviamento» – ossia assuma comportamenti non accettati dal contesto familiare e sociale di appartenenza – «e appaia bisognevole di **correzione morale**».

In campo penale (artt. 9-24) giudica sui reati commessi dal minore degli anni diciotto che, secondo le leggi vigenti, sono di competenza dell'autorità giudiziaria. Specifiche disposizioni sono previste in tema di: **indagini sulla personalità del minore** (art. 11), celebrazione delle udienze a **porte chiuse** (art. 16)[5], **per-**

---

[5] Secondo l'art. 16 R.d.l. n. 1404 del 1934, nelle udienze possono intervenire, oltre agli im-

dono giudiziale (art. 19), **sospensione condizionale della pena** (art. 20), **liberazione condizionale** (art. 21), **libertà vigilata** (art. 23), **riabilitazione** (art. 24).

Al momento della sua istituzione, il Tribunale per i Minorenni, in linea con il clima fascista dell'epoca, incarna una «un'ideologia paternalistica non ancora capace di porsi nell'ottica della tutela e della promozione dei diritti dei minori, primo fra tutti quello all'educazione» [6]. Il nuovo sistema di giustizia minorile è visto, cioè, come uno strumento di **controllo sociale** dell'adolescente: la preoccupazione principale non è recuperare il minore, bensì **tutelare la comunità**. Insomma, in una cornice **repressiva, più che educativa**, il Tribunale per i Minorenni riveste un ruolo di **"controllore"**, ben lontano da quel **giudice "educatore"** immaginato dal Ministro Orlando, delineato dal progetto Quarta e che tornerà ad imporsi solo con la caduta del fascismo, quando sarà ormai matura la convinzione che la giustizia minorile debba "mirare" al **sostegno e all'assistenza** del minore, più che al controllo sociale: secondo questa nuova prospettiva, per l'infradiciottenne, il fatto-reato è il sintomo di un disagio relazionale e di un disadattamento personale che va curato con trattamenti pedagogici e psicologici, con risposte **non punitive**, bensì **educative**.

In questa direzione si muove, innanzi tutto, la **Costituzione**, entrata in vigore il 1° gennaio **1948**, che riconosce la **funzione rieducativa** della pena in generale (art. 27, comma 3, Cost.) e impone allo Stato di **proteggere la gioventù** e **favorire gli istituti** necessari a tale scopo (art. 31, comma 2, Cost.). Seguono una serie di provvedimenti normativi che apportano significative **modifiche al R.d.l.** n. 1404 del 1934, tra i quali: 1) la l. 25 luglio 1956, n. 888, che, lasciato invariato l'aspetto ordinamentale e le competenze penali e civili del Tribunale per i Minorenni, interviene sui **centri di rieducazione** (art. 1 R.d.l. n. 1404 del 1934) – prevedendo gli **istituti di osservazione**, i gabinetti medico-psicopedagogici, gli **uffici di servizio sociale**, le case di rieducazione e gli istituti medico-psicopedagogici, i "focolari" di semi-libertà e i pensionati giovanili, le scuole, i laboratori e i ricreatori speciali, i riformatori giudiziari, le prigioni-scuola – e introduce la misura esterna dell'**affidamento** al **servizio sociale** per il minore irregolare per condotta o per carattere (art. 25 R.d.l. n. 1404 del 1934); 2) la l. 27 dicembre 1956, n. 1441, che allarga la composizione del Tribunale per i Minorenni – aggiungendo un **quarto giudice laico**, di **sesso fem-**

---

putati, la parte lesa, i difensori e i testimoni, alcune figure specificatamente indicate: i prossimi congiunti dell'imputato, il tutore o il curatore dello stesso ed il rappresentante del locale Comitato di patronato dell'Opera nazionale per la protezione della maternità e della infanzia, nonché i rappresentanti di comitati per l'assistenza e la protezione dei minori che il presidente riconosce di sicura serietà ed efficienza.

[6] L. MILANI, *Devianza minorile. Interazione tra giustizia e problematiche educative*, Vita e pensiero, Milano, 1995, p. 163 s.

minile – e fissa il limite del **trentesimo anno di età** per entrambi i membri non togati (art. 2 R.d.l. n. 1404 del 1934); 3) la l. 12 dicembre 1969, n. 1018, che sopprime **l'albo speciale** dei difensori davanti al Tribunale e alle sezioni speciali di Corte d'appello per i Minorenni (art. 12 R.d.l. n. 1404 del 1934).

Tra i provvedimenti di settore, poi, meritano di essere menzionati: 1) la l. 5 giugno 1967, n. 431, che trapianta nell'ordinamento italiano l'istituto dell'**adozione speciale** a tutela dei minori **privi di assistenza** e affida la relativa competenza al Tribunale per i Minorenni; 2) la l. 9 marzo 1971, n. 35, che determina la **pianta organica** dei magistrati minorili; 3) il d.P.R. 24 luglio 1977, n. 616, che istituisce i **servizi socio-assistenziali** degli **enti locali**, affidando, così, alle regioni e ai comuni la competenza per l'esecuzione dei provvedimenti civili e amministrativi del Tribunale per i Minorenni.

I tempi, oramai, sembrano maturi per una **riforma generale della giustizia penale minorile**. Non basta "affidare" l'infradiciottenne indagato/imputato ad **un giudice *ad hoc***; è necessario costruire un **processo parallelo** a quello ordinario "pensato" per l'adulto, che contempli una fitta rete di **garanzie**, finalizzate a proteggere e a sostenere il giovane inquisito in ogni fase e grado del procedimento e a ridurre al minimo quel contraccolpo negativo che, inevitabilmente connesso alle dinamiche giudiziarie, può irrimediabilmente compromettere lo sviluppo armonico della sua personalità, ancora *in fieri*.

4. *La l.d. 16 febbraio 1987, n. 81 e il d.P.R. 22 settembre 1988, n. 448.*

È la **l.d. 16 febbraio 1987, n. 81** per l'emanazione del nuovo codice di procedura penale che affida al Governo, nell'**art. 3**, il compito di disciplinare il rito penale «a carico di imputati minorenni al momento della commissione del reato», alla luce dei «principi generali del nuovo processo penale, con le modificazioni ed integrazioni imposte dalle particolari **condizioni psicologiche del minore**, dalla sua **maturità** e **dalle esigenze della sua educazione** [...]», nonché in attuazione di una serie di **criteri direttivi**:

a) **non operatività della connessione tra procedimenti** concernenti imputati minorenni al momento della commissione del fatto e procedimenti concernenti imputati maggiorenni; non operatività della connessione tra procedimenti per reati commessi dallo stesso imputato, rispettivamente quando era minore e quando era maggiore degli anni diciotto;

b) **non ammissibilità**, nel processo penale, dell'**esercizio dell'azione civile** per le restituzioni e per il risarcimento del danno cagionato dal reato; conseguente esclusione della efficacia vincolante della sentenza penale nel separato giudizio civile;

c) **esclusione della pubblicità delle udienze penali** dinanzi agli organi della magistratura minorile e **divieto di pubblicazione** e di divulgazione, con qualsiasi mezzo, di notizie o immagini idonee a consentire l'identificazione della persona indagata, imputata o condannata;

d) obbligo del giudice di **illustrare** all'imputato minorenne il **contenuto e le ragioni anche etico-sociali** della sentenza;

e) dovere del giudice di **valutare** compiutamente la **personalità del minore** sotto l'aspetto psichico, sociale e ambientale, anche ai fini dell'apprezzamento dei risultati degli interventi di sostegno disposti; facoltà del giudice, nei casi suddetti, di sospendere il processo – e, correlativamente, il corso della prescrizione – per un tempo determinato;

f) applicabilità delle **sanzioni sostitutive** delle pene detentive anche in base alla pena irrogabile in concreto;

g) previsione che, in casi predeterminati, possano compiersi **atti processuali in assenza dell'imputato minorenn**e, quando ciò sia necessario per la tutela della sua personalità;

h) esercizio **facoltativo** del potere di **arresto in flagranza o di fermo** solo per gravi delitti; facoltatività di **misure cautelari personali**; potere del giudice di disporre la **custodia in carcere** solo per **delitti di maggiore gravità** e sempre che sussistano gravi e inderogabili esigenze istruttorie, oppure gravi esigenze di tutela della collettività;

i) riduzione della **durata massima delle misure di coercizione personale**, rispetto a quella prevista per l'adulto; ulteriore riduzione per gli imputati minori di sedici anni;

l) previsione che il **giudice dell'udienza preliminare** possa **prosciogliere** anche per **non imputabilità**, ai sensi dell'art. 98 c.p. e per concessione del **perdono giudiziale**, possa irrogare **pene pecuniarie** e **sanzioni sostitutive** e adottare, in caso di urgenza e in via provvisoria, **provvedimenti civili** di competenza dell'autorità giudiziaria minorile a protezione del minorenne imputato; previsione che contro i provvedimenti adottati nell'udienza preliminare, il pubblico ministero, il difensore, l'imputato, uno dei genitori o il tutore possano proporre **opposizione**, in termini brevissimi, davanti al Tribunale per i Minorenni;

m) previsione che **l'esame** dell'imputato minorenne sia effettuato **direttamente dal giudice** e che le domande poste dalle parti siano rivolte tramite lo stesso;

n) **attribuzione al magistrato di sorveglianza presso il Tribunale per i Minorenni e al Tribunale per i Minorenni** di tutti i poteri della magistratura di sorveglianza, compreso quello di concedere la liberazione condizionale;

o) esclusione dell'iscrizione nel casellario giudiziale dei provvedimenti penali adottati nei confronti del minorenne; istituzione, presso ogni Tribunale per i Minorenni, di uno **speciale casellario** per l'iscrizione dei provvedimenti penali nei confronti dei minorenni nati nel distretto; invio al casellario giudiziale, al compimento del diciottesimo anno di età, delle iscrizioni dei provvedimenti di condanna a pena detentiva, anche se condizionalmente sospesa, ed **eliminazione di tutte le altre iscrizioni**;

p) previsione di una **data di entrata in vigore** delle nuove disposizioni sul processo a carico del minorenne non superiore ad un anno dalla loro pubblicazione nella Gazzetta ufficiale.

Sulla scorta di tali indicazioni, è stato emanato il **d.P.R. 22 settembre 1988, n. 448** (artt. 1-41) – pubblicato nella Gazzetta ufficiale il 24 ottobre 1988 ed entrato in vigore il 24 ottobre **1989** – che, integrato dal d.lgs. 28 luglio 1989, n. 272 (artt. 1-32), recante norme di attuazione, di coordinamento e transitorie, disciplina, ancora oggi, il **processo penale a carico dei minorenni**.

Il d.P.R. n. 448 del 1998 è diviso in quattro capi:

Capo I – Disposizioni generali (artt. 1-15);
Capo II – Provvedimenti in materia di libertà personale (artt. 16-24);
Capo III – Definizione anticipata del procedimento e giudizio in dibattimento (artt. 25-35);
Capo IV – Procedimento per l'applicazione delle misure di sicurezza (artt. 36-41).

5. *Le altre fonti nazionali.*

Completano il quadro delle fonti nazionali della giustizia penale minorile, in ordine cronologico:

1) il vigente **codice di procedura penale** (approvato con il d.P.R. 22 settembre 1988, n. 447 ed entrato in vigore nella stessa data del codice minorile), le cui disposizioni trovano applicazione in **via sussidiaria** [7];

2) il **d.lgs. 28 agosto 2000, n. 274**, contenente le norme «sulla **competenza penale del giudice di pace**»; l'art. 4, comma 4, d.lgs. n. 274 del 2000 stabilisce che, anche per i reati attribuiti a tale giudice, «rimane ferma la competenza del Tribunale per i Minorenni» [8];

3) il **T.U. sul Casellario Giudiziale** (d.P.R. 14 novembre 2002, n. 313) che, per i minori, prevede un **regime agevolato** in tema di iscrizioni, cancellazioni e rilascio delle certificazioni [9];

---

[7] Sul principio di sussidiarietà, cfr. Cap. II, § 2.

[8] V. Cap. II, § 2 e Cap. III, § 2.1.

[9] In arg., cfr. Cap. VII, § 4.

4) il **d.lgs. 2 ottobre 2018, n. 121**, contenente la «Disciplina dell'**esecuzione delle pene** nei confronti dei condannati minorenni»; l'art. 1, comma 1, d.lgs. n. 121 del 2018 richiama espressamente, **in via sussidiaria**, accanto al codice di rito penale, al d.P.R. n. 448 del 1988 e al d.lgs. n. 272 del 1989, la **legge sull'ordinamento penitenziario – l. 26 luglio 1975, n. 354** – e il relativo regolamento attuativo, che, pertanto, vanno annoverati tra le fonti nazionali della giustizia penale minorile.

6. *Le recenti modifiche processuali penali: uno sguardo d'insieme.*

La disciplina del processo penale minorile disegnata dal d.P.R. n. 448 del 1988, da quando è venuta alla luce, si è rivelata una sorta di **"enclave" normativa**: salvo qualche ritocco su sporadiche disposizioni, per lungo tempo è rimasta immune ai movimenti tellurici attraversati dalla giustizia penale ordinaria, generati da novelle schizofreniche, affastellatesi a ritmi irrefrenabili, che hanno trasfigurato il volto del codice di procedura penale.

Dal 2022 tutto cambia.

Innanzi tutto, le **riforme ad ampio raggio** attuate nel contesto di un disegno volto all'efficienza del sistema penale in generale proiettano il loro fascio di luce anche sul circuito minorile.

In particolare, il **d.lgs. 10 ottobre 2022, n. 150**, emanato in attuazione della l.d. 27 settembre 2021, n. 134 – «recante delega al Governo per l'efficienza del processo penale, nonché in materia di giustizia riparativa e disposizioni per la celere definizione dei procedimenti giudiziari» (**Riforma Cartabia**) –, innesta la **giustizia riparativa** nel processo penale minorile e in sede esecutiva [10] e rivitalizza le **"sanzioni" sostitutive** delle pene detentive brevi, concepite, sin dal *nomen iuris*, come vere e proprie "pene", funzionali alla rieducazione del condannato e al raggiungimento di obiettivi di prevenzione generale e speciale [11].

A sua volta, il **d.lgs. 10 ottobre 2022, n. 149**, emanato in attuazione della **l.d.** 26 novembre 2021 n. 206, con l'obiettivo di «realizzare un riassetto formale e sostanziale completo della **disciplina del processo civile**», oltre ad abrogare e modificare diverse disposizioni del R.d.l. n. 1404 del 1934 (cfr. artt. 1, 2, 5, 6-*bis*, 7, 25, 25-*bis*, 28, 32), introduce una **novità ordinamentale** nel settore della giustizia minorile: sopprime il Tribunale per i minorenni e istituisce un **Tribunale unico per le persone**, **per i minorenni e per le famiglie**, articolato in una

---

[10] Cfr. Cap. V, § 7 e Cap. VIII, § 3.

[11] V. Cap. VII, § 3.1.

sezione distrettuale – che esercita la giurisdizione in **materia penale** – e in una o più sezioni distaccate circondariali, a cui è demandata la trattazione dei procedimenti civili [12].

In secondo luogo, il microsistema minorile è bersaglio diretto del d.l. 15 settembre 2023, n. 123 – **c.d. decreto Caivano** – «recante **misure urgenti** di contrasto al **disagio giovanile**, alla povertà educativa e alla criminalità minorile, nonché per la sicurezza dei minori in ambito digitale», convertito, con modificazioni, dalla l. 13 novembre **2023, n. 159**: il Governo, prendendo le mosse dall'obiettivo di predisporre un piano di riqualificazione del territorio del Comune di Caivano (capo I) – turbato da ripugnanti episodi di cronaca nera realizzati da *baby gang* del posto –, **interviene d'urgenza** e, travolto dall'onda emozionale generata dalle drammatiche vicende, detta disposizioni anche in materia di **sicurezza e prevenzione della criminalità** (capo II) [13].

Al fine di raggiungere l'obiettivo – si legge nel comunicato stampa del Consiglio dei ministri n. 49 del 7 settembre 2023 – di «**sanzionare e dissuadere** dal tenere comportamenti contrari alla legge», nonché di incoraggiare «specifici percorsi di reinserimento e **rieducazione** del minore autore di condotte criminose», il legislatore manipola impetuosamente il d.P.R. n. 448 del 1988 (artt. 6 e 8 decreto Caivano) e anche il d.lgs. n. 121 del 2018 (art. 9 decreto Caivano).

Rinviando alle sedi opportune l'analisi dettagliata degli istituti maneggiati, giova anticipare che, salvo un solo innesto di **stampo rieducativo** – il nuovo meccanismo di *diversion ex* **art. 27-*bis* l.m.**, tra le cui maglie, peraltro, si celano vuoti e ambiguità [14] –, i ritocchi più significativi, modulati in una dimensione prettamente **repressiva**, conducono ad un **ribaltamento** della giustizia penale minorile: la **restrizione della libertà personale** del giovane indagato/imputato, sinora consentita solo come ***extrema ratio***, acquisisce, allo stato attuale, una **assoluta centralità**, giustificata – evidentemente – dall'impellente esigenza di tutelare la collettività dagli effetti criminogeni della delinquenza giovanile.

In particolare, il Governo interviene su due fronti: per un verso, **dilata l'orbita applicativa** delle **misure precautelari e cautelari**, interpolando gli **artt. 17, 18-*bis*, 19, 23 l.m.** [15]; per altro verso, innesta nel **d.lgs. n. 121 del 2018 l'inedito art. 10-*bis***, consentendo, **per ragioni di sicurezza**, il **trasferimento** del detenuto "giovane adulto" dall'istituto penitenziario minorile al carcere ordinario [16].

---

[12] V. Cap. III, § 2.

[13] Il decreto Caivano si occupa, altresì, dell'offerta formativa (capo III) e della tutela dei minori in ambito digitale (capo IV).

[14] In arg., si rinvia al Cap. V, §§ 4.2 e 5.

[15] Cfr. Cap. IV.

[16] In tema., v. Cap. VIII, § 5.

Al cospetto di tali pesanti *maquillage*, che scuotono i capisaldi del processo penale minorile, non resta che attendere un "ripensamento" del legislatore o i "colpi di scalpello" della Corte costituzionale «su quanto di meno costituzionalmente sostenibile si è sedimentato» [17].

7. *Le fonti internazionali: profili generali.*

Il preambolo dell'art. 3 l.d. n. 81 del 1987 impone al Governo delegato di disciplinare il rito penale a carico dei minorenni «secondo i principi generali del nuovo processo penale [...]»: quest'ultimo, a sua volta, deve «**adeguarsi** alle **norme delle convenzioni internazionali ratificate** dall'Italia e relative ai **diritti della persona e al processo penale**» (preambolo dell'art. 2 l.d. n. 81 del 1987).

Dunque, tali Convenzioni – si intende, quelle **ratificate** prima dell'entrata in vigore del d.P.R. n. 448 del 1988 – hanno la stessa **forza cogente** della norma delegante; tuttavia, pur gerarchicamente superiori alle disposizioni che disciplinano il processo penale minorile [18], sono **prive di efficacia diretta**; questo significa che, in caso di contrasto insanabile in via interpretativa tra le due normative, deve essere invocata la **Corte costituzionale**, che censurerà la disciplina interna, per "**violazione della delega**", ai sensi dell'**art. 76 Cost.**[19].

Quanto alle Convenzioni ratificate dall'Italia successivamente all'entrata in vigore del d.P.R. n. 448 del 1988, il problema dell'eventuale contrasto con la disposizione minorile va risolto alla luce dei principi generali sanciti dalla **Corte costituzionale** con le celebri **sentenze "gemelle"** del 2007 [20]: la norma interna è costituzionalmente illegittima *ex* **art. 117 Cost.**, per violazione degli **obblighi internazionali**.

---

[17] L'espressione è presa in prestito da G. GIOSTRA, *Carcere cautelare "obbligatorio": la campana della Corte costituzionale, le "stecche" della cassazione, la sordità del legislatore*, in *Giur. cost.*, 2012, p. 4897.

[18] In generale, nella gerarchia delle fonti, le Convenzioni internazionali ratificate dall'Italia occupano un gradino intermedio tra Costituzione e legge ordinaria (si tratta di una fonte subcostituzionale, soggetta, cioè, all'osservanza di tutte le norme della Costituzione).

[19] L'art. 7 l.d. n. 81 del 1987 stabilisce che anche le disposizioni «integrative e correttive» emanate entro tre anni dall'entrata in vigore del codice di procedura penale, con lo strumento del decreto legislativo, devono rispettare i principi e i criteri direttivi fissati dagli artt. 2 e 3 l.d. e, dunque, devono «adeguarsi alle norme delle convenzioni internazionali ratificate dall'Italia e relative ai diritti della persona e al processo penale». Le eventuali dissonanze configurerebbero, pertanto, anche in questo caso, ipotesi di violazione della delega, denunciabili alla Corte costituzionale ai sensi dell'art. 76 Cost.

[20] Corte cost., 24 ottobre 2007, nn. 348 e 349.

Certamente, le disposizioni sul processo penale minorile (come, peraltro, tutte quelle dell'ordinamento giuridico nazionale) devono conformarsi, altresì, alle **altre Convenzioni** ratificate dall'Italia (o che lo saranno in seguito): anche in questo caso, la dissonanza tra normativa interna e fonte internazionale sarà denunciabile alla Corte costituzionale per **violazione degli obblighi internazionali**, ai sensi dell'**art. 117 Cost.**

Un **ulteriore limite** alla legislazione interna deriva dalle norme contenute nei **Trattati internazionali** sottoscritti dall'Italia che, a mente dell'art. 11 Cost., sono **direttamente vincolanti** per il legislatore domestico e **immediatamente precettive** per il giudice nazionale [21]: quest'ultimo, pertanto, dovrà **disapplicare** la norma interna discordante, senza necessità di adire la Corte costituzionale.

Vanno, infine, menzionati, tra le fonti della giustizia penale minorile, altri atti giuridici emanati dalle istituzioni dell'**Unione europea**: le **Direttive**, che vincolano il legislatore nazionale quanto al **risultato** da raggiungere e le **Raccomandazioni**, che non hanno forza **cogente** (art. 288 TFUE); **non vincolanti** sono, altresì, le **Dichiarazioni** e le **Linee guida** adottate dall'Assemblea generale delle Nazioni Unite.

Ciò premesso, va detto che il principio informatore di tutta la normativa sovranazionale a tutela del minore è il ***best interests of the child***: ogni disposizione deve, cioè, essere finalizzata a promuovere il benessere psicofisico del bambino/adolescente e a garantire una sua crescita e maturazione equilibrata e sana.

L'approvazione della prima **Convenzione sulla tutela del minore** risale all'inizio del ventesimo secolo, nell'ambito di una conferenza di diritto privato tenutasi all'Aja (Olanda) nel 1902.

Ad essa sono seguite:

1) la **Dichiarazione dei diritti del Fanciullo**, redatta a Ginevra nel 1924 dalla Società delle Nazioni, ratificata dall'Italia nel 1989, che, per la prima volta, afferma il diritto del fanciullo ad una normale crescita psicofisica e spirituale e ad una educazione idonea a garantirgli un futuro;

2) la **Dichiarazione Universale dei Diritti dell'Uomo**, adottata a Parigi nel 1948 dall'Assemblea Generale delle Nazioni Unite, che, pur non riservando particolare spazio al tema dei minori [22], rappresenta il primo effettivo atto di tutela internazionale dei diritti umani in generale;

---

[21] Si tratta di una fonte para-costituzionale: deve, cioè, rispettare i principi fondamentali del nostro ordinamento costituzionale.

[22] Solo l'art. 26 è direttamente riferibile ai minori, prevedendo il diritto all'istruzione come strumento per il pieno sviluppo della personalità umana ed il rafforzamento del rispetto dei diritti umani e delle libertà fondamentali.

3) la **Convenzione Europea per la Salvaguardia dei Diritti dell'Uomo e delle Libertà Fondamentali**, firmata a Roma nel 1950 dal Consiglio d'Europa ed entrata in vigore in Italia nel 1955, che recepisce ed elabora i principi sanciti nella Dichiarazione Universale dei Diritti dell'Uomo;

4) la **Dichiarazione Universale dei Diritti del Fanciullo**, approvata a New York nel 1959 dall'Assemblea Generale delle Nazioni Unite, che riconosce per la prima volta la necessità di accordare al fanciullo, «a causa della sua immaturità fisica e intellettuale», «particolare protezione» e «cure speciali, compresa una adeguata protezione giuridica, sia prima che dopo la nascita»;

5) il **Patto Internazionale sui Diritti Civili e Politici**, approvato a New York nel 1966 dall'Assemblea Generale delle Nazioni Unite, che sancisce una pluralità di principi basilari a tutela del minore[23], poi introdotti nelle successive normative di settore.

7.1. (Segue) *In particolare, le Regole di Pechino e la Convenzione ONU sui diritti del fanciullo.*

Successivamente, l'Assemblea Generale delle Nazioni Unite ha approvato a New York due documenti, rispettivamente, nel 1985 e nel 1989, che hanno ispirato i moderni codici di procedura penale minorile, compreso quello italiano: le **Regole Minime per l'Amministrazione della Giustizia Minorile** (c.d. **Regole di Pechino**) e la **Convenzione ONU sui diritti del fanciullo**, resa esecutiva in Italia con la l. 27 maggio 1991, n. 176.

In particolare, le **Regole di Pechino** – giuridicamente non vincolanti per i Paesi firmatari, trattandosi di una **Dichiarazione** – forniscono, in **30 articoli**, una serie di **linee guida** che gli Stati membri sono **invitati** a rispettare a tutela del giovane autore del reato, «senza distinzione di alcun tipo, di razza, di colore, di sesso, di lingua, di religione, di politica o di altra opinione, nazionale o sociale, di ricchezza, di nascita o di altro status» (art. 2).

Più precisamente, gli Stati membri sono chiamati a «compiere sforzi» al fine di assicurare:

---

[23] A titolo di esempio, l'art. 10, in tema di libertà personale, dopo aver affermato che «qualsiasi individuo privato della propria libertà deve essere trattato con umanità e con il rispetto della dignità inerente alla persona», specifica che: «gli imputati minorenni devono essere separati dagli adulti e il loro caso deve essere giudicato il più rapidamente possibile» (comma 2); in sede di esecuzione della pena, «i rei minorenni devono essere separati dagli adulti e deve essere loro accordato un trattamento adatto alla loro età ed al loro stato giuridico» (comma 3); le norme procedurali, ove applicate ai minorenni, devono «tener conto della loro età e dell'interesse a promuovere la loro riabilitazione» (comma 4).

– una vita proficua al minore «all'interno della comunità, che incoraggi un **processo di maturazione** capace di tenerlo lontano il più possibile dalla criminalità e dalla delinquenza, durante il periodo di vita in cui è più esposto a un comportamento deviante» (art. 1);

– un **limite non troppo basso** dell'età della responsabilità penale (art. 4);

– la **proporzionalità** tra le misure penali adottate e le circostanze e l'autore del reato (art. 5);

– l'«esercizio responsabile» del **potere discrezionale** da parte di «persone particolarmente qualificate o **specializzate**», che tengano conto, «sia nell'istruttoria che nel processo e nella fase esecutiva», delle «speciali esigenze del minore» e «della varietà delle misure applicative» (art. 6);

– una serie di «**garanzie procedurali** di base quali, la presunzione di innocenza, il diritto alla presenza del genitore e del tutore, il diritto alla notifica delle accuse, il diritto al confronto e all'esame incrociato dei testi, il diritto a non rispondere e il diritto di appello» (art. 7);

– la **tutela della vita privata** del minore inquisito, garantita impedendo la pubblicazione di atti che conducono all'identificazione del giovane protagonista e ogni forma di pubblicità inutile e denigratoria (art. 8);

– la messa in moto del **processo** solo come ***extrema ratio***, in assenza di altre alternative extra-giudiziarie (quale l'affidamento a servizi della comunità) (art. 11);

– la **specializzazione dei servizi di polizia** (art. 12);

– l'**applicazione della custodia preventiva solo in casi residuali**, in luoghi diversi da quegli dell'adulto detenuto e tale da garantire «le cure, la protezione e ogni assistenza individuale – sul piano sociale, educativo, professionale, psicologico, medico e fisico – che possano essere necessari per età, sesso e personalità del minore» (art. 13);

– l'**assistenza legale** e la presenza, nel corso del processo, dei **genitori o tutori**, nell'interesse del minore (art. 15);

– la **valutazione**, prima che l'autorità competente emetta un provvedimento definitivo, dei precedenti del minore, delle sue condizioni di vita e delle circostanze nelle quali è stato commesso il reato (art. 16);

– la **proporzionalità** tra decisione e gravità del reato, circostanze, condizioni e bisogni del minore e della società; la **non applicabilità** al minore della **pena capitale** e delle **punizioni corporali** (art. 17);

– la conclusione del giudizio attraverso **forme extragiudiziarie, diversificate e flessibili**, come le misure di *probation*, l'intervento dei servizi della comunità, il collocamento in una famiglia, in una comunità o in altro ambiente educativo (art. 18);

– la durata quanto più breve possibile del **collocamento in istituzione**, quale **rimedio estremo** (art. 19);

– la **celerità** del procedimento (art. 20);

– la **riservatezza** degli atti riguardanti il giovane che delinque, consentendone l'accesso solo alle persone direttamente interessate o ad altre persone debitamente autorizzate (art. 21);

– la **formazione professionale** e **l'aggiornamento** del personale che si occupa di minori (art. 22);

– l'**assistenza al minore**, in ogni fase del procedimento, «a livello di alloggio, di educazione e formazione professionale, di impiego o altro tipo di aiuto utile e pratico per facilitare il reinserimento» (art. 24);

– l'**assistenza** al **minore collocato in istituzione** «sul piano sociale, educativo, professionale, psicologico, sanitario e fisico, tenuto conto dell'età, del sesso e della personalità» (art. 26);

– l'applicazione frequente e solerte del regime di **liberazione condizionale** (art. 28);

– il beneficio della **semidetenzione**, specialmente nelle strutture come «i centri di accoglienza e di sostegno, le comunità socio-educative, i centri di formazione professionale e altre strutture idonee a favorire il reinserimento sociale del minore» (art. 29);

– l'organizzazione e la promozione della **ricerca** necessaria per «verificare e valutare periodicamente le tendenze, i problemi e le cause della delinquenza e della criminalità giovanile, così come i molteplici bisogni dei minori detenuti» (art. 30).

La **Convenzione ONU sui diritti del fanciullo** – che, a differenza delle Regole di Pechino, ha **valore vincolante** per gli Stati firmatari – traccia, in maniera più rigorosa, una **mappa dei diritti** che spettano al **«fanciullo»**, bambino o adolescente che sia.

Costituita da **54 articoli**, divisi in **tre parti**, la Convenzione si apre con un ampio **preambolo**, nel quale si afferma, tra gli altri, il fondamentale principio della «**dignità** inerente a tutti i membri della famiglia umana».

La **parte I** (artt. 1-41) si occupa dei **diritti riconosciuti al minore**; la **parte II** (artt. 42-45) prevede un **meccanismo di controllo** affinché tali diritti siano garantiti in concreto e non solo "sulla carta": in particolare, è affidato al **Comitato sui diritti del fanciullo** – composto da diciotto membri eletti dagli Stati parti – il compito di esaminare periodicamente i progressi compiuti dai Paesi firmatari nell'esecuzione degli obblighi contratti in base alla Convenzione; infine, nella **parte III** (artt. 46-54), sono dettate le disposizioni sulla ratifica della Convenzione.

L'**art. 1** fornisce la **definizione di «fanciullo»**: tale è «chiunque abbia un'età inferiore agli anni diciotto, a meno che nel contesto della legge a lui applicabile non sia stabilita un'età inferiore per il raggiungimento della maggiore età»; nell'**art. 2** si chiede agli Stati aderenti di impegnarsi affinché i diritti espressi siano applicati ad ogni fanciullo **senza alcuna distinzione** «di razza, di colore, di sesso, di lingua, di opinione politica o altra del fanciullo e dei genitori o rappresentanti legali, della origine nazionale, etnica o sociale, della situazione finanziaria, delle incapacità, della nascita o di ogni altro status del fanciullo e dei suoi genitori o rappresentanti legali»; nell'**art. 3** si invita ogni istituzione – pubblica e privata – di assistenza sociale, ogni tribunale, autorità amministrativa ed organo legislativo a considerare nelle azioni relative ai fanciulli ***the best interests of the child***. Ciò significa che il criterio essenziale e imprescindibile da utilizzare per qualsiasi intervento nei confronti del fanciullo è "**il suo bene**".

Tra i **diritti** che gli Stati firmatari devono riconoscere, si segnalano: il diritto alla vita (art. 6), alla salute (art. 24), al nome (art. 7), all'espressione della propria opinione (art. 12), alla libertà di coscienza e di religione (art. 14), alla libertà di associazione e di riunione (art. 15), alla tutela della *privacy* (art. 16), all'istruzione primaria, gratuita e obbligatoria (art. 28), al riposo, al tempo libero e al gioco (art. 31), nonché il diritto di essere protetto da ogni sfruttamento (art. 36), dal lavoro rischioso (art. 32), dalla violenza di tipo sessuale (art. 34) e da qualsiasi forma di rapimento, vendita o tratta (art. 35); particolari garanzie devono, poi, essere riconosciute dagli Stati membri al **bambino rifugiato** (art. 22), con **disabilità**, sia fisica che mentale (art. 23) o **coinvolto nei conflitti armati** (art. 38).

I Paesi contraenti devono, poi, impegnarsi affinché nessun fanciullo sia torturato o soggetto ad altre forme di punizione crudeli o degradanti o sia condannato alla **pena capitale** o privato della libertà in maniera illegale o arbitraria; in ogni caso, l'arresto, la detenzione o l'imprigionamento devono essere considerate **risorse estreme** ed avere la durata più breve possibile (art. 37) e il trattamento nei confronti del fanciullo sospettato, accusato o riconosciuto colpevole, deve avere una **finalità educativa**, ossia deve essere tale da rafforzare il rispetto dei diritti dell'uomo e delle libertà fondamentali e facilitare il reinserimento e l'assunzione da parte del giovane di un ruolo costruttivo nella società (art. 40). Al "piccolo" inquisito devono essere garantiti una serie di diritti come la **presunzione di innocenza**, il diritto al silenzio, all'assistenza gratuita da parte di un'interprete se non comprende o non parla la lingua utilizzata, ad essere informato delle accuse portate contro di lui, all'assistenza legale, alla tutela della vita privata in tutte le fasi della procedura, ad un procedimento equo da parte di un'autorità competente, indipendente ed imparziale (art. 40). Sempre l'art. 40 invita gli Stati aderenti: 1) a stabilire un'**età minima** al di sotto della quale il bambino non può essere considerato capace di commettere reato; 2) ad adottare, ogni qualvolta sia possibile, provvedimenti in grado di **evitare al fanciullo le procedure giudiziarie**; 3) a prevedere una serie di disposizioni nei confronti del minore che ha infranto la legge penale «concernenti in particolar modo le cure, l'orientamento, la supervisione, i consigli, la libertà condizionata, il collocamento in famiglia, i programmi di formazione generale e professionale, nonché soluzioni alternative all'assistenza istituzionale, in vista di assicurare ai fanciulli un trattamento conforme al loro benessere e proporzionato sia alla loro situazione che al reato».

7.2. (Segue) *Le altre fonti internazionali.*

Completano il quadro di riferimento internazionale:

– le **Linee guida sulla prevenzione della delinquenza minorile** (c.d. Regole di Riyadh), adottate dalle Nazioni Unite nel 1990;

– le **Regole per la protezione dei minori privati della libertà** (c.d. Regole dell'Avana), adottate dalle Nazioni Unite nel 1990;

– le **Linee guida per le misure sui bambini nel sistema della giustizia penale** (c.d. Linee guida di Vienna), adottate dal Consiglio economico e sociale nel 1997, concernenti le azioni e le misure che gli Stati e gli organismi internazionali, regionali e non governativi sono chiamati ad attuare nei confronti del minore, autore di reato, vittima o testimone, che entri in contatto con la giustizia penale;

– le **Linee guida per una giustizia a misura di minore**, approvate dal Consiglio d'Europa nel 2010, che mirano ad assicurare al minore entrato in contatto con gli organi e i servizi competenti coinvolti nell'attuazione del diritto penale, civile o amministrativo, una serie di diritti (informazione, rappresentanza, partecipazione e protezione). Nelle menzionate Linee guida si auspica un approccio multidisciplinare, fondato su una stretta collaborazione tra i professionisti che operano in ambito minorile, «al fine di giungere ad una comprensione approfondita del minore» e ad una valutazione completa della «sua situazione giuridica, psicologica, emotiva, fisica e cognitiva» (§ IV.16).

Il Consiglio d'Europa, poi, ha emanato una serie di **Raccomandazioni** rivolte agli Stati membri impegnati nella legislazione nazionale in tema di processo ed esecuzione penale minorile.

Ricordiamo:

– la **Raccomandazione (1987)20 sulle Reazioni sociali alla delinquenza minorile**, che, nel rifarsi alle Regole di Pechino, sancisce l'obiettivo della rieducazione e del reinserimento sociale del minore indagato/imputato o condannato, limita l'applicazione della carcerazione a casi residuali in vista di un incremento della *diversion* e della mediazione, incoraggia l'intervento nel processo minorile di organi specializzati e la previsione, per il minorenne, di un autonomo sistema di pene;

– la **Raccomandazione (1999)19 sulla Prevenzione del crimine e degli autori di reato**, che promuove la mediazione pubblica e privata;

– la **Raccomandazione (2003)20 sulle Nuove modalità di trattamento della delinquenza giovanile ed il ruolo della giustizia minorile**, che persegue gli obiettivi della prevenzione, reintegrazione e riabilitazione del minore e sollecita, tra l'altro, «l'acquisizione di informazioni dettagliate ed attendibili in ordine alla personalità e alla situazione sociale dell'interessato» (par. 18);

– la **Raccomandazione (2005)5 sui Diritti dei minori ospiti in istituti di custodia**, che individua tutti i diritti da riconoscere ai bambini collocati in istituti residenziali affinché essi crescano «con dignità, nelle migliori condizioni possibili, senza essere emarginati né durante l'infanzia né nell'età adulta, e che non incontrino ostacoli per diventare pienamente cittadini a tutti gli effetti nelle società europee»;

– la **Raccomandazione (2006)2 (c.d. Regole penitenziarie europee)**, che indica i diritti delle persone sottoposte a custodia cautelare o private della libertà in seguito ad una condanna;

– la **Raccomandazione (2008)11 (c.d. Regole europee per i minori sottoposti a sanzioni e misure restrittive della libertà personale)**, che rappresenta un atto di indirizzo politico riguardante il diritto penitenziario minorile, ove si ribadiscono, tra gli altri, i principi della proporzionalità e del minimo intervento;

– la **Raccomandazione (2018)5 a tutela dei figli delle persone detenute**, che mira a garantire il diritto dei figli a mantenere il rapporto affettivo col genitore detenuto.

7.3. (Segue) *La Direttiva (UE) 2016/800 e il recepimento italiano.*

Il Parlamento europeo e il Consiglio l'11 maggio 2016 hanno emanato la **Direttiva (UE) 2016/800** sulle «**Garanzie procedurali per i minori indagati o imputati nei procedimenti penali**», con la quale è stato delineato un modello condiviso di giustizia penale europea.

Nello specifico, la Direttiva si pone l'obiettivo di fissare «**garanzie procedurali** affinché i minori indagati o imputati nei procedimenti penali siano in grado di comprendere e seguire il procedimento, esercitare il loro diritto a un equo processo, evitare la recidiva e promuovere il loro reinserimento sociale» (Considerando n. 1). Stabilendo «**norme minime comuni**» per il **minore indagato, "ricercato"** [24] o **imputato**, la Direttiva mira a «**rafforzare la fiducia** de-

[24] Ossia sottoposto ad un procedimento di esecuzione di un mandato d'arresto europeo.

gli Stati membri nei sistemi giudiziari penali degli altri Stati membri e quindi a facilitare il riconoscimento reciproco delle decisioni in materia penale» (Considerando n. 2).

Tra le garanzie contemplate nella Direttiva, spiccano: il diritto all'informazione (art. 4), all'assistenza, nel corso del procedimento penale, da parte dell'esercente la responsabilità genitoriale (artt. 5 e 15) e del difensore (art. 6), alla valutazione individuale (art. 7), alla registrazione audiovisiva dell'interrogatorio (art. 9), alla protezione della vita privata (art. 14), al trattamento tempestivo del processo (art. 13) e alla partecipazione alle udienze (art. 16). Particolarmente rigorose sono le garanzie riconosciute al **minore privato della libertà personale**, come il diritto all'**esame medico** (art. 8) e alla detenzione in **luogo separato** dall'adulto (art. 12); gli Stati membri, altresì, devono assicurare che «in qualsiasi fase del procedimento la **privazione della libertà** personale del minore sia limitata al **più breve periodo possibile**» e che venga disposta, specie se detentiva, «solo come **misura di ultima istanza**», sulla base di «una decisione motivata soggetta a **controllo giurisdizionale** da parte di un giudice o tribunale», emessa «**senza indebito ritardo**» (art. 10); in questa prospettiva, i Paesi membri provvedono «affinché, ogniqualvolta sia possibile, le autorità competenti ricorrano a **misure alternative** alla detenzione» (art. 11).

Per quanto riguarda l'Italia, la l. 25 ottobre 2017, n. 163, contenente la «Delega al Governo per il recepimento delle direttive europee e l'attuazione di altri atti dell'Unione europea – Legge di delegazione europea 2016-2017», nell'Allegato A menzionava la **Direttiva (UE) 2016/800** tra quelle che il nostro Paese era tenuto a recepire e fissava come termine di adeguamento l'11 giugno 2019 (punto 9).

A dire il vero, solo recentemente, il legislatore domestico ha adempiuto al suo obbligo comunitario: il **d.l. 16 settembre 2024, n. 131**, convertito, con modificazioni, dalla **l. 14 novembre 2024, n. 166**, recante «Norme **urgenti** per l'attuazione di obblighi derivanti da atti dell'Unione europea e da procedure di infrazione e pre-infrazione pendenti nei confronti dello Stato italiano», nell'**art. 5** detta disposizioni finalizzate al «**completo recepimento**» degli **artt. 4** (Diritto all'informazione), **5** (Diritto del minore a che sia informato il titolare della responsabilità genitoriale) e **8** (Diritto all'esame medico) della **Direttiva** in questione, in relazione ai quali la Commissione Europea, nella **procedura di infrazione** (INFR(2023)2090) avviata a carico del nostro Paese (messa in mora del 13 marzo 2024), aveva rilevato la carenza di misure di adeguamento.

In questa prospettiva, sono state apportate, ancora una volta, significative modifiche al d.P.R. n. 448 del 1988 e all'ordinamento penitenziario minorile, come si avrà modo di evidenziare nei capitoli successivi [25].

---

[25] V. Capp. III e VIII.

CAPITOLO II

I PRINCIPI

1. *Rilievi introduttivi.*

Il nostro è un sistema giuridico nel quale il giovane indagato/imputato se, per un verso, è considerato un individuo dotato di una piena capacità processuale, che, nel corso dell'*iter* procedimentale, gode delle medesime garanzie riconosciute all'adulto, nel solco dei **principi** scolpiti nell'art. 111 Cost., per altro verso, viene in rilievo per ciò che sostanzialmente è: un soggetto dalla **personalità *in fieri***, non ancora strutturata, alla ricerca della propria identità, che esige un **trattamento penale differenziato**, tale da ridurre, per quanto possibile, quel contraccolpo negativo che, inevitabilmente connesso alle dinamiche giudiziarie [1], potrebbe compromettere irrimediabilmente lo sviluppo armonico della sua personalità.

Dunque, il processo penale a carico del minore **non è perfettamente sovrapponibile** a quello **ordinario**: per l'adulto è previsto un "processo del fatto", che **scandaglia il passato** per appurare se qualche suo fotogramma possa integrare gli estremi di un reato e per accertarne le correlative responsabilità [2]; per il minore, invece, il processo diventa protocollo formale di un **intervento "riabilitativo"** che, teso al recupero morale e sociale dell'adolescente, guarda non solo al passato ma anche al **futuro**.

---

[1] C. CESARI, *Le clausole di irrilevanza del fatto nel sistema processuale penale*, Giappichelli, Torino, 2005, p. 119.

[2] Così G. GIOSTRA, *Premessa alla seconda edizione*, in AA.VV., *Il processo penale minorile. Commento al d.P.R. 448/1988*, a cura di G. GIOSTRA, Giuffrè, Milano, 2024, p. VIII.

Così, la **finalità "rieducativa"**, se per l'adulto è solo "tendenziale" e, comunque, differita al momento dell'esecuzione della pena – come esige l'art. 27, comma 3, Cost., ai sensi del quale, «le pene devono *tendere* alla rieducazione del *condannato*» –, per il minore è immediatamente cogente ed attuale, tanto da richiedere la predisposizione di un procedimento *ad hoc* e di istituti specificamente mirati allo scopo.

Una precisazione sul punto si impone. Il processo penale minorile, con le sue modulazioni, non si limita a perseguire una **mera finalità pedagogica** o di **recupero sociale**: è costantemente in **bilico tra cognizione ed educazione** nel senso che, senza rinunciare alla funzione tipica – l'accertamento del fatto e della connessa responsabilità –, adegua le sue forme alle peculiarità del giovane inquisito; in definitiva, nel corso del procedimento, vanno adottate tutte le **cautele** necessarie per evitare che l'irruzione del minorenne nella spiacevole vicenda processuale possa ostacolare l'*iter* evolutivo della sua personalità.

In un sistema così concepito, appare evidente che il giudice e il pubblico ministero debbano "**farsi carico**" dei bisogni evolutivi del giovane indagato/imputato senza, tuttavia, sacrificare il diritto della collettività di difendersi da ogni forma di criminalità, compresa quella minorile.

Per garantire tale delicato equilibrio, il d.P.R. 22 settembre 1988, n. 448, nel rispetto dei criteri direttivi contenuti nell'art. 3 della l.d. 16 febbraio 1987, n. 81 e in ossequio alle linee guida fissate nelle Carte internazionali – *in primis*, le Regole di Pechino e la Convenzione ONU sui diritti dell'Infanzia [3] –, detta una serie di **principi** su cui poggiano le fondamenta del processo penale a carico del minorenne.

2. *Specialità, sussidiarietà, adeguatezza applicativa e* favor minoris.

Nella norma di apertura del d.P.R. n. 448 del 1988 sono scolpiti i **principi** di **specialità**, **sussidiarietà** e **adeguatezza applicativa**.

Il primo disposto dell'**art. 1, comma 1**, l.m. stabilisce che nel «procedimento a carico di minorenni si osservano le disposizioni del presente decreto» – **principio di specialità** – «e, per quanto da esse non previsto, quelle del codice di procedura penale» – **principio di sussidiarietà**.

Dunque, il legislatore, da un lato, "riscrive" per il minore alcune norme del codice di procedura penale che, tarate sull'adulto, evidentemente appaiono incompatibili con le peculiarità del giovane indagato/imputato; dall'altro, rinvian-

---

[3] Cfr. Cap. I, § 7.1.

do, per tutto ciò che non è regolamentato dal d.P.R. n. 448 del 1988, alla normativa generale contenuta nel codice di rito, riconosce, implicitamente, il carattere **non autosufficiente** del microsistema minorile.

La **cornice normativa** entro la quale va inquadrata e risolta ogni questione attinente al procedimento penale a carico del minorenne è, così, ben **tratteggiata** dal legislatore del 1988, peraltro, in linea con le indicazioni date dal delegante, che impone al Governo di disciplinare il rito penale minorile alla luce dei «principi generali del nuovo processo penale, con le modificazioni ed integrazioni imposte dalle particolari **condizioni psicologiche** del minore, dalla sua **maturità e dalle esigenze della sua educazione** (...)» (art. 3 l.d. n. 81 del 1987).

Se, dunque, l'apparato normativo minorile è «un **universo chiuso**» [4] – nel quale le disposizioni del d.P.R. n. 448 del 1988 si combinano con quelle del codice di procedura penale – allora tutte le norme che, prima dell'entrata in vigore del d.P.R. n. 448 del 1988, concorrevano a disciplinare il processo penale a carico del minorenne devono intendersi **implicitamente abrogate**, in forza dell'art. 15 disp. prel. c.c. È quanto accaduto, ad esempio, alle norme **processuali penali** contenute nel **R.d.l. 20 luglio 1934, n. 1404** [5].

Va precisato che, nel momento in cui venga accertata la **lacunosità** o l'**incompletezza** della disciplina minorile, la *traslatio* delle norme processuali ordinarie **non opera automaticamente**: in via preliminare, va verificata l'assenza, nel d.P.R. n. 448 del 1988, di regole che, implicitamente, si pongano in conflitto con la disposizione codicistica. Si pensi, a titolo esemplificativo, al **giudizio abbreviato**: tale procedimento speciale – che, certamente, può essere messo in moto dal minore imputato (arg. *ex* art. 25, comma 1, l.m.) [6] – non è oggetto di una regolamentazione *ad hoc* nel d.P.R. n. 448 del 1988; dunque, per il principio di sussidiarietà, sono utilizzabili le norme del codice di procedura penale *ex* artt. 438-443 c.p.p.; non, però, **l'art. 441, comma 3, c.p.p.**, che autorizza la celebrazione del rito a **porte aperte** quando ne facciano richiesta tutti gli imputati; la disposizione in questione, invero, si scontra col generale **divieto di pubblicità** (cfr. artt. 13, comma 1 e 33, comma 1, l.m.; art. 20, comma 1, disp. att. l.m.), derogabile solo per **l'udienza dibattimentale**, in presenza di specifiche condizioni (art. 33, comma 2, l.m.) [7].

---

[4] Così G. Giostra, Sub *art. 1*, in AA.VV., *Il processo penale minorile*, cit., p. 4.

[5] Restano in vigore, al contrario, in mancanza di una espressa disposizione abrogativa, tutte le altre disposizioni del R.d.l. istitutivo del Tribunale per i Minorenni, di carattere ordinamentale, penale sostanziale, amministrativo e civile.

[6] V. Cap. VI, § 3.1.

[7] Cfr. Cap. VI, §§ 3.1 e 4.

La portata della regola su esposta è affievolita dalla presenza di **due deroghe**.

La prima è di elaborazione legislativa. Il **d.lgs. 28 agosto 2000, n. 274**, contenente le disposizioni in materia di **competenza penale del giudice di pace**, nella prima parte dell'**art. 63** sancisce che, nei casi in cui «i reati indicati nell'articolo 4, commi 1 e 2, sono giudicati da un giudice diverso dal giudice di pace, **si osservano** le disposizioni del titolo II del presente decreto legislativo [...]». La previsione sta a significare che le **norme** del titolo II della normativa speciale (artt. 52-62-*bis*), relative alle **sanzioni**, trovano applicazione anche nei casi in cui i reati di competenza del giudice di pace siano trattati da **altre giurisdizioni**, inclusa, dunque, quella minorile. In definitiva, il Tribunale specializzato chiamato a giudicare il giovane accusato di un reato che, se commesso da un maggiorenne, sarebbe di competenza del giudice onorario (art. 4, comma 4, d.lgs. n. 274 del 2000), è legittimato ad utilizzare **automaticamente l'apparato sanzionatorio** e le altre disposizioni del titolo II: la compatibilità con il *corpus* normativo processuale minorile è stabilita *a priori* direttamente dal legislatore [8].

La seconda è di matrice giurisprudenziale e opera in materia **cautelare**. La **Corte costituzionale** [9] – come si vedrà più avanti [10]– estende al minore il raggio di azione dell'art. 274, comma 1, lett. *c*, secondo periodo, c.p.p., in quanto **più favorevole** – e, dunque, **prevalente** –, rispetto al simmetrico art. 23 l.m.: «Quale che sia, in generale, la ricostruzione che si debba effettuare dei rapporti fra norme del codice e norme del decreto sul processo minorile, trattandosi in questo caso di una **norma specifica di maggior favore** per i possibili destinatari delle misure cautelari [...], si deve ritenere che essa sia applicabile anche agli indagati minori, in base al principio, seguito dallo stesso legislatore e conforme ai principi costituzionali e internazionali, del ***favor minoris***. In assenza, infatti, di ostacoli testuali insuperabili, e dovendosi procedere ad una interpretazione sistematica, non può non darsi rilievo preminente, nella ricostruzione della disciplina, ai criteri di fondo che la ispirano, fra cui quello appunto del **trattamento più favorevole** per l'indagato minorenne».

Un ultimo dubbio interpretativo va sciolto: il richiamo alle disposizioni del codice di procedura penale deve intendersi come un rinvio **materiale** alla disciplina del 1988, oppure come un rinvio **dinamico** che, seguendo l'eventuale evoluzione normativa (modifica, abrogazione, dichiarazione di incostituzionalità), rimanda al sistema processuale vigente al momento della celebrazione del giudizio minorile?

---

[8] Per i problemi applicativi che la meccanica traslazione di tali disposizioni finisce per sollevare, cfr. G. GIOSTRA, Sub *art. 1*, in AA.VV., *Il processo penale minorile*, cit., p. 26.

[9] Corte cost., 21 luglio 2000, n. 323.

[10] Cap. IV, § 3.

Tra le due interpretazioni, la seconda sembra preferibile: solo un'applicazione "sincronica" delle disposizioni del codice di procedura penale consente di evitare che siano contemporaneamente utilizzate due diverse versioni dello stesso articolo e garantisce, così, **uniformità** tra i due sistemi processuali, le cui uniche differenze dovrebbero essere quelle tratteggiate nel d.P.R. n. 448 del 1988 e imposte dalle peculiarità del soggetto coinvolto nel procedimento penale, quale indagato/imputato dalla personalità ancora *in fieri*. Peraltro, considerato che i ritocchi apportati all'impianto normativo ordinario sono, di regola, finalizzati ad aumentare il livello di garanzie, se si optasse per la tesi del rinvio materiale, si giungerebbe all'inaccettabile risultato di avere, per il minore, un apparato processuale **meno garantista** di quello contemplato per l'adulto, in chiara lotta di collisione col già richiamato principio del ***favor minoris***.

Il secondo disposto dell'art. 1, comma 1, l.m. sancisce il principio di **adeguatezza applicativa**: «Tali disposizioni» – ossia le norme del d.P.R. n. 448 del 1988 e quelle del codice di procedura penale utilizzate in via sussidiaria – «sono applicate in modo **adeguato alla personalità e alle esigenze educative** del minorenne».

Premesso che i due complementi di fine costituiscono una **coppia sinonimica** – un'applicazione delle disposizioni "adeguata alla personalità del minore" è, *ipso facto*, "adeguata anche alle sue esigenze educative" e viceversa –, dall'imperativo categorico utilizzato dal legislatore è facile scorgere i segni di un preciso dovere imposto a tutti gli operatori della giustizia minorile: il giudice, il pubblico ministero, la polizia giudiziaria, il difensore, i servizi sociali, chiamati a maneggiare le disposizioni che concorrono a disciplinare il rito penale, sono tenuti a prestare una **particolare attenzione** al giovane catapultato nel circuito processuale, tenendo conto delle sue **specifiche peculiarità**, al fine di salvaguardare il **percorso educativo** che il compimento dell'atto criminale dimostra essersi interrotto.

L'art. 5 del recente d.l. 16 settembre 2024, n. 131, convertito, con modificazioni, dalla l. 14 novembre 2024, n. 166 – contenente «Disposizioni urgenti per l'attuazione di obblighi derivanti da atti dell'Unione europea e da procedure di infrazione e pre-infrazione pendenti nei confronti dello Stato italiano», finalizzato al completo **recepimento** degli artt. 4, 5 e 8 della **Direttiva (UE) 2016/800** del Parlamento europeo e del Consiglio dell'11 maggio 2016, sulle «**garanzie procedurali** per i minori indagati o imputati nei procedimenti penali» [11]– ha innestato, nell'art. 1, comma 1, l.m., un'altra proposizione normativa: nel procedimento penale a carico del minorenne deve essere **assicurato** «il rispetto dei **diritti fondamentali** riconosciuti dalla Costituzione e dall'art. 6 del **Trattato sull'Unione europea**, nonché dei diritti riconosciuti dalla direttiva 2016/800/UE del Parla-

---

[11] Sul punto, v. Cap. I, § 7.3.

mento europeo e del Consiglio». Con questa precisazione, si è voluto «rendere immediatamente percepibile lo stretto legame tra i principi interni e quelli desumibili dal **quadro normativo sovranazionale**» [12].

3. *Minima offensività, de-stigmatizzazione e individualizzazione.*

Tra le intercapedini normative della disciplina dettata nel d.P.R. n. 448 del 1988 germogliano i principi di **minima offensività**, **de-stigmatizzazione** e **individualizzazione**.

Quanto al primo, premesso che chiunque sia sottoposto ad un procedimento penale generalmente patisce delle sofferenze, spesso, indelebili, l'obiettivo prefissato dal legislatore del 1988 è quello di arrecare al minorenne il **minor pregiudizio possibile**.

A tale fine, il d.P.R. n. 448 del 1988:

1) disciplina le c.d. **tecniche di *diversion***; si tratta di istituti processuali finalizzati ad estromettere dal circuito penale il minore quanto più rapidamente possibile: la sentenza di non luogo a procedere per **irrilevanza del fatto** (art. 27 l.m.), la sospensione del processo con **messa alla prova** (artt. 28 e 29 l.m.), il **perdono giudiziale** (menzionato nell'art. 32 l.m. e disciplinato negli artt. 169 c.p. e 19 R.d.l. n. 1404 del 1934) e il **percorso di rieducazione** (art. 27-*bis* l.m.), introdotto recentemente dal d.l. 15 settembre 2023, n. 123 – convertito, con modificazioni, dalla l. 13 novembre 2023, n. 159 (c.d. decreto Caivano);

2) garantisce al minore **l'assistenza affettiva e psicologica**, in ogni stato e grado del procedimento, da parte dei **genitori** – o degli **altri esercenti la responsabilità genitoriale** o di **altra persona idonea** – e dei **servizi sociali** (art. 12 l.m.);

3) impone alla polizia giudiziaria di adottare, nell'esecuzione dell'arresto e del fermo, nell'accompagnamento e nella traduzione, le **opportune cautele** per ridurre, nei limiti del possibile, i disagi e le sofferenze materiali e psicologiche; vieta, altresì, di fare uso di **strumenti di coercizione fisica**, salvo «gravi esigenze di sicurezza» (art. 20, comma 1, disp. att. l.m.);

4) assicura l'**assistenza psicologica** al minore che versi in particolari condizioni emotive (art. 20, comma 1.1, disp. att. l.m.);

5) garantisce al minorenne condotto presso gli uffici di polizia giudiziaria in esecuzione dell'arresto, del fermo o dell'accompagnamento un trattenimento in **locali separati** da quelli destinati al maggiorenne arrestato o fermato (art. 20, comma 1-*bis*, disp. att. l.m.);

---

[12] *Relazione illustrativa*, p. 7.

6) subordina l'applicazione delle **misure cautelari** all'esigenza di non interrompere «i **processi educativi in corso**» (art. 19, comma 1, l.m.);

7) attribuisce al giudice che dispone misure cautelari diverse dalla custodia cautelare il potere di imporre «**specifiche prescrizioni** inerenti alle attività di studio o di lavoro ovvero ad altre attività utili per la sua **educazione**» (artt. 20, comma 1, 21, comma 2, 22, comma 1, l.m.);

8) àncora il criterio di scelta della **pena sostituiva** all'esame «**della personalità** e delle esigenze di lavoro o di studio del minorenne, nonché delle sue condizioni familiari, ambientali e sociali» (art. 30, comma 1, l.m.);

9) impone che le **comunità** deputate ad accogliere il minore in misura cautelare siano strutturate in modo tale da garantire una conduzione ed un clima «**educativamente significativi**» (art. 10, comma 2, lett. *a*, disp. att. l.m.);

10) impedisce al pubblico ministero di procedere al **giudizio direttissimo** o di richiedere il giudizio **immediato** nei casi in cui ciò «pregiudichi gravemente le **esigenze educative** del minore» (art. 25, comma 2 *ter*, l.m.).

Espressione del principio di minima offensività è, altresì, la previsione contenuta nel comma 2 dell'art. 1 l.m., secondo la quale, il «giudice illustra all'imputato il significato delle attività processuali che si svolgono in sua presenza nonché il **contenuto e le ragioni anche etico-sociali delle decisioni**». La prescrizione è finalizzata a garantire al minore una corretta percezione della vicenda giudiziaria nel complesso; il giudice, cioè, illustrando, con un linguaggio semplice, il significato delle singole attività compiute e delle decisioni adottate, nonché le ragioni, non solo giuridiche, ma anche etico-sociali che ne stanno a fondamento, "accompagna" il minore nel corso dell'intera vicenda giudiziaria e, lungi dal tenere atteggiamenti paternalistici o fare sermoni, si adopera affinché il giovane incappato nelle maglie della giustizia comprenda il **ruolo** che assume nel processo penale.

I principi di **de-stigmatizzazione** e **individualizzazione** sono strettamente connessi al principio di minima offensività.

Innanzi tutto, nel corso del procedimento penale devono essere adottati tutti gli accorgimenti necessari per evitare la **stigmatizzazione sociale** che, già dannosa per l'adulto, potrebbe rivelarsi traumatica per il minore e compromettere irrimediabilmente il suo futuro reinserimento nella società. In concreto, va ridotto il duplice rischio che il contesto sociale "etichetti" il giovane indagato/imputato come un delinquente – una identità negativa da tenere lontana – e che egli stesso abbia una simile percezione.

Rispondono a tale principio: 1) il generale **divieto di pubblicità** delle udienze (art. 33, comma 1, l.m.) [13] e di **pubblicazione** e divulgazione, con qualsiasi

[13] In arg., cfr. Cap. VI, § 4.

mezzo, di notizie o immagini idonee a consentire l'identificazione del minorenne comunque coinvolto nel procedimento (art. 13 l.m.); 2) l'obbligo per la polizia giudiziaria di adottare, nell'esecuzione dell'arresto e del fermo, nell'accompagnamento e nella traduzione, le **opportune cautele** per proteggere il minore dalla curiosità del pubblico e da ogni specie di pubblicità (art. 20, comma 1, disp. att. l.m.); 3) la particolare disciplina agevolata del **casellario giudiziale** in tema di iscrizioni, cancellazioni e rilascio delle certificazioni (artt. 3, 5 e 28 d.P.R. 14 novembre 2022, n. 313)[14].

Il principio di **individualizzazione** impone al giudice e al pubblico ministero una **attenta valutazione** della personalità del giovane indagato/imputato e del suo contesto di vita. Così, per accertare l'imputabilità e il grado di responsabilità, per valutare la rilevanza sociale del reato commesso e per individuare, sul piano processuale, la **risposta più appropriata**, l'autorità giudiziaria è tenuta ad **acquisire informazioni** non solo sulla tipologia del reato, bensì anche sulle particolari condizioni personali, familiari, sociali e ambientali del minore. Si tratta dei c.d. **accertamenti sulla personalità** (art. 9 l.m.) che, vietati nel processo ordinario di cognizione (art. 220, comma 2, c.p.p.), costituiscono la **colonna portante** del procedimento penale minorile[15].

4. *Specializzazione: del giudice e del pubblico ministero ...*

Alla luce dei rilievi sinora svolti, appare chiaro che il rito disegnato dal d.P.R. n. 448 del 1988 è intriso, in ogni sua fase, da cautele dirette ad evitare che il percorso di ricostruzione del fatto ascritto al minorenne ostacoli l'*iter* evolutivo della sua personalità e, dunque, il suo **recupero**.

Questa tensione ideale verso il "fine educativo" del minore trabocca dalle maglie di tutte le disposizioni che impongono la **specializzazione** dei soggetti istituzionali coinvolti nel procedimento penale minorile: il **giudice**, il **pubblico ministero**, la **polizia giudiziaria** e il **difensore**.

Sul punto, merita di essere menzionata la **Raccomandazione (1987)20** sulle «Reazioni sociali alla delinquenza minorile» del Comitato dei Ministri del Consiglio d'Europa, la quale incoraggia gli Stati membri ad adottare, tra l'altro, provvedimenti idonei ad assicurare «una **formazione specializzata** nel campo del diritto dei minori e della delinquenza minorile». Sulla stessa lunghezza d'onda si collocano la **Direttiva (UE) 2016/800** del Parlamento europeo e del Consi-

---

[14] In arg. v. Cap. VII, § 4.

[15] Cfr. Cap. III, § 1.3.

glio sulle «**Garanzie procedurali per i minori indagati o imputati nei procedimenti penali**» (cfr. punto n. 63) [16] e le **Regole di Pechino** (cfr. artt. 6 e 12) [17].

Con riferimento al **giudice**, la **specializzazione** si realizza in due modi: 1) con la partecipazione di **due componenti laici** negli organi collegiali di primo e secondo grado[18]; 2) con la **preparazione professionale** di tutti i magistrati, laici e togati.

Sotto il primo profilo, va detto che le originarie norme di riferimento – l'art. 50 ord. giud. e l'art. 2 R.d.l. n. 1404 del 1934 – prevedevano la necessaria presenza di un **uomo** e di una **donna**.

La partecipazione di giudici onorari di sesso diverso garantiva «una **completezza di prospettive**» – così si era espressa la Corte costituzionale –, che sarebbe stata vanificata ove la composizione laica del collegio non fosse stata «obbligatoriamente differenziata in relazione al detto requisito» [19].

Inspiegabilmente, il **d.lgs. 10 ottobre 2022, n. 149**, nell'apportare correttivi alle norme sull'ordinamento giudiziario in materia di composizione dei vari organi collegiali (art. 30), **cancella**, per i giudici onorari dell'udienza preliminare e del dibattimento, il riferimento al genere **maschile e femminile** (cfr. artt. 50.4, 50-*bis* ord. penit.); la composizione mista sopravvive – presumibilmente per una mera svista – solo per la sezione d'appello (art. 58, comma 2, ord. giud.) [20].

Nella stessa ottica, il menzionato d.lgs. n. 149 del 2022 (art. 31) interviene sul R.d.l. n. 1404 del 1934: oltre ad abrogare gli artt. 2, 3, 4 e 5, modifica l'art. 6, relativo alla nomina dei giudici privati – ora chiamati **giudici onorari esperti e consiglieri onorari esperti** –, escludendo ogni riferimento alla componente di genere.

Nell'innovato art. 6 R.d.l. n. 1404 del 1934 è, altresì, trasfuso **parte del contenuto** dell'abrogato art. 2 R.d.l. n. 1404 del 1934: i due giudici onorari – no-

---

[16] La Direttiva (UE) 2016/800, nello specifico, sollecita gli Stati membri ad adottare «misure appropriate» per garantire che i giudici e i magistrati inquirenti nei procedimenti penali a carico del minore «abbiano una competenza specifica in tale settore o abbiano effettivamente accesso a una formazione specifica, con particolare riferimento ai diritti del minore, alle tecniche appropriate di interrogatorio, alla psicologia minorile e alla comunicazione in un linguaggio adattato ai minori», nonché «misure appropriate per promuovere l'offerta di una siffatta formazione specifica destinata ai difensori che si occupano di procedimenti penali» minorili.

[17] Sul punto, v. Cap. I, § 7.1.

[18] Si tratta del giudice dell'udienza preliminare, del giudice del dibattimento – che coincide con la sezione distrettuale del Tribunale per le persone, per i minorenni e per le famiglie (T.P.M.F.) – e del giudice di secondo grado, identificato con la sezione di Corte d'appello per le persone, per i minorenni e per le famiglie. In arg. cfr. Cap. III, § 2.

[19] Corte cost., 31 maggio 2001, n. 172.

[20] Cfr. *amplius* Cap. III, § 2.

minati con decreto del Ministro della Giustizia, su proposta del Consiglio superiore della magistratura, in carica per **tre anni**, con possibilità di conferma – devono essere scelti «fra i **cultori** di biologia, di psichiatria, di antropologia criminale, di pedagogia, di psicologia che abbiano compiuto il **trentesimo anno di età**»; scompare, misteriosamente, il requisito della «**benemerenza dell'assistenza sociale**» che, prima della novella del 2022, costituiva un **criterio concorrente** e pari ordinato a quello della **cultura specialistica**: come si legge nell'ultima **Circolare del Consiglio superiore della magistratura** [21] sui criteri di selezione e nomina dei cittadini "esperti", validi per il triennio 2023-2025, tale requisito allude ad una «particolare **sensibilità e attenzione** ai problemi dell'infanzia e dell'età evolutiva» e ad una «traduzione di tale sensibilità in attività **concrete e continuative**».

Quanto al titolo di "**cultore**", la medesima Circolare precisa che il possesso del diploma di laurea non sia necessario, sebbene costituisca titolo preferenziale; ai fini dell'accertamento della competenza richiesta, si tiene conto, altresì, delle attestazioni di specifica esperienza lavorativa, dei risultati conseguiti sul piano operativo e delle pubblicazioni scientifiche di apprezzabile livello e originalità nel settore minorile.

Non sfugge come la **composizione mista** degli organi collegiali minorili – opportunamente contemplata anche per il giudice dell'udienza preliminare – consenta di conciliare **due diverse esigenze**: il **giudice togato**, fornendo un apporto di carattere giuridico, garantisce un accertamento del fatto e della relativa responsabilità secondo i principi generali del giusto processo; il **giudice esperto**, con la sua professionalità, assicura, invece, «un'adeguata considerazione della **personalità del minore**», contribuendo «all'osservanza del principio di **minima offensività**, che impone di evitare, nell'esercizio della giurisdizione penale, ogni pregiudizio al corretto sviluppo psicofisico del minore e di adottare le opportune cautele per salvaguardare le correlate esigenze educative» [22].

Resta ferma la difficoltà di comprendere le ragioni che hanno spinto il legislatore del 2022 a cancellare il riferimento al **genere femminile e maschile** dei componenti laici: così facendo, si preclude al collegio la possibilità di avvalersi sempre «del peculiare contributo di esperienza e di sensibilità proprie del sesso di appartenenza» [23].

Della **preparazione professionale** dei giudici minorili si occupano diverse disposizioni del d.lgs. 28 luglio 1989, n. 272. Innanzi tutto, nel T.P.M.F., l'assegnazione degli affari è disposta «in modo da favorire la **diretta esperienza** di

---

[21] Dell'11 novembre 2020, Prot. P-15705/2020.

[22] Corte cost., 12 gennaio 2015, n. 1.

[23] Corte cost., 31 maggio 2001, n. 172.

ciascun giudice nelle diverse attribuzioni della funzione giudiziaria minorile» (art. 2 disp. att. l.m.); i magistrati dei minori «**non possono essere destinati** in applicazione o supplenza **ad altro ufficio giudiziario**, salvo casi eccezionali dovuti a imprescindibili esigenze di servizio» (art. 3 disp. att. l.m.); nella **sezione di Corte d'appello** vengono destinati magistrati – che restano in carica per almeno un biennio – scelti tra i componenti della Corte d'appello che abbiano svolto attività presso uffici giudiziari minorili o presso uffici del giudice tutelare o che siano comunque dotati di **specifica attitudine**, **preparazione ed esperienza** (art. 4 disp. att. l.m.); i giudici d'appello sono assegnati **in via esclusiva** alla sezione quando lo richiede l'entità degli affari in materia minorile; a quelli adibiti anche ad altre sezioni sono affidati di preferenza affari strettamente connessi con le tematiche familiari e minorili (art. 4 disp. att. l.m.)[24]; il Ministero della giustizia collabora con il Consiglio superiore della magistratura per la realizzazione di appositi **corsi di formazione** e di **aggiornamento** «nelle materie attinenti al diritto minorile e alle problematiche della famiglia e dell'età evolutiva», ai quali sono tenuti a partecipare tutti i magistrati addetti agli uffici giudiziari minorili, laici e togati (art. 5 disp. att. l.m.)[25]. A tali disposizioni va aggiunto l'art. 50, comma 3, ord. giud.: i giudici addetti al T.P.M.F. esercitano «le relative funzioni **in via esclusiva** e ad essi non si applica il **limite di permanenza nell'incarico** presso lo stesso ufficio previsto dall'art. 19 d.lgs. 5 aprile 2006, n. 160».

Le disposizioni sui **corsi di formazione e aggiornamento** (art. 5 disp. att. l.m.) e quelle sul generale divieto di **destinazione** ad altro ufficio giudiziario (art. 3 disp. att. l.m.) si applicano, altresì, al **procuratore della Repubblica** presso il T.P.M.F. In tal modo, è garantita anche la **specializzazione del pubblico ministero minorile**.

---

[24] Nel caso limite di sostituzione integrale della componente togata con giudici ordinari (art. 110 ord. giud.), la specializzazione è comunque assicurata «dalla struttura complessiva di tale organo giudiziario, qualificato dall'apporto degli esperti laici»: così, Corte cost., 4 novembre 2003, n. 330.

[25] Con specifico riferimento alla formazione professionale dei giudici laici di fresca nomina, la già menzionata Circolare del Consiglio superiore della magistratura del 2020 affida, come le precedenti, alla Scuola superiore della magistratura, anche attraverso le strutture territoriali della formazione distrettuale, sentiti i Presidenti degli uffici di appartenenza, il compito di assicurare che tali giudici «effettuino un'attività pratica di natura formativa della durata di mesi due, che si realizzi essenzialmente nella partecipazione alle camere di consiglio civili, nell'assistenza alle udienze civili, nell'assistenza alle udienze penali dibattimentali e a quelle tenute dal giudice dell'udienza preliminare, in incontri con i Servizi sociali del territorio e del Ministero della giustizia e in visite agli istituti penali minorili (ferma restando la possibilità di individuare ulteriori momenti formativi). In relazione a tali attività ogni giudice onorario deve essere affiancato da un tutor (magistrato ordinario od onorario appartenente all'ufficio), al quale fare riferimento anche per ogni altra informazione concernente il lavoro» (art. 10, commi 1 e 2).

Appare chiaro come lo scopo delle norme passate in rassegna sia quello di garantire al giovane indagato/imputato un magistrato altamente qualificato, "**esperto**", che si dedichi, in via ordinaria, **esclusivamente** agli "affari" minorili.

4.1. (Segue) ... *della polizia giudiziaria ...*

Simmetricamente, il legislatore impone la specializzazione anche per la **polizia giudiziaria**: in ciascuna procura della Repubblica minorile è istituita una **sezione specializzata**, ove è assegnato «personale dotato di **specifiche attitudini** e **preparazione**» (art. 5 l.m.).

La genesi di tale disposizione va rinvenuta certamente nelle **fonti sovranazionali**: secondo l'art. 12 delle **Regole di Pechino**, rubricato «Specializzazione dei servizi di polizia», per «meglio svolgere i propri compiti, i funzionari di polizia che si occupano frequentemente o esclusivamente dei minori o che si dedicano essenzialmente alla prevenzione della delinquenza minorile, devono ricevere una istruzione e una formazione speciale»; ancora, per quanto riguarda le grandi città, la medesima Direttiva auspica la creazione di appositi «**servizi di polizia speciali**» da impiegare nella lotta alla criminalità; l'art. 10, comma 3, prescrive che i «contatti tra le forze dell'ordine e il giovane autore di reato dovranno avvenire in modo da rispettare lo stato giuridico del giovane e da evitare di nuocergli, tenendo conto delle circostanze del caso»; l'art. 22, poi, in generale, per garantire «la competenza professionale del personale che si occupa di minori», prevede formazione, aggiornamento, corsi di riqualificazione e altre iniziative appropriate di insegnamento.

L'esigenza di specializzazione della polizia giudiziaria riveste una particolare importanza se si considera che il "**primo contatto**" del minore coinvolto in un procedimento penale avviene, generalmente, con le forze di polizia. La ***ratio*** dell'art. 5 l.m. va, dunque, individuata nella necessità di circondare questo momento di estrema delicatezza – capace di influenzare l'atteggiamento futuro del minore nei confronti della società –, di **particolari cautele**, attraverso una condotta rispettosa della fragilità del minore, che non crei traumi e sia in grado di stimolare il senso di responsabilità del giovane inquisito.

L'art. 5 l.m. non definisce i requisiti necessari per essere considerati "idonei", ossia dotati di «specifiche attitudini e preparazione».

Quanto alla valutazione della «**preparazione**», viene in soccorso l'art. 6, comma 2, disp. att. l.m., che fissa **tre criteri di natura oggettiva**: «i titoli di studio, i titoli di specializzazione in materia minorile e le eventuali esperienze specifiche del candidato».

L'«**attitudine**», sebbene richiamata nell'art. 6, comma 2, disp. att. l.m., non è riempita di significato. Si tratta, certamente, di un criterio estremamente importante, se non il principale, che sembra alludere alla necessità di possedere una **particolare** inclinazione a “trattare” con un soggetto fragile quale è il minore; in altri termini, il personale addetto alla sezione di polizia giudiziaria minorile deve essere dotato di una **spiccata sensibilità**, che garantisca al giovane, durante l'“ascolto”, gli opportuni spazi per potersi esprimere nel modo che più gli è congeniale, evitando, quindi, forme di interazione (linguaggio duro, violenza fisica, ecc.) che potrebbero compromettere gravemente il percorso educativo del minore.

Per garantire la specializzazione non basta la costituzione di una sezione *ad hoc*.

Come per il giudice e per il pubblico ministero, anche per il personale addetto alla sezione di polizia giudiziaria minorile sono previsti **corsi** di **formazione e di aggiornamento**, curati dalle amministrazioni di appartenenza, «d'intesa con il ministero di grazia e giustizia» (art. 6, comma 3, disp. att., l.m.).

A dire il vero, i propositi del legislatore sono rimasti per lungo tempo inattuati.

Fino a poco tempo fa, infatti, si registrava l'organizzazione di uno scarso numero di corsi. L'addestramento avveniva “sul campo”.

L'istituzione dell'**Autorità Garante per l'Infanzia e l'Adolescenza**, operata dalla l. 12 luglio 2011, n. 112, ha prodotto un virtuoso attivarsi di sinergie finalizzate alla formazione della polizia giudiziaria in materia minorile. Così, il 28 gennaio 2014 è stato sottoscritto un **protocollo d'intesa** tra il Ministero dell'Interno, il Dipartimento della Pubblica Sicurezza e l'Autorità Garante per l'Infanzia e l'Adolescenza. In tale atto «vengono contemplati, tra l'altro, interventi formativi in favore del personale delle Forze di Polizia sui diritti dell'infanzia e dell'adolescenza». Nello stesso protocollo è prevista l'istituzione di un “Gruppo Tecnico”, che ha prodotto un corposo *vademecum* per le forze di polizia, aggiornato al 30 settembre 2014, intitolato «Garantire i diritti dei minorenni»; inoltre, il 27 novembre 2014 è stato stipulato un ulteriore protocollo d'intesa fra l'Autorità Garante per l'Infanzia e l'Adolescenza e l'Arma dei Carabinieri, al dichiarato scopo di «perseguire il comune obiettivo di assicurare, al personale in formazione di quest'ultima Istituzione, l'apprendimento di prassi operative ispirate al rispetto della Convenzione ONU sui diritti dell'infanzia e dell'adolescenza e delle vigenti normative in materia».

La **specializzazione delle sezioni di polizia giudiziaria** per i minorenni, in astratto assai apprezzabile, si scontra con la **realtà concreta**: è altamente probabile che siano gli agenti e gli ufficiali di polizia giudiziaria ordinariamente impegnati ad operare sul territorio – in quanto tali, impreparati a gestire il “primo contatto” col minore – a procedere all'arresto, al fermo, all'accompagnamento o agli accertamenti iniziali. Probabilità quasi certezza se si considera il ridotto raggio d'azione dei micro-organismi previsti dall'art. 5 l.m., soprattutto se rapportato all'ampio ambito territoriale – il distretto di Corte d'appello – rispetto al quale interviene la Procura della Repubblica minorile. Così, l'**intervento del personale specializzato** avviene, presumibilmente, **con grave ritardo**, quando, cioè, il contatto tra la polizia giudiziaria "ordinaria" e il minore potrebbe avere già sortito effetti negati sul giovane inquisito.

4.2. (Segue) ... *e del difensore.*

Per il **difensore**, la specializzazione è garantita dall'**art. 11 l.m.**, ai sensi del quale, «[...] il consiglio dell'ordine forense predispone gli elenchi dei difensori con **specifica preparazion**e nel diritto minorile».

Dalla lettura della rubrica – «Difensore **di ufficio** dell'imputato minorenne» – si evince chiaramente che il requisito della specializzazione non è prescritto per il **difensore di fiducia**: il giovane indagato/imputato ha la **totale libertà** di scegliere il professionista che assumerà la sua difesa.

Se è vero che, sul piano psicologico, il minorenne può sentirsi rassicurato dalla presenza di un difensore di fiducia scelto in totale autonomia, è pur vero che, affidarsi ad un professionista "non esperto" nella materia minorile può avere delle ricadute negative sotto il profilo della **difesa tecnica**: le strategie difensive messe in atto potrebbero rivelarsi sbagliate o, comunque, non idonee ad agevolare un efficace percorso di recupero del giovane assistito [26].

L'auspicio, allora, è che l'avvocato "non specializzato" agisca nell'interesse esclusivo del minore e, nel rispetto del **codice deontologico** – perentorio nell'imporre di non «accettare incarichi che non sia in grado di svolgere con adeguata competenza» (art. 14) –, rifiuti il mandato.

Circa i **requisiti**, spetta al consiglio dell'ordine forense predisporre e aggiornare almeno ogni tre mesi **l'elenco** alfabetico degli avvocati «**idonei e disponibili** ad assumere la difesa di ufficio» del minore, che verrà poi comunicato al presidente del Tribunale per i Minorenni (T.P.M.F.) che ne curerà la trasmissione alle autorità giudiziarie minorili del distretto (art. 15, comma 1, disp. att. l.m.).

L'**idoneità** si evince da una specifica **preparazione** nel diritto minorile, comprovata dallo svolgimento **non saltuario** della professione forense davanti alle autorità giudiziarie minorili, **ovvero** dalla frequentazione di **corsi di perfezionamento e aggiornamento** per avvocati nelle materie attinenti il diritto minorile e le problematiche dell'età evolutiva, organizzati annualmente dal consiglio dell'ordine forense ove ha sede il Tribunale per i minorenni (T.P.M.F.),

---

[26] Sotto quest'ultimo profilo, cfr. Cap. III, § 4.

d'intesa con il presidente e con il procuratore della Repubblica per i minorenni (art. 15, commi 2, 3 e 4, disp. att. l.m.). **Disponibilità** significa, invece, **pronta reperibilità** del difensore [27].

5. *Residualità della detenzione.*

In linea con le sollecitazioni provenienti dalle Carte internazionali [28] e con le indicazioni contenute nell'art. 3, lett. *h*, l.d. n. 81 del 1987, il legislatore del 1988 detta una disciplina in materia di **misure precautelari**, **misure cautelari** e **sanzioni sostitutive** in ossequio al principio di ***extrema ratio*** **della detenzione**: la restrizione della libertà personale è consentita, cioè, solo in **casi residuali**.

Sulla stessa lunghezza d'onda si colloca la **Corte costituzionale** [29] che, dopo qualche anno dall'entrata in vigore del d.P.R. n. 448 del 1988, denuncia la radicale **inconciliabilità** tra **ergastolo** e minorenni: secondo la Corte, per l'infradiciottenne, la **funzione rieducativa della pena** *ex* art. 27, comma 3, Cost. «è da considerarsi, se non esclusiva, certamente **preminente**», posta la peculiare attenzione che, a mente dell'art. 31, comma 2, Cost., va riservata ai problemi educativi dei giovani; la «particolare condizione minorile» esige, dunque, «di **diversificare il più possibile il trattamento del minore** dalla disciplina punitiva generale» e, al contrario, la previsione dell'ergastolo per l'infradiciottenne «accomuna, per tale [...] istituto di indubbia gravità, nel medesimo contesto punitivo, tutti i soggetti [...]» [30].

Che l'esperienza carceraria per il minore debba essere un'**eccezione** e non una regola è confermato, altresì, dalla legge penitenziaria minorile – il **d.lgs. 2 ottobre 2018, n. 121** – che **amplia i criteri per l'accesso** alle misure alternative alla detenzione – le c.d. **misure penali di comunità** –, finalizzate ad agevolare un più efficace percorso di recupero e reinserimento sociale del giovane condannato [31].

Purtroppo, come già si è avuto modo di accennare [32] e come si approfondirà

---

[27] Per un approfondimento sui criteri di selezione e nomina del difensore d'ufficio, si rinvia al Cap. III, § 4.

[28] V. Cap. I, §§ 7-7.2.

[29] Corte cost., 28 aprile 1994, n. 168.

[30] Sul tema, cfr. Cap. VII, § 2.

[31] V. Cap. VIII, § 4.1.

[32] Cap. I, § 6.

più avanti[33], al principio in questione è stato inferto recentemente un **duro colpo**: col d.l. 17 settembre 2023, n. 123, convertito, con modificazioni, dalla l. 13 novembre 2023, n. 159 – **c.d. decreto Caivano** – il governo delegato, nell'introdurre «misure urgenti di **contrasto al disagio giovanile**», al fine di raggiungere l'obiettivo di «**sanzionare e dissuadere** dal tenere comportamenti contrari alla legge», ha apportato, tra gli altri, significativi ritocchi alle disposizioni in tema di **provvedimenti restrittivi della libertà personale**, nell'ottica di dilatare **l'orbita applicativa** tanto delle misure precautelari quanto di quelle cautelari.

6. *Inammissibilità dell'azione civile.*

In linea col criterio fissato nell'art. 3, lett. *b*, l.d. n. 81 del 1987, l'**art. 10, comma 1, l.m.** stabilisce che, nel procedimento penale davanti al T.P.M.F., «**non è ammesso l'esercizio dell'azione civile** per le restituzioni e il risarcimento del danno cagionato dal reato». Dunque, **non è consentita la costituzione di parte civile**.

La *ratio* della previsione va collegata alla particolare **funzione** del processo penale minorile: la presenza di un "accusatore privato" che, spesso più agguerrito dell'"accusatore pubblico", è interessato unicamente ad ottenere, con la condanna, il risarcimento dei danni subiti, potrebbe "turbare" il minore e ostacolare l'*iter* evolutivo della sua personalità.

Peraltro, la presenza della parte civile determinerebbe un ampliamento del *thema probandum* (art. 187, comma 3, c.p.p.) e del *petitum* (restituzioni o risarcimento, provvisionali *ex* art. 539 c.p.p.) e legittimerebbe l'intervento delle altre parti accessorie (si pensi, soprattutto, al responsabile civile, nella veste di genitore, per i danni cagionati dal minore, *ex* art. 2048 c.c.), con inevitabile proliferazione di citazioni, avvisi e richieste probatorie; tutto ciò condurrebbe ad una **dilazione dei tempi** di definizione del procedimento, incompatibile col principio di minima offensività, finalizzato a garantire una fuoriuscita quanto più rapida possibile del minore dal circuito processuale.

Sulla legittimità del divieto di costituzione di parte civile nel processo penale minorile il **Giudice delle leggi** si è pronunciato due volte.

Nella prima occasione[34] – dichiarando irragionevole la disciplina che vieta la costituzione di parte civile nel **processo penale militare** –, ha avuto modo di

---

[33] Cap. IV.

[34] Corte cost., 22 febbraio 1996, n. 60.

precisare, *en passant*, che l'estromissione della parte accessoria dal rito minorile trova, per contro, una **ragionevole giustificazione** nella natura propria del procedimento, finalizzato a tutelare «la personalità del minore dalle tensioni che può sviluppare la presenza dell'accusa privata». Nel secondo intervento [35] – chiamata a scrutinare la legittimità costituzionale dell'art. 10 l.m., in relazione agli **artt. 3 e 24 Cost.** –, ha ribadito il precedente indirizzo: secondo la Corte costituzionale, la necessità di privilegiare le finalità di tutela della personalità del minore **non rende irragionevoli** le previsioni diversificate in tema di costituzione di parte civile rispetto al processo ordinario e la garanzia costituzionale del diritto di difesa non implica il riconoscimento dell'esercizio dell'azione civile in sede penale da parte del danneggiato, ben potendo quest'ultimo far valere le sue pretese risarcitorie dinanzi al giudice civile.

Dall'inammissibilità della costituzione di parte civile deriva l'inapplicabilità delle disposizioni del codice di procedura penale che si occupano del rapporto tra azione civile e azione penale (art. 75 c.p.p.): dunque, il danneggiato dal reato può adire il giudice civile per soddisfare le sue pretese civilistiche immediatamente, senza che abbia rilievo la pendenza del rito penale; il procedimento civile è **autonomo rispetto al processo penale** e quello eventualmente instaurato dopo la pronuncia della sentenza penale di primo grado non va sospeso; la sentenza emessa dal giudice penale minorile **non ha efficacia vincolante** nel giudizio civile di danno (art. 10, comma 2, l.m.).

Infine, come non ha valore di giudicato, nel giudizio civile di danno, la sentenza penale emessa dal giudice italiano, analogamente, **non può essere riconosciuta la sentenza penale straniera** per conseguire le restituzioni o il risarcimento del danno (art. 10, comma 3, l.m.).

---

[35] Corte cost., 16 dicembre 1997, n. 433.

CAPITOLO III

I PROTAGONISTI

SOMMARIO: 1. Il minore imputabile. – 1.1. (*Segue*) L'accertamento dell'età e il *favor minoris aetatis*. – 1.2. (*Segue*) Gli accertamenti sulla personalità. – 1.3. (*Segue*) Il diritto all'informazione. – 2. Il giudice minorile: la competenza funzionale. – 2.1. (*Segue*) La competenza per materia e per territorio. – 2.2. (*Segue*) La competenza per connessione. – 2.3. (*Segue*) Le altre competenze. – 3. Il pubblico ministero e la polizia giudiziaria. – 4. Il difensore. – 5. I genitori, gli altri esercenti la responsabilità genitoriale e la persona idonea. – 6. I servizi minorili. – 7. La persona offesa.

1. *Il minore imputabile.*

Protagonista indiscusso del procedimento delineato dal d.P.R. 22 settembre 1988, n. 448 è il **minorenne** «accusato di un reato».

Minorenne è colui che non ha raggiunto la maggiore età e, per lo Stato italiano, si è maggiorenni al compimento del **diciottesimo anno** (art. 2, comma 1, c.c.).

Come l'adulto, egli risponde del **fatto tipico**, **antigiuridico e colpevole**, a condizione che sia **imputabile**.

L'imputabilità, dunque, si erge a **presupposto della colpevolezza** [1]. Secondo l'**art. 85 c.p.**, un soggetto, perché sia imputabile, deve possedere, nel momento della **commissione del fatto**, la **capacità d'intendere e di volere**.

La **capacità di intendere** è l'idoneità a comprendere la rilevanza sociale dell'atto posto in essere, mentre la **capacità di volere** indica l'attitudine ad **autodeterminarsi** coscientemente e liberamente.

Il legislatore, partendo dal presupposto che, al momento della nascita, il patrimonio psichico del bambino è quasi nullo e che le idee e i sentimenti sorgono un poco alla volta e si sviluppano per gradi [2], fissa tre **fasce di età** penalmente rilevanti e, correlativamente, **tre presunzioni**:

---

[1] Cass., Sez. un., 25 gennaio 2005, n. 9163.

[2] F. ANTOLISEI, *Manuale di diritto penale*, Giuffrè, Milano, 1994, p. 571.

1) Per l'**infraquattordicenne** opera una **presunzione di incapacità** di intendere e di volere **assoluta** (*iuris et de iure*). Ciò significa che la presunzione di immaturità non può essere "scavalcata" dal giudice, nemmeno nei casi in cui il minorenne appaia, di fatto, perfettamente capace. Dispone, sul punto, **l'art. 97 c.p.**: «Non è imputabile chi, nel momento in cui ha commesso il fatto, non aveva compiuto i quattordici anni».

Il giudice, dunque, quando accerta, nel corso del procedimento penale eventualmente instaurato, che l'indagato/imputato è un minore degli anni quattordici, è tenuto a pronunciare, anche di ufficio, una **sentenza di non luogo a procedere** per **difetto di imputabilità** (art. 26 l.m.). Appare chiaro, pertanto, che l'infraquattordicenne **non potrà mai essere condannato**.

2) Per il **minore che abbia compiuto i quattordici anni** opera una **presunzione** di incapacità di intendere e di volere **relativa** (*iuris tantum*): il giudice, cioè, è tenuto a **verificare in concreto** il possesso, nel giovane inquisito, al momento della commissione del reato, di quel **sufficiente sviluppo intellettivo e volitivo** necessario per distinguere il bene dal male, il fatto lecito da quello illecito e per determinarsi liberamente nella scelta dell'uno o dell'altro.

L'**esame** della **maturità mentale** del minore appare estremamente complesso; tuttavia, non impone uno studio tecnico come **l'analisi psichiatrica**, ben potendo il giudice supplirvi attraverso i c.d. **accertamenti sulla personalità** *ex* **art. 9 l.m.** [3], ad esempio, assumendo informazioni dalle persone che abbiano avuto rapporti con il minorenne [4], oppure effettuando una **diretta osservazione** e un **approfondito studio** del comportamento antecedente, contemporaneo e successivo al fatto-reato contestato [5].

Il minore che, all'esito di tale verifica, risulti incapace di intendere e di volere, sarà **prosciolto per difetto di imputabilità**; qualora, invece, venga accertata la sua maturità, sarà giudicato dinanzi al **Tribunale specializzato** e, in caso di condanna, la **pena si ridurrà**; così impone l'**art. 98, comma 1, c.p.**, secondo il quale, è «imputabile chi, nel momento in cui ha commesso il fatto aveva compiuto i quattordici anni, ma non ancora i diciotto, se aveva capacità d'intendere e di volere; ma la pena è diminuita».

Va anticipato sin da ora che il giudice, quando riscontri la **pericolosità sociale** del **minore prosciolto per difetto di imputabilità** o del **minore imputabile** destinatario di una sentenza di condanna, potrà disporre l'applicazione di una **misura di sicurezza**: il **riformatorio giudiziario** o la **libertà vigilata** (art. 224 c.p.) [6].

---

[3] Sul punto, cfr. *infra*, § 1.2.

[4] Cass., Sez. I, 21 dicembre 2016, n. 18345.

[5] Cass., Sez. I, 11 gennaio 1988, n. 10234.

[6] Sul sistema del doppio binario, v. Cap. VII.

3) Per l'individuo che abbia compiuto i **diciotto anni** il processo di formazione della personalità si **presume** completo: tale soggetto – **maggiorenne**, appunto – ha raggiunto una **piena maturità psico-fisica** e, pertanto, verrà sottoposto al procedimento penale dinanzi al **giudice ordinario**. Si tratta di una **presunzione** di capacità di intendere e di volere **relativa**, che ammette, cioè, la prova contraria: l'imputabilità potrà venir meno o attenuarsi nei casi in cui si dimostri che il reato sia stato commesso in presenza di un **vizio totale o parziale** di mente (artt. 88 e 89 c.p.), ovvero in stato di **ubriachezza** o **alterazione** per uso di sostanze **stupefacenti** derivate da caso fortuito o forza maggiore (artt. 91 e 93 c.p.), cronica **intossicazione** da alcol o da sostanze stupefacenti (art. 95 c.p.), infermità connessa al **sordomutismo** (art. 96 c.p.).

1.1. (Segue) *L'accertamento dell'età e il* favor minoris aetatis.

Alla luce dei rilievi sinora svolti appare evidente che, al fine di stabilire se possa attivarsi o meno un procedimento penale ed, eventualmente, individuare l'organo giudiziario competente a decidere, rileva l'età posseduta al **momento della commissione del fatto**.

Il calcolo puntuale viene operato tenendo conto della data di nascita che risulta dall'anagrafe.

In mancanza del dato anagrafico, potrebbe prospettarsi una **situazione di dubbio** (si pensi al minore straniero privo di documenti di riconoscimento), **non risolvibile**, ad esempio, attraverso l'impiego di documenti *ex* art. 234 c.p.p. o verbali di altri procedimenti acquisiti ai sensi dell'art. 238 c.p.p.: in tal caso, scatta per il giudice minorile **l'obbligo di disporre l'accertamento sull'età** [7].

L'art. 8, comma 1, l.m. statuisce sul punto che: «Quando vi è incertezza sulla minore età dell'imputato, il giudice dispone, **anche di ufficio**, perizia».

L'obbligo di nominare il **perito** grava sempre sull'**organo specializzato**, anche nell'ipotesi in cui il dubbio emerga dinanzi all'autorità giudiziaria ordinaria. A tale proposito, l'**art. 67 c.p.p.** impone a quest'ultima di trasmettere gli atti, in ogni stato e grado del procedimento, al Procuratore della Repubblica presso il Tribunale per i Minorenni (T.P.M.F.), «quando vi è ragione di ritenere che l'imputato sia minorenne». Gli esiti dell'eventuale accertamento disposto dal giudice ordinario si dovrebbero ritenere inutilizzabili *ex* art. 191 c.p.p.

La perizia, espletata dal **medico**, consiste in un accertamento **auxologico** [8]

---

[7] In materia di accertamento dell'età dei minori stranieri non accompagnati, al di fuori del contesto processual-penalistico, cfr. art. 19-*bis* d.lgs. 18 agosto 2015, n. 142.

[8] Auxologia deriva dal greco *auxo*, che significa «accrescere».

che ha per oggetto lo sviluppo dello scheletro, statura, peso, circonferenza del cranio, dentatura, manifestazioni di pubertà; **l'esame radiografico del polso** generalmente viene reputato «idoneo strumento di accertamento dell'età dell'imputato, in quanto consente di valutare il processo di accrescimento dell'organismo in età evolutiva» [9].

Va chiarito se il giudice possa disporre l'esame medico anche nell'ipotesi in cui **manchi il consenso** del minore interessato.

Dopo la dichiarazione di **illegittimità costituzionale dell'art. 224, comma 2**, secondo periodo, c.p.p. – nella parte in cui abilitava il giudice a disporre, nell'ambito delle operazioni peritali, **misure incidenti sulla libertà personale** «al di fuori di quelle specificamente previste nei "casi" e nei "modi" dalla legge» [10] – all'autorità giudiziaria, per lungo tempo, è stata negata la possibilità di procedere contro la volontà del minore.

Successivamente, con la ratifica del Trattato di Prüm, la **l. 30 giugno 2009, n. 85** ha colmato la lacuna normativa e ha permesso al giudice di disporre, anche **coattivamente**, tanto il «prelievo di capelli, peli, mucosa del cavo orale [...] ai fini della determinazione del profilo del DNA», quanto gli «**accertamenti medici**» (art. 224-*bis* c.p.p.); *genus*, quest'ultimo, indefinito, nel quale trovano posto anche le indagini di natura auxologica.

Dunque, il giudice può disporre la perizia per accertare l'età dell'indagato/imputato, sebbene **manchi il consenso** dell'interessato, previa osservanza del perimetro edittale e delle garanzie fissate nell'art. 224-*bis* c.p.p. [11], applicabile in ossequio al **principio di sussidiarietà** *ex* art. 1, comma 1, l.m.

Un altro dubbio interpretativo ruota intorno alla possibile utilizzabilità della regola *ex* art. 72-*bis* disp. att. c.p.p., secondo cui, nei casi previsti dall'art. 224-

---

[9] Cass., Sez. IV, 20 marzo 2015, n. 16946. La Cassazione (Cass., Sez. I, 30 marzo 2016, n. 27983) ha precisato, altresì, che non può essere proposta per la prima volta nel giudizio di legittimità l'eccezione di incompetenza del Tribunale per i Minorenni, con cui venga dedotta una diversa età dell'imputato rispetto a quella apparente, non potendosi in tale sede disporre accertamenti di tipo radiologico o antropometrico.

[10] Corte cost., 9 luglio 1996, n. 238.

[11] È necessario che si stia procedendo per un delitto non colposo, consumato o tentato, per il quale la legge stabilisce la pena dell'ergastolo o della reclusione nel massimo a tre anni, ovvero per i reati di omicidio stradale (art. 589-*bis* c.p.) e di lesioni personali stradali gravi o gravissime (art. 590-*bis* c.p.), oppure «negli altri casi espressamente previsti dalla legge». Quanto alle garanzie, l'art. 224-*bis* c.p. proibisce le operazioni che contrastino «con espressi divieti posti dalla legge» o che possano «mettere in pericolo la vita, l'integrità fisica o la salute della persona [...]», ovvero che, secondo la scienza medica, possano «provocare sofferenze di non lieve entità» (comma 4); impone, altresì, che le operazioni peritali siano «comunque eseguite nel rispetto della dignità e del pudore di chi vi è sottoposto»; «in ogni caso, a parità di risultato», vanno «prescelte le tecniche meno invasive» (comma 5).

bis c.p.p. (e dall'art. 359-*bis* c.p.p.), spetta al **genitore** o al **tutore dell'interessato** minorenne o al **curatore speciale** (se genitore o tutore manchino o non siano reperibili, ovvero si trovino in conflitto di interessi con la persona da sottoporre all'accertamento) **prestare il consenso** alle operazioni peritali. La disposizione – che, collocandosi tra le norme di attuazione del codice di procedura penale, prende in considerazione il minore non come indagato/imputato, bensì quale **persona offesa o testimone** in un procedimento penale a carico di un adulto – sembra incompatibile col rito disegnato dal d.P.R. n. 448 del 1988: nel processo penale minorile, l'**indagato/imputato** è un soggetto **titolare di diritti** con **piena capacità processuale** e, pertanto, per coerenza sistematica, dovrebbe restare nella sua esclusiva disponibilità la prestazione del consenso all'esame auxologico.

Si è discusso se, nella **fase investigativa**, la perizia debba obbligatoriamente svolgersi nella parentesi dell'**incidente probatorio** *ex* art. 392 c.p.p., ovvero possa essere sostituita dall'**accertamento tecnico** del pubblico ministero nella forma partecipata (*ex* art. 360 c.p.p.). Milita a favore della prima impostazione il **dato testuale**: l'art. 8 l.m. riserva espressamente al solo «**giudice**» il potere di disporre l'accertamento in questione, non a caso definito «perizia».

Potrebbe verificarsi che gli strumenti scientifici a disposizione del perito si rivelino insufficienti a sciogliere il dubbio sull'età dell'inquisito. Il legislatore, sul punto, detta una **disciplina di chiusura** ispirata al ***favor minoris***: «Qualora, anche dopo la perizia, permangono dubbi sulla minore età, questa è presunta ad ogni effetto» (art. 8, comma 2, l.m.); le «disposizioni dei commi 1 e 2 si applicano altresì quando vi è ragione di ritenere che l'imputato sia minore degli anni quattordici» (art. 8, comma 3, l.m.).

Pertanto, se la riserva da sciogliere afferisca al raggiungimento della soglia dei quattordici anni, il minore si **presume infraquattordicenne**; qualora, invece, l'incertezza attenga al conseguimento dell'età matura, il soggetto si **presume infradiciottenne**.

Infine, è utile anticipare che, sul **versante processuale**, rilevano **altre soglie di età**: ad esempio, i **termini massimi di durata della custodia cautelare** variano a seconda che il reato sia commesso da un minore degli **anni sedici** o da un minore degli **anni diciotto** (art. 23, comma 3, l.m.); l'imputato che abbia compiuto i **sedici anni** può chiedere la celebrazione del dibattimento a porte aperte (art. 33, comma 2, l.m.); la competenza della magistratura di sorveglianza minorile si estende, di regola, sino al compimento del **venticinquesimo** anno di età del condannato (art. 3, comma 2, l.m.).

1.2. (Segue) *Gli accertamenti sulla personalità.*

Estrinsecazione del principio di **individualizzazione** [12] – alla stregua del quale qualunque decisione del giudice e del pubblico ministero presuppone una attenta valutazione della **particolare situazione** e delle specifiche **esigenze educative** del minorenne indagato/imputato – sono i c.d. **accertamenti sulla personalità**.

Espressamente **vietati** nel **rito ordinario di cognizione** dall'art. 220, comma 2, c.p.p. – secondo il quale, salvo «quanto previsto ai fini dell'esecuzione della pena o della misura di sicurezza, non sono ammesse perizie per stabilire l'abitualità o la professionalità nel reato, la tendenza a delinquere, il **carattere e la personalità dell'imputato** e in genere le **qualità psichiche** indipendenti da cause patologiche» –, costituiscono la **colonna portante** del procedimento penale minorile, consentendo di individuare la **risposta più adeguata**, sul piano processuale, al reato commesso dal minorenne, nella prospettiva del suo **recupero**.

Se ne occupa l'**art. 9 l.m.** che, ispirato al previgente art. 11 del R.d.l. 20 luglio 1934, n. 1404 – implicitamente abrogato dalla disposizione in esame [13] – e in ossequio alle indicazioni contenute negli **atti internazionali** [14], **impone** all'autorità giudiziaria di **acquisire** «**elementi** circa le **condizioni** e le **risorse personali**, **familiari**, **sociali e ambientali** del minorenne al fine di accertarne **l'imputabilità** e il grado di **responsabilità**, valutare la **rilevanza sociale del fatto** nonché disporre le adeguate **misure penali** e adottare gli eventuali **provvedimenti civili**» (comma 1) e, agli stessi fini, **consente** al pubblico ministero e al giudice di «**assumere informazioni** da persone che abbiano avuto rapporti con il minorenne e sentire il **parere di esperti**, anche senza alcuna formalità» (comma 2).

Attraverso le indagini *ex* art. 9 l.m. – che permettono di ricomporre, pezzo per pezzo, il complesso *puzzle* della personalità e del contesto familiare, socio-ambientale ed economico del giovane indagato/imputato – l'autorità giudiziaria è in grado di: 1) **valutare** la capacità di intendere e di volere del minorenne che abbia compiuto i quattordici anni; 2) **accertare** l'intensità dell'elemento psicologico – dolo o colpa – e la rilevanza sociale – gravità o tenuità – del reato commesso; 3) **individuare** i provvedimenti penali più adeguati da disporre nel-

---

[12] V. Cap. II, § 3.

[13] Sul punto, cfr. Cap. II, § 2.

[14] Cfr., in particolare, le Regole di Pechino (art. 16, comma 1), la Raccomandazione R(2003)20 (art. 18) e quella R(1987)20 (art. 7), le Linee guida del Comitato dei Ministri del Consiglio d'Europa su una giustizia a misura di minore del 17 novembre 2010 (§ IV.16) e la Direttiva (UE) 2016/800 (art. 7). Sul punto si rinvia al Cap. I, §§ 7.1 e 7.3.

le varie fasi del procedimento – declaratoria di irrilevanza del fatto, percorso rieducativo, perdono giudiziale, messa alla prova, misura precautelare o cautelare, pena sostitutiva, celebrazione "a porte aperte" dell'udienza dibattimentale, allontanamento del minore dall'aula, ecc. –; 4) **decidere** se adottare **provvedimenti civili** a protezione del minore (artt. 32, comma 4 e 33, comma 4, l.m.).

Sebbene l'art. 9 l.m. afferisca al «**minorenne**», gli accertamenti vanno eseguiti anche nei confronti di colui che, **minore imputabile** al momento della commissione del fatto, nelle more del procedimento abbia raggiunto o superato la maggiore età; resta ferma, invero, in questo caso, la competenza del giudice minorile e, dunque, l'applicabilità del d.P.R. n. 448 del 1988.

A ben vedere, gli accertamenti *ex* art. 9 l.m. possono esplicarsi anche nei confronti dell'**infraquattordicenne**, in vista dei provvedimenti da adottare **in sede *extra* penale**: in proposito, **l'art. 25 R.d.l. n. 1404 del 1934**, in tema di **misure amministrative** applicabili al minore "irregolare per condotta o per carattere" [15], ne fa espressa menzione.

Titolari del **potere/dovere** di disporre gli accertamenti *ex* art. 9 l.m. sono il **giudice** che procede – delle indagini preliminari, dell'udienza preliminare, del dibattimento, di appello, di sorveglianza – e il **pubblico ministero**; non, anche, la **polizia giudiziaria**. Quest'ultima non può acquisire informazioni **in via autonoma** ma, tuttalpiù, può essere sollecitata in tal senso dal soggetto legittimato.

Quanto al ***modus*** attraverso il quale acquisire le informazioni, il **comma** 1 tace, sicché l'autorità giudiziaria è **libera** di individuare lo strumento più idoneo al caso concreto. Certamente, rappresenta un canale privilegiato **l'attività di osservazione** del minore, espletata dal giudice e dal pubblico ministero, **direttamente** – in occasione del procedimento penale (ad esempio, in sede di udienza o durante un interrogatorio) –, ovvero, **indirettamente**, attraverso l'analisi delle **relazioni** fornite dai **servizi minorili**: questi ultimi, tenuti a garantire al minore assistenza affettiva e psicologica in ogni stato e grado del procedimento (art. 12, comma 2, l.m.) [16], hanno la possibilità di conoscere bene la personalità, le problematiche, i bisogni e le risorse socio-ambientali del ragazzo coinvolto nel procedimento penale. In assenza di precise indicazioni, devono, poi, ritenersi utilizzabili tutti gli strumenti probatori contemplati nel codice di rito, nonché le prove atipiche, nei limiti fissati dall'art. 189 c.p.p.

Sebbene non vi siano dubbi sul **carattere cogente** degli accertamenti – come si evince dall'indicativo presente «**acquisiscono**» utilizzato nel comma 1 – l'obbligatorietà non è espressamente presidiata da alcuna **sanzione processuale**. Il mancato rispetto della prescrizione, dunque, non integra una ipotesi di

---

[15] V. *infra*, § 2.3.

[16] V. *infra*, § 6.

nullità speciale, né potrebbe rientrare tra le **nullità di ordine generale** *ex* art. 178 c.p.p. [17]; tuttalpiù, sembra ravvisabile un **vizio di motivazione *ex* art. 125, comma 3, c.p.p.** della decisione adottata [18], censurabile con il ricorso in cassazione.

L'art. 9, comma 2, l.m. menziona l'**assunzione di informazioni** da «persone che abbiano avuto rapporti con il minorenne» (si pensi ai genitori, agli altri familiari, all'eventuale affidatario, agli insegnanti, al datore di lavoro, agli amici, all'allenatore, al sacerdote, ecc.) e l'acquisizione di **pareri di esperti** tra le attività che l'autorità giudiziaria **può** (quindi, in via facoltativa) compiere, «***anche* senza alcuna formalità**». La laconicità di quest'ultimo inciso e l'uso dell'avverbio «anche» lasciano all'interprete l'arduo compito di individuare i casi in cui si potrà procedere informalmente e quelli in cui sarà doveroso rispettare le **formalità** e le **garanzie** imposte dal sistema processuale ordinario. Così, ad esempio, se il pubblico ministero intenda assumere informazioni dai genitori, sarebbe opportuno applicare le disposizioni in tema di **segreto familiare** *ex* art. 199 c.p.p.; analogamente, se l'inquirente voglia acquisire il parere dello psicologo – che, tenuto conto del naturale e rapido evolversi della personalità del giovane inquisito, è un **atto irripetibile** –, dovrebbe attivare la procedura *ex* art. 360 c.p.p.

1.3. (Segue) *Il diritto all'informazione.*

L'art. 5 del recente **d.l. 16 settembre 2024, n. 131**, convertito, con modificazioni, dalla **l. 14 novembre 2024, n. 166** – contenente «Disposizioni urgenti per l'attuazione di obblighi derivanti da atti dell'Unione europea e da procedure di infrazione e pre-infrazione pendenti nei confronti dello Stato italiano» –, nel recepire le disposizioni dell'**art. 4** della **Direttiva (UE) 2016/800** [19] – afferente al «**Diritto di informazione**» –, innesta nel d.P.R. n. 448 del 1988 l'**art. 12-*bis***, che sintetizza i **diritti** connessi allo *status* di indagato, e indagato/imputato/condannato sottoposto ad una restrizione della libertà personale, dei quali il minorenne – ma, come si dirà più avanti, anche l'esercente la responsabilità genitoriale o la persona idonea – deve essere obbligatoriamente **informato**, con un linguaggio comprensibile, adeguato all'età e alla sua capacità (comma 5).

---

[17] *Contra*, Cass., Sez. III, 9 ottobre 2017, n. 46356, per la quale si configura un'ipotesi di nullità generale a regime intermedio *ex* art. 178, comma 1, lett. *c*, c.p.p.

[18] Posto che la decisione va sempre corredata da una motivazione che dia conto degli accertamenti effettuati *ex* art. 9 l.m.

[19] V. Cap. I, § 7.3.

Così, ai **diritti** già riconosciuti dal d.P.R. n. 448 del 1988, dal codice di procedura penale (applicabile in virtù del principio di sussidiarietà *ex* art. 1, comma 1, l.m.), nonché dal d.lgs. 2 ottobre 2018, n. 121 (che rinvia, a sua volta, anche alla l. 26 luglio 1975, n. 354 e al relativo regolamento di attuazione), se ne aggiungono altri (comma 1).

Nello specifico, per il minorenne sottoposto ad **indagini** (comma 2), i diritti sono i seguenti:

a) a che vengano **informati l'esercente la responsabilità** genitoriale o gli altri soggetti di cui agli artt. 12 e 12-*ter* l.m. dell'acquisizione dello *status* di persona sottoposta alle indagini;

b) a essere **assistito** in ogni stato e grado del procedimento, anche durante le udienze, dall'esercente la responsabilità genitoriale o dagli altri soggetti di cui all'art. 12 l.m.;

c) a essere **assistito** in ogni stato e grado del procedimento dai servizi minorili di cui all'art. 6;

d) a ricevere una **valutazione individuale** delle proprie condizioni ai sensi dell'art. 9 l.m.;

e) a che sia **tutelata la riservatezza** dei dati personali e della vita privata, anche con le misure di cui agli artt. 13 e 33 l.m.

Di tali prerogative, il minorenne deve essere edotto quando «**è informato di essere sottoposto alle indagini**».

La laconica locuzione lascia intendere che l'informazione debba essere data al compimento del **primo atto** attraverso il quale minore prende coscienza dell'acquisizione dello *status* di «persona sottoposta alle indagini preliminari»: dunque, rileva il momento in cui la polizia giudiziaria applica una **misura precautelare** o esegue un'**ordinanza cautelare**[20]. Ove non venga adottato alcun provvedimento restrittivo della libertà personale, la comunicazione dovrebbe avvenire con **l'informazione di garanzia** *ex* art. 369 c.p.p. o – nelle ipotesi in cui l'inquirente abbia svolto unicamente atti segreti – con **l'avviso di conclusione delle indagini preliminari** di cui all'art. 415-*bis* c.p.p. Nei casi in cui il giovane indagato abbia presentato una **richiesta di accesso al registro** delle notizie di reato, l'avviso dovrebbe essere dato dal pubblico ministero contestualmente alla risposta fornita all'istanza del minore, sempre che l'inquirente non abbia apposto il segreto ai sensi dell'art. 335, comma 3-*bis*, c.p.p.

Quando il minorenne è «**comunque** sottoposto a **privazione della libertà personale**» – si intende, a titolo di **misura precautelare**, **cautelare** o **pena** –, il catalogo dei diritti di cui deve essere messo al corrente si **arricchisce** (comma 3).

---

[20] Sul punto, cfr. Cap. IV, §§ 6 e 8.1.1.

Nello specifico, al giovane deve anche essere comunicato che:

a) la privazione della libertà personale è limitata al **più breve tempo possibile** ed è disposta solo quando ogni altra misura è ritenuta inadeguata;
b) la decisione sulla libertà personale è **rivalutata** dall'autorità giudiziaria, d'ufficio o su istanza di parte;
c) ha diritto a ricevere un **trattamento specifico**, adeguato alla sua personalità e alle sue esigenze educative sulla base di una valutazione individuale, volto a garantire la tutela della salute sia fisica sia psichica e il rispetto della libertà di religione e di credo, e altresì ad assicurare l'accesso all'istruzione e alla formazione, la tutela effettiva della vita familiare, l'accesso a programmi diretti a favorire lo sviluppo e il reinserimento sociale e la prevenzione della commissione di ulteriori reati, con modalità adeguate alla natura ed alla durata della privazione della libertà.

Infine, il minorenne sottoposto ad una **misura cautelare detentiva** (comma 4) è, altresì, informato che:

a) prima della sentenza definitiva, la custodia cautelare può essere disposta soltanto quando ogni altra misura cautelare risulti **inadeguata**;
b) la **durata della misura cautelare** è soggetta a termini massimi predeterminati per legge, inferiori a quelli contemplati per l'adulto;
c) la privazione della libertà personale si svolge in **luoghi diversi** da quelli previsti per l'adulto, sino al compimento del diciottesimo anno di età e, salvi i casi previsti dalla legge, anche fino al compimento del venticinquesimo anno di età.

2. *Il giudice minorile: la competenza funzionale.*

Nel rito penale a carico del minorenne la giurisdizione è esercitata da **giudici "specializzati"** [21]: la specifica **preparazione** nelle materie attinenti al diritto minorile e alle problematiche della famiglia e dell'età evolutiva e la presenza di **due membri laici** negli organi collegiali garantiscono un accertamento del fatto e della correlativa responsabilità calibrato sulla **personalità** e sulle **esigenze educative del giovane indagato/imputato**.

Il giudice, dunque, in qualunque fase e grado del procedimento operi, è chiamato ad individuare la risposta giudiziaria più idonea affinché il coinvolgimento del minore nella spiacevole vicenda processuale non ostacoli l'*iter*

[21] Cfr. Cap. II, § 4.

evolutivo della sua personalità e, dunque, il suo **recupero**.

La **riforma ordinamentale** attuata con il **d.lgs. 10 ottobre 2022, n. 149** – che sopprime il Tribunale per i minorenni e istituisce un **Tribunale unico per le persone, per i minorenni e per le famiglie** – apporta rilevanti modifiche al R.d. 30 gennaio 1941, n. 12 (**Ordinamento giudiziario**); in particolare, vengono **maneggiate tutte le disposizioni** che si occupano degli organi giurisdizionali minorili e se ne innestano altre. Va, però, precisato che l'entrata in vigore della riforma, fissata per il **17 ottobre 2024**, è stata **differita di un anno** (17 ottobre 2025), in attesa della determinazione delle piante organiche e, in questo momento, è possibile pronosticare un'**ulteriore proroga** in data successiva al raggiungimento degli obiettivi del PRNN, fissato al 30 giugno 2026.

Ciò premesso, sotto il profilo **funzionale**, i giudici minorili si distinguono in:

a) giudice per le indagini preliminari, **monocratico e togato**, come nel rito ordinario: «In ogni **sezione distrettuale** del tribunale per le persone, per i minorenni e per le famiglie, uno o più magistrati sono incaricati, come **giudici singoli**, dei provvedimenti previsti dal codice di procedura penale per la fase delle i**ndagini preliminari**. L'organizzazione del lavoro dei predetti giudici è attribuita al più anziano» (art. 50-*bis*, comma 1, ord. giud.);

b) giudice dell'udienza preliminare, **organo collegiale** – a differenza del suo omologo, nel rito ordinario – costituito da tre magistrati, **uno togato e due laici**: «**Nell'udienza preliminar**e [...], la sezione distrettuale del tribunale per le persone, per i minorenni e per le famiglie giudica composta d**a un magistrato e da due giudici onorari esperti** della stessa sezione» (art. 50-*bis*, comma 2, ord. giud.), scelti «fra i **cultori** di biologia, di psichiatria, di antropologia criminale, di pedagogia, di psicologia che abbiano compiuto il **trentesimo anno di età**» (art. 6 R.d.l. n. 1404 del 1934); come già sottolineato in altra sede [22], non è più richiesta la presenza di giudici onorari di **sesso diverso** (il previgente art. 2 R.d.l. n. 1404 del 1934 – che la imponeva – è stato abrogato espressamente dal d.lgs. n. 149 del 2022).

La **presenza maggioritaria degli "esperti"** in discipline psico-socio-antropologiche rispetto al giudice "giurista" (2 vs 1) trova la sua ragion d'essere nella peculiarità dell'udienza preliminare minorile che – come si vedrà meglio più avanti [23] –, diversamente da quella ordinaria, costituisce il **baricentro del processo**, ove generalmente sono adottati provvedimenti che postulano complesse valutazioni sulla personalità del minore. In definitiva, i due esperti contribuiscono all'osservanza del principio di **minima offensività** che – secondo l'insegnamento della Corte costituzionale – «impone di evitare, nell'esercizio

---

[22] Cap. II, § 4.

[23] Cap. VI, §§ 2-2.4.

della giurisdizione penale, ogni pregiudizio al corretto sviluppo psicofisico del minore e di adottare le opportune cautele per salvaguardare le correlate esigenze educative» [24].

Al **giudice togato** si applicano le ordinarie **cause di incompatibilità** elencate nell'art. 34, commi 2 e 2-*bis*, c.p.p.: così, ad esempio, il giudice per le indagini preliminari non può far parte del collegio competente per l'udienza preliminare; analogamente, il giudice dell'udienza preliminare che abbia emesso il provvedimento conclusivo di tale fase non può essere membro del Tribunale dibattimentale.

Va anticipato che il d.lgs. n. 149 del 2022, nel modificare l'art. 50-*bis* ord. giud., risolve *per tabulas* la questione interpretativa sorta sotto la vigenza della disciplina precedente a proposito dell'individuazione del giudice competente a celebrare il **rito abbreviato** istaurato a seguito di **giudizio immediato**: allineandosi all'orientamento privilegiato dal Supremo collegio [25] e avallato dalla Corte costituzionale [26], il menzionato articolo dispone che, in tal caso, la competenza spetta al giudice collegiale dell'udienza preliminare (e non a quello monocratico delle indagini preliminari) [27];

c) sezione distrettuale del **Tribunale per le persone, per i minorenni e per le famiglie (T.P.M.F.)**, che prende il posto del soppresso Tribunale per i Minorenni: «In ogni sede di corte di appello o di sezione distaccata di corte di appello è costituito un **tribunale per le persone, per i minorenni e per le famiglie**, il quale si articola in una **sezione distrettuale** e in una o più **sezioni circondariali**» (art. 49, comma 1, ord. giud.). La **sezione distrettuale** ha sede nel capoluogo di distretto di Corte d'appello o di sezione di Corte d'appello e ha giurisdizione su tutto il territorio del distretto o della sezione distaccata, nei limiti di competenza determinati dalla legge (art. 49, comma 2, ord. giud.) [28].

Alla **sezione distrettuale** è attribuita la **trattazione di tutti i procedimenti in materia penale** (art. 50.5, comma 2, ord. giud. [29]) e giudica «con **collegio**

---

[24] Corte cost., 22 gennaio 2015, n. 1.

[25] Cass., Sez. un., 27 febbraio 2014, n. 18292.

[26] Corte cost., 22 gennaio 2015, n. 1.

[27] In arg., cfr. Cap. VI, § 3.1.

[28] Il simmetrico art. 3 R.d.l. n. 1404 del 1934 è stato abrogato dal d.l.gs. n. 149 del 2022.
Giova precisare che la sezione circondariale (a cui è demandata la trattazione dei procedimenti civili indicati nell'art. 50.5, comma 1, ord. giud.) è costituita in ogni sede di Tribunale ordinario del distretto di Corte d'appello o di sezione distaccata di Corte d'appello e ha giurisdizione su tutto il territorio del circondario (art. 49, comma 3, ord. giud.). Nel territorio nazionale, le sezioni distrettuali e circondariali sono, rispettivamente, ventinove e centoquaranta.

[29] Oltreché dei procedimenti civili di primo grado diversi da quelli attribuiti dal comma 1 alla competenza della sezione circondariale.

composto da **due magistrati** e **due giudici onorari esperti**» (art. 50.4, comma 2, ord. giud). Come il giudice dell'udienza preliminare, non è più imposta una composizione laica obbligatoriamente differenziata in base al sesso, a differenza di quanto prescritto dal previgente art. 50, comma 1, ord. giud.[30];

d) sezione minorile di Corte d'appello: «Una sezione della corte giudica sulle **impugnazioni** dei provvedimenti pronunciati in primo grado dalla sezione distrettuale del tribunale per le persone, per i minorenni e per le famiglie» ed esercita, nei procedimenti a carico dell'imputato minorenne, le altre funzioni riservate dal codice di procedura penale alla Corte d'appello (art. 58 ord. giud.). La sezione è costituita da **cinque magistrati**: **due esperti** – **un uomo** ed una **donna**[31], aventi i requisiti prescritti dalla legge, ai quali è conferito il titolo di **consigliere onorario** – e **tre magistrati togati**, che restano in carica per almeno un biennio e sono scelti tra i componenti della Corte d'appello, che abbiano svolto attività presso uffici giudiziari minorili o presso uffici del giudice tutelare o che siano comunque dotati di specifica attitudine, preparazione ed esperienza (art. 4 disp. att. l.m.);

e) magistratura di sorveglianza: le attribuzioni di tale organo sono distribuite tra il «**magistrato di sorveglianza** per i minorenni» – che è un giudice della sezione distrettuale – e la «sezione distrettuale del tribunale per le persone, per i minorenni e per le famiglia» (art. 3, comma 2, l.m. e art. 79, comma 2, ord. penit.; art. 50.1, comma 1, lett. *b*, ord. giud.). La competenza della magistratura di sorveglianza minorile cessa, di regola, al compimento del **venticinquesimo anno di età** (art. 3, comma 2, l.m.)[32].

Per quanto concerne i requisiti dei **giudici non togati**, rinviando a quanto già detto in altra sede[33], va qui precisato che l'art. 6-*bis* R.d.l. n. 1404 del 1934 (inserito dall'art. 8, comma 1, l. 29 luglio 2022, n. 107) stabilisce che non possono essere nominati giudice onorario esperto o consigliere esperto coloro che rivestono **cariche rappresentative in strutture o comunità pubbliche o private** nelle quali sono inseriti i minori da parte dell'autorità giudiziaria, ovvero che **partecipano** alla gestione complessiva delle medesime strutture, prestano a favore di esse **attività** professionale, anche a titolo gratuito, o **fanno parte degli organi sociali** di società che le gestiscono. L'assunzione delle cariche o l'esercizio delle attività indicate determina la **decadenza** dalla nomina.

---

[30] Sul punto, cfr. Cap. II, § 4.

[31] Come già evidenziato nel Cap. II, § 4, il legislatore del 2022 non ha soppresso, presumibilmente per una mera svista, il riferimento alla necessaria presenza di giudici onorari di sesso diverso.

[32] In argomento, v. Cap. VIII, § 2.

[33] Cap. II, § 4.

Un ultimo rilievo va fatto in ordine alla **capacità del giudice collegiale minorile**. In particolare, è necessario chiedersi quali **sanzioni processuali** scattino nell'ipotesi in cui la **composizione del collegio** non risulti conforme ai requisiti prescritti dalla legge.

Consideriamo **tre ipotesi**: **a)** uno dei giudici laici non ha compiuto il **trentesimo anno di età**; **b)** il collegio dell'udienza preliminare o quello dibattimentale giudicano, rispettivamente, con **due e tre giudici**; **c)** il giudice dell'udienza preliminare giudica con tre giudici, due togati e uno laico o il T.P.M.F. giudica con **quattro giudici**, tre togati e uno laico.

In assenza di una norma *ad hoc* che sciolga *per tabulas* il dubbio interpretativo prospettato, la questione va affrontata e risolta alla luce di tre disposizioni del codice di procedura penale: gli **artt. 33, 177 e 178, comma 1, c.p.p.**, applicabili in virtù del principio di sussidiarietà *ex* art. 1, comma 1, l.m.

L'art. 33, comma 2, c.p.p. precisa che: «**Non si considerano** attinenti alla **capacità del giudice** le disposizioni sulla **destinazione** del giudice agli uffici giudiziari e alle sezioni, sulla **formazione dei collegi** e sulla assegnazione dei processi a sezioni, collegi e giudici»; l'art. 177 c.p.p. sancisce il principio di **tassatività delle nullità**; l'art. 178, comma 1, c.p.p. prescrive, a **pena di nullità** – **assoluta**, secondo l'art. 179, comma 1, c.p.p. –, l'inosservanza delle disposizioni concernenti «**le condizioni di capacità del giudice** e il **numero** dei giudici necessario per costituire i collegi».

Dunque, nella **prima ipotesi** si configura un'inosservanza delle disposizioni sulla **corretta formazione del collegio** che, non afferendo alla capacità del giudice, produce una mera **irregolarità**. Nella **seconda ipotesi** si profila un'inosservanza delle disposizioni sul **numero** dei giudici necessario a costituire il collegio minorile, che dà luogo certamente alla **nullità assoluta**, *ex* artt. 178, comma 1 e 179, comma 1, c.p.p. Nella **terza ipotesi** entra in gioco un'inosservanza di disposizioni concernenti la **formazione** del collegio minorile; sembrerebbe, pertanto, delinearsi una mera **irregolarità**. A dire il vero, quest'ultima conclusione presenta un indubbio profilo di criticità, posto che finirebbe per frustrare il **principio di specializzazione** degli organi giudiziari minorili. Per superare l'*impasse*, sembra più corretto sostenere che, nel caso in questione, l'erronea composizione del collegio non incida solo sulla corretta **formazione** dell'organo, bensì anche sulla sua **idoneità** a giudicare il minore e, dunque, sulle **condizioni di capacità del giudice**; pertanto, il vizio determinerebbe, anche in questo caso, una **nullità assoluta**.

2.1. (Segue) *La competenza per materia e per territorio.*

Nel processo penale ordinario, la **competenza per materia** è ripartita fra

Corte d'assise (art. 5 c.p.p.), Tribunale in composizione collegiale (art. 33-*bis* c.p.p.), Tribunale in composizione monocratica (art. 33-*ter* c.p.p.) e Giudice di pace (art. 4 d.lgs. 28 agosto 2000, n. 274), sulla base di un criterio quantitativo (riferito alla pena stabilita dalla legge) o qualitativo (afferente a particolari tipologie di reato).

Nel processo penale a carico del minore, invece, la «sezione distrettuale del Tribunale per le persone, per i minorenni e per le famiglie è competente per i reati commessi dai minori degli anni diciotto» (art. 3, comma 1, l.m.). Dunque, tale organo ha una **competenza generale**, **esclusiva e inderogabile**: esercita la sua giurisdizione **per tutti i reati** di cui il minore sia stato accusato, dalla più modesta contravvenzione sino al più grave delitto. La competenza resta affidata al T.P.M.F. anche per i **reati militari** – come ha chiarito la Corte costituzionale [34] – e per quelli che rientrano nella sfera di cognizione del **Giudice di pace**, secondo quanto sancito dall'art. 4, comma 4, d.lgs. n. 274 del 2000 [35].

La ripartizione della competenza fra il giudice minorile e quello ordinario (o di pace o militare) avviene, dunque, esclusivamente sulla base di un **criterio soggettivo**: **l'età** dell'imputato all'epoca del fatto-reato. Ciò significa che il raggiungimento della maturità nel corso del procedimento penale non incide sulla determinazione della competenza.

Il d.P.R. n. 448 del 1988 non detta regole sulla **competenza per territorio**: si applicano – a mente dell'art. 1, comma 1, l.m. – le disposizioni generali del codice di procedura penale.

Dunque, la competenza, di norma, è determinata dal ***locus commissi delicti***; tuttavia, se si tratta di fatto dal quale è derivata la morte di una o più persone, è competente il giudice del luogo in cui è avvenuta l'azione o l'omissione; per il **reato permanente** e per il **delitto tentato**, è competente, rispettivamente, il giudice del luogo in cui ha avuto inizio la consumazione – anche se dal fatto è

---

[34] Secondo la Corte costituzionale (Corte cost., 22 febbraio 1989, n. 78), per i reati militari commessi dal minorenne appartenente alle forze armate, in deroga alla disciplina contenuta nell'art. 263 c.p.m.p., la giurisdizione è sottratta al Tribunale militare e resta affidata al Tribunale minorile.

[35] Dubbi interpretativi potrebbero sorgere in relazione al delitto di cui all'art. 56 d.lgs. n. 274 del 2000 – «violazione degli obblighi» connessi alla permanenza domiciliare e al lavoro di pubblica utilità – che, a mente del successivo art. 57, rientra nella sfera di competenza del «tribunale in composizione monocratica». La disposizione si fonda sull'opportunità di sottrarre al giudice di pace – che gestisce un apparato di sanzioni non detentive – la cognizione di un delitto punibile con la reclusione. Il carattere speciale delle disposizioni di cui al d.P.R. n. 448 del 1988, da un lato e la *ratio* dell'art. 56 d.lgs. n. 274 del 2000, dall'altro, inducono a ritenere che il mancato innesto, nella norma in questione, di una clausola che fa salva la competenza del Tribunale minorile, analoga a quella fissata nel comma 4 dell'art. 4 d.lgs. n. 274 del 2000, sia imputabile ad una mera svista legislativa.

derivata la morte di una o più persone – e quello del luogo in cui è stato compiuto l'ultimo atto diretto a commettere il reato (art. 8 c.p.p.). Quando non è possibile applicare i canoni generali, si ricorre alle **regole suppletive** *ex* art. 9 c.p.p.: prioritario è il criterio del luogo in cui è avvenuta una **parte dell'azione o dell'omissione**; in subordine, la competenza appartiene al giudice del luogo di residenza, dimora o domicilio dell'imputato; nei casi in cui anche questo parametro non possa essere utilizzato, la competenza si radica nel luogo in cui ha sede l'ufficio del pubblico ministero che ha provveduto per primo ad **iscrivere la notizia di reato** nell'apposito registro *ex* art. 335 c.p.p. Per i **reati commessi all'estero**, si applicano le regole di cui all'art. 10 c.p.p. mentre l'art. 11 c.p.p. – che si occupa dei procedimenti riguardanti i **magistrati** – rileva chiaramente solo nei casi in cui il giudice minorile assuma lo *status* di **persona offesa** o **danneggiata di un reato** contestato al minorenne che, secondo le norme generali, sarebbe di competenza dell'ufficio giudiziario compreso nel distretto di Corte d'appello in cui il magistrato esercita le proprie funzioni o le esercitava al momento del fatto: competente sarà il T.P.M.F. che ha sede nel capoluogo del distretto di Corte d'appello determinato dalla legge, secondo la Tabella A di cui all'art. 1 disp. att. c.p.p. [36].

2.2. (Segue) *La competenza per connessione.*

Tra le norme del codice di procedura penale che si occupano della **competenza per connessione** – artt. 12-16 c.p.p. –, **l'art. 14 c.p.p.** è dedicato all'imputato minorenne. In particolare, il legislatore, recependo il criterio indicato nell'art. 3, lett. *a*, l.d. n. 81 del 1987, stabilisce che la **connessione non opera** in due casi: **1)** nei procedimenti relativi a **coimputati** minorenni e maggiorenni al momento del fatto (comma 1); **2)** nei procedimenti afferenti allo **stesso imputato** per reati commessi da minorenne e da maggiorenne (comma 2).

In deroga alla disciplina *ex* art. 12 c.p.p., dunque, per il reato commesso dal minorenne, la competenza resta affidata all'**organo specializzato**.

Nel processo penale minorile, la connessione dei reati, se non ha rilievo ai fini di un eventuale spostamento della competenza per materia, può, invece, produrre **effetti** sulla **competenza territoriale**. Si pensi al caso in cui **più minorenni** abbiano commesso reati, connessi ai sensi dell'art. 12 c.p.p. [37], in **luo-**

---

[36] Certamente, nel rito minorile, non trova applicazione l'art. 11-*bis* c.p.p., che detta il criterio per individuare il giudice territorialmente competente a decidere nei procedimenti riguardanti i magistrati della direzione nazionale antimafia.

[37] La connessione oggettiva (art. 12, lett. *a*, c.p.p.) si configurerebbe quando il reato sia stato commesso da più minorenni in concorso o cooperazione fra loro, o se più minorenni con condot-

ghi diversi del Paese. In forza del principio di sussidiarietà *ex* art. 1, comma 1, l.m., trova applicazione **l'art. 16 c.p.p.**: la competenza appartiene al giudice del luogo ove è stato realizzato il reato **più grave** e, in caso di pari gravità, al giudice competente per il **primo** di essi.

Non si ravvisano ostacoli, altresì, all'utilizzo dell'**art. 17 c.p.p.**: quindi, per i processi pendenti nel medesimo stato e grado nei casi di cui agli artt. 12 e 371, comma 2, lett. *b*, c.p.p.[38], relativi a minorenni, il Tribunale competente **può** disporre la **riunione** quando la trattazione cumulativa non «determini un **ritardo** nella definizione degli stessi». Non sfugge come la **separazione**, consentendo una riduzione dei tempi, garantisca una più rapida estromissione del minore dal circuito processuale. Tuttavia, anche la **concentrazione** presso il medesimo organo dei vari processi eventualmente pendenti a carico del **medesimo minore** ha delle **ricadute positive**: da un lato, il minorenne può ottenere, già in sede di cognizione, il riconoscimento dell'eventuale **continuazione** fra i reati commessi e, dall'altro lato, il giudice, avendo una visione completa del vissuto delinquenziale del minore, può adottare, in chiave prognostica, il provvedimento che meglio si attaglia alle prospettive evolutive del giovane imputato.

Il legislatore non si preoccupa di individuare il giudice competente nei casi in cui, configurandosi un **reato permanente** o **abituale**, la condotta, iniziata quando il soggetto era minorenne, sia terminata in epoca successiva al raggiungimento della maggiore età.

Il **reato permanente** è un fatto giuridicamente unitario, **non suscettibile di frazionamenti**, per la cui esistenza la legge richiede che l'offesa al bene giuridico si **protragga nel tempo** per una durata legata alla persistente condotta volontaria dell'agente (si pensi, a titolo esemplificativo, al delitto di associazione a delinquere *ex* art. 416 c.p.): applicando analogicamente la regola fissata nell'art. 8, comma 3, c.p.p. – che dà prevalenza al **luogo in cui ha avuto inizio** la condotta criminosa – dovrebbe ritenersi competente il giudice minorile. La giurisprudenza di legittimità, pacificamente, prende una posizione di segno contrario: la competenza si radica davanti al **giudice ordinario**[39].

Anche per il **reato abituale** – che si verifica in presenza di una condotta rei-

---

te indipendenti hanno determinato l'evento. La connessione soggettiva (art. 12, lett. *b*, c.p.p.) si realizzerebbe quando il minorenne sia imputato di più reati commessi con una sola azione od omissione ovvero con più azioni od omissioni esecutive di un medesimo disegno criminoso. La connessione teleologica (art. 12, lett. *c*, c.p.p.) si prospetterebbe quando, dei reati per cui si procede contro il minore, gli uni siano stati commessi per eseguire o per occultare gli altri.

[38] Si tratta dei «reati dei quali gli uni sono stati commessi in occasione degli altri, o per conseguirne o assicurarne al colpevole o ad altri il profitto, il prezzo, il prodotto o l'impunità, o che sono stati commessi da più persone in danno reciproco le une delle altre, ovvero se la prova di un reato o di una sua circostanza influisce sulla prova di un altro reato o di un'altra circostanza».

[39] Cass., Sez. VI, 12 febbraio 2013, n. 14995.

terata nel tempo mediante **più azioni omogenee** che, considerate autonomamente, sono penalmente irrilevanti (ad esempio, il delitto di *stalking ex* art. 612-*bis* c.p.) –, la Cassazione giunge al medesimo approdo interpretativo: la competenza va attribuita al **giudice ordinario** [40].

Per il **reato eventualmente abituale**, che ricorre in presenza di più fatti **omogenei reiterati**, in presenza dei quali la norma penale attribuisce rilevanza sia al fatto singolo che alla ripetizione intervallata nel tempo della stessa azione o omissione (come, ad esempio, il delitto di maltrattamenti in famiglia *ex* art. 572 c.p.), la Suprema Corte prospetta una soluzione diversa: posto che è possibile operare una **scissione** delle **condotte** e distinguere tra episodi realizzati in data antecedente ed episodi realizzati in data successiva al raggiungimento della maggiore età, la competenza a conoscere i primi apparterrà al Tribunale specializzato, mentre sui secondi giudicherà il Tribunale ordinario [41].

I reati commessi dallo stesso imputato, alcuni da minorenne, altri da maggiorenne, uniti dal vincolo della **continuazione**, rientrano certamente nell'orbita applicativa dell'art. 14, comma 2, c.p.p.: dunque, la **connessione non opera**. La legittimità della previsione è stata confermata dalla Corte costituzionale [42].

---

[40] Cass., Sez. I, 8 febbraio 2011, n. 9117.

[41] Cass., Sez. I, 9 marzo 1998, n. 1430.

[42] Nel caso in questione, secondo il giudice remittente, la contestuale competenza dei due organi – specializzato e ordinario – contrasterebbe con gli artt. 3 e 24 Cost.: sotto il primo profilo, in quanto, pur trattandosi di fatti esecutivi di un medesimo disegno criminoso – come tale deciso nel corso della minore età – tutto il complesso degli strumenti processuali e sostanziali predisposto per il minorenne verrebbe ad essere vanificato per il contemporaneo assoggettamento dell'imputato ad un procedimento penale condotto secondo il rito ordinario; sotto il secondo profilo, perché si realizzerebbe un pregiudizio del diritto di difesa dell'imputato, cui sarebbe negata un'unitaria valutazione dei fatti. Secondo la Corte costituzionale (Corte cost., 25 gennaio 1995, n. 52), invece, l'impossibilità di un *simultaneus processus* innanzi al Tribunale per i minori nel caso sottoposto alla sua attenzione non comporta alcuna violazione dei parametri costituzionali invocati. In tale ipotesi, invero, deve presumersi che, nella realizzazione di ogni fatto-reato, il soggetto agente versi nella dimensione psicologica propria dello *status* (minorenne o maggiorenne) riconosciutogli dalla legge, *ratione aetatis*, sicché, non è irragionevole né lesivo del principio di eguaglianza o del diritto di difesa che, delle condotte realizzate con la maturità del maggiorenne, egli risponda penalmente secondo le norme processuali e sostanziali proprie degli adulti. D'altronde, nell'esecuzione del medesimo disegno criminoso, ogni fatto facente parte del programma «deve essere assistito dal momento volitivo, che si pone autonomamente, di volta in volta, nella realizzazione concreta dei singoli episodi». E, d'altro canto – continua la Corte – la separazione dei procedimenti non impedisce né che l'imputato, per una parte degli episodi, sia assoggettato agli istituti che caratterizzano il sistema penale minorile (ad esempio, l'irrilevanza del fatto, la messa alla prova, il perdono giudiziale, la diminuente *ex* art. 98 c.p.), né che il giudice dell'esecuzione faccia uso del criterio del cumulo giuridico delle pene *ex* art. 81 c.p., a norma dell'art. 671 c.p.p.

2.3. (Segue) *Le altre competenze.*

Alcune disposizioni contenute nel codice di procedura penale, nel d.P.R. n. 448 del 1988 e nel R.d.l. n. 1404 del 1934, attribuiscono al giudice penale **altre competenze**, connesse al processo di cognizione attivato nei confronti del minorenne.

Innanzi tutto, ai sensi degli artt. 32, comma 4 e 33, comma 4, l.m., il giudice dell'udienza preliminare e quello dibattimentale possono adottare, in caso di urgente necessità, **provvedimenti civili temporanei a protezione del minore**[43].

In secondo luogo, il T.P.M.F. è competente, in virtù dell'art. 665 c.p.p., a «**conoscere dell'esecuzione**» del provvedimento deliberato[44].

Infine, gli artt. 25, 25-*bis* e 26 R.d.l. n. 1404 del 1934 riservano a tale organo il potere di disporre, nei confronti del minore che verta in situazioni di particolare fragilità, **provvedimenti di "natura amministrativa"**.

In particolare, l'art. 25 R.d.l. n. 1404 del 1934 – oggetto di pesanti *restyling* ad opera dell'art. 2 della l. 17 maggio 2024, n. 70, contenente «Disposizioni e delega al Governo in materia di prevenzione e contrasto del bullismo e del cyberbullismo» – si occupa delle **misure rieducative**: il Procuratore della Repubblica presso il T.P.M.F., «quando abbia acquisito la notizia che un minore degli anni diciotto **dà manifeste prove di irregolarità della condotta** o del **carattere** ovvero tiene condotte aggressive, anche in gruppo, anche per via telematica, nei confronti di persone, animali o cose ovvero lesive della dignità altrui», assunte le necessarie informazioni, verifica le condizioni per l'attivazione di un **percorso di mediazione**, oppure può chiedere al T.P.M.F. di disporre, con **decreto motivato**, previo ascolto del minorenne e dei genitori ovvero degli altri esercenti la responsabilità genitoriale, lo svolgimento di un **progetto di intervento educativo**, sotto la direzione e il controllo dei servizi sociali. Il decreto del T.P.M.F. definisce gli obiettivi e la durata del **progetto**, che può prevedere, anche, lo svolgimento di attività sportive, artistiche, di volontariato sociale, la partecipazione a corsi di musica, laboratori teatrali o di scrittura creativa. Il competente **servizio sociale**, coinvolgendo – salvo che ciò sia assolutamente impossibile – i genitori ovvero gli altri esercenti la responsabilità genitoriale, **definisce il contenuto del progetto**, secondo gli obiettivi individuati nel decreto. Almeno dieci giorni prima della conclusione del progetto, e comunque con **cadenza annuale**, il servizio sociale trasmette al T.P.M.F. una **relazione** che illustra il percorso e gli esiti dell'intervento, alla luce della quale il Tribunale medesimo, con **decreto motivato**, può, in via alternativa: dichiarare **concluso** il procedimento; ordinare la **continuazione** del progetto o adottarne un nuovo ri-

---

[43] In arg. cfr. Cap. VI, §§ 2.3 e 4.

[44] In tema di esecuzione penale, v. Cap. VIII, § 4.

spondente alle mutate esigenze educative del minorenne; disporre **l'affidamento** temporaneo di quest'ultimo ai servizi sociali o il **collocamento** temporaneo in una comunità. I provvedimenti sono deliberati in **camera di consiglio**, previo ascolto del minorenne che abbia compiuto **dodici anni**, o anche di età inferiore ove capace di discernimento, e sentiti i genitori ovvero gli altri esercenti la responsabilità genitoriale e il pubblico ministero [45].

Le misure rieducative possono essere, altresì, promosse dal pubblico ministero, **se è in corso un procedimento penale a carico del minore**, «quando costui non può essere o non è assoggettato a detenzione preventiva e se il minore è stato prosciolto per difetto di capacità di intendere e di volere, senza che sia stata applicata una misura di sicurezza detentiva» (art. 26, comma 1, R.d.l. n. 1404 del 1934); analogo provvedimento può essere emesso quando il T.P.M.F. lo ritenga necessario nelle ipotesi in cui sia stato concesso il **perdono giudiziale** o la **sospensione condizionale della pena** (art. 26, comma 2, R.d.l. n. 1404 del 1934). La misura può essere altresì disposta quando il minore si trovi nella condizione prevista dall'**art. 333 c.c.**: le condotte pregiudizievoli dei genitori possono, cioè, compromettere la sua serena crescita.

Appare chiaro come l'applicazione di tali misure debba essere intesa come un **aiuto fornito dallo Stato**, finalizzato a sviluppare nel minorenne particolarmente **vulnerabile** [46] sentimenti di rispetto nei confronti degli altri e forme di comunicazione non violente, così da tenere lontano il rischio – in agguato – di sconfinare – o ricadere – nella trasgressione della legge penale.

Infine, l'art. 25-*bis* R.d.l. n. 1404 del 1934 attribuisce al T.P.M.F. il potere di adottare – su richiesta o, nei casi d'urgenza, di ufficio – i **provvedimenti utili all'assistenza**, anche di carattere psicologico, al **recupero** e al **reinserimento del minore che eserciti la prostituzione** (comma 1). Qualora, poi, il **minore straniero**, privo di assistenza in Italia, sia vittima del reato sessuale, il T.P.M.F. dispone in via di urgenza le predette le misure e, prima di confermare i provvedimenti adottati nell'interesse del minore, avvalendosi degli strumenti previsti dalle Convenzioni internazionali, prende gli opportuni accordi, tramite il Ministero degli affari esteri, con le autorità dello Stato di origine o di appartenenza (comma 2).

---

[45] L'art. 25 R.d.l. n. 1404 del 1934 stabilisce, altresì, che il Tribunale, nei casi di cui all'art. 473-*bis*.8 c.p.c., nomina al minore un curatore speciale e che nel procedimento è consentita l'assistenza del difensore. Le spese di affidamento o di collocamento in comunità, da anticiparsi dall'erario, sono a carico dei genitori; in mancanza dei genitori, sono tenuti a rimborsare le spese gli esercenti la tutela, quando il patrimonio del minore lo consente.

[46] La vulnerabilità deriva dal fatto che si tratta di un minore "irregolare per condotta o per carattere" o che abbia in corso un procedimento penale, oppure, autore di reato, abbia beneficiato di un provvedimento di clemenza o di una sentenza di non imputabilità, o che conviva con genitori che possono turbarlo con condotte pregiudizievoli.

3. *Il pubblico ministero e la polizia giudiziaria.*

Nel procedimento penale a carico del minore, le funzioni del **pubblico ministero** – che, come il giudice, deve essere **specializzato** [47] – sono esercitate dal **procuratore della Repubblica** presso il T.P.M.F. (art. 2, lett. *a*, l.m., art. 70, comma 1, ord. giud.).

Si tratta, dunque, di un **ufficio autonomo**, che ha sede nel capoluogo del distretto di Corte d'appello o di sezione distaccata di Corte d'appello, cui compete **in via esclusiva l'esercizio dell'azione penale** per tutti i reati commessi dai minori nel territorio del distretto o della sezione distaccata in cui è istituito il predetto Tribunale e perciò a lui sono trasmessi tutti i rapporti, i referti, le denunce, le querele, le istanze e le richieste concernenti reati commessi dai minori. Allo stesso procuratore della Repubblica sono attribuiti, nelle materie di competenza del T.P.M.F., tutti i poteri che le leggi conferiscono al pubblico ministero presso il Tribunale (art. 70-*ter* ord. giud., introdotto dal d.lgs. n. 149 del 2022, che sostituisce l'art. 4 R.d.l. n. 1404 del 1934, abrogato dal medesimo atto normativo).

In grado d'appello, le funzioni requirenti sono esercitate dal **procuratore generale** presso la sezione di Corte d'appello per le persone, per i minorenni e per le famiglie.

Nelle procure della Repubblica minorili sono istituite **sezioni specializzate** di **polizia giudiziaria**, ove deve essere assegnato «personale dotato di specifiche attitudini e preparazione» (art. 5 l.m.) [48].

Alle sezioni minorili si applicano le norme del codice di procedura penale e le relative disposizioni di attuazione, in virtù del **principio di sussidiarietà** scolpito, rispettivamente, negli artt. 1, comma 1, l.m. e 1 disp. att. l.m. Dunque, ogni procura della Repubblica presso il T.P.M.F. **dispone** della rispettiva sezione e l'autorità giudiziaria **si avvale direttamente** del personale addetto alla stessa (art. 58 c.p.p.); le sezioni minorili **dipendono** dai magistrati che dirigono gli uffici presso i quali sono istituite (art. 59, comma 1, c.p.p.) e gli appartenenti alle predette sezioni **non possono essere distolti** dall'attività di polizia giudiziaria se non per disposizione del magistrato dal quale dipendono (art. 59, comma 3, c.p.p.). Le sezioni sono costituite «dagli ufficiali e dagli agenti di polizia giudiziaria della **polizia di Stato**, **dell'arma dei carabinieri** e del **corpo della guardia di finanza** nonché del **corpo forestale dello Stato**» (art. 5, comma 1, disp. att. c.p.p.). Il capo dell'ufficio presso cui è istituita la sezione la dirige e ne coordina l'attività in relazione alle richieste formulate dai singoli

---

[47] In arg. v. Cap. II, § 4.

[48] Sulla specializzazione delle sezioni di polizia giudiziaria, v. Cap. II, § 4.1.

magistrati, a norma dell'art. 58 c.p.p. (art. 9, comma 1, disp. att. c.p.p.). Per ciascuna forza di polizia che compone la sezione, l'ufficiale di polizia giudiziaria più elevato in grado o con qualifica superiore è responsabile del personale appartenente alla propria amministrazione (art. 9, comma 2, disp. att. c.p.p.). Trovano applicazione, altresì, le norme che regolamentano l'**assegnazione** (art. 8 disp. att. c.p.p.) la **costituzione** (art. 6 disp. att. c.p.p.) e il **ripianamento** (art. 7 disp. att. c.p.p.) dell'organico, lo **stato giuridico**, la **carriera** (art. 10 disp. att. c.p.p.) e i **trasferimenti** del personale addetto (art. 11 disp. att. c.p.p.).

4. *Il difensore.*

«La **difesa** è **diritto inviolabile** in ogni stato e grado del procedimento». Il principio, scolpito nell'**art. 24, comma 2, Cost.**, trova certamente applicazione anche nel rito penale minorile.

In tale sede – come nel processo ordinario – la difesa si esplica in due differenti modalità: **1) autodifesa**, esercitata, cioè, **direttamente** dal soggetto nei confronti del quale si procede (ad esempio, il minore risponde alle domande poste in sede di interrogatorio); **2) difesa tecnica**, espletata da un professionista – l'avvocato – che assume la qualifica di **difensore**: quest'ultimo ha l'obbligo di **assistere** e di **rappresentare** l'indagato/imputato nel corso del procedimento, nonché la **facoltà** di **svolgere investigazioni** per ricercare ed individuare elementi di prova **a favore** del proprio assistito (art. 327-*bis* c.p.p.).

Nel processo minorile, il difensore esercita i suoi poteri non solo al fine di ottenere una pronuncia che escludi o attenui la responsabilità dell'imputato; egli, col suo operato, deve garantire al minore una **partecipazione consapevole**, idonea a ridurre gli effetti stigmatizzanti insiti nell'intervento penale. A tale fine, essenziale è la **funzione di dialogo** col suo assistito, nel corso del quale il difensore illustrerà il **significato delle attività processuali** svolte, nonché il **contenuto** e le **ragioni** delle decisioni prese.

In secondo luogo, il difensore è chiamato ad agevolare un efficace **percorso di recupero** del minore: per raggiungere tale obiettivo, imprescindibile è la collaborazione coi **servizi minorili** per l'elaborazione dei **progetti educativi**, nonché l'interazione coi **genitori** – che supportano affettivamente e psicologicamente il minore –, gli **esercenti la responsabilità genitoriale** o la **persona idonea** – titolari di poteri difensivi *ad hoc* – e la **persona offesa**, nella prospettiva di sollecitare una **soluzione conciliativa**[49].

---

[49] Per una dettagliata analisi dei menzionati soggetti, v. *infra*, §§ 5, 6 e 7.

Sotto quest'ultimo profilo, va evidenziato che, con il riordinamento organico della **giustizia riparativa** – operato col d.lgs. 10 ottobre 2022, n. 150 –, il ruolo del difensore del minorenne si è notevolmente **rafforzato**; egli, nei casi in cui assista il **giovane autore** (o vittima) del reato, è destinatario dell'avviso relativo alla facoltà di accedere ai programmi di giustizia riparativa (art. 47 d.lgs. n. 150 del 2022) e assume una importante veste **consultiva**: **deve essere sentito** dall'autorità giudiziaria (il giudice che procede ovvero, nella fase delle indagini preliminari, il pubblico ministero) in merito alla decisione di avviare il minore al Centro per la giustizia riparativa (art. 129-*bis*, comma 3, c.p.p.); può **presenziare**, su richiesta del proprio assistito, sia ai colloqui preliminari destinati alla raccolta delle informazioni necessarie (art. 54, comma 2, d.lgs. n. 150 del 2022), sia al primo incontro con il mediatore designato, finalizzato alla raccolta del consenso alla partecipazione del programma (art. 48, comma 6, d.lgs. n. 150 del 2022); può **intervenire alla definizione degli accordi** relativi all'esito riparativo materiale – risarcimento del danno, restituzioni o altre attività riparatorie – (art. 56 comma 5 d.lgs. n. 150 del 2022).

Come nel rito ordinario, il difensore può assumere tre vesti: **1) di fiducia**, scelto dall'indagato/imputato; **2) d'ufficio**, che interviene nei casi in cui il minore non abbia nominato un difensore di fiducia o ne sia rimasto privo; **3) patrocinante a spese dello Stato**, che è un difensore, anche di fiducia, retribuito dallo Stato.

Per il primo, la legge minorile non detta alcuna disposizione e, in ossequio al principio di sussidiarietà *ex* art. 1, comma 1, l.m., trova applicazione l'art. 96 c.p.p., secondo il quale l'imputato ha diritto di nominare **non più di due difensori di fiducia**; la nomina è fatta con dichiarazione resa all'autorità procedente, ovvero consegnata alla stessa dal difensore o trasmessa con raccomandata; con le medesime forme, la nomina può essere fatta da un prossimo congiunto per la persona fermata, arrestata o in custodia cautelare, finché questa non vi provveda personalmente.

Una norma *ad hoc* è prevista per il **difensore d'ufficio**: secondo **l'art. 11 l.m.**, «**Fermo quanto disposto dall'art. 97** del codice di procedura penale, il consiglio dell'ordine forense **predispone gli elenchi** dei difensori con specifica preparazione nel diritto minorile».

Rinviando a quanto già detto a proposito della **specializzazione**[50], è necessario in questa sede soffermarsi sui **criteri di selezione e nomina**.

A ben vedere, la questione si presenta alquanto articolata, complice l'evoluzione normativa che ha interessato l'art. 97 c.p.p. e il correlato art. 29 disp. att. c.p.p., ma non anche la simmetrica disposizione minorile – l'**art. 15 disp. att. l.m.** –, rimasta intatta nel suo originario contenuto.

---

[50] Cap. II, § 4.2.

Questa norma affida a ciascun **Consiglio dell'ordine forense** (circondariale, quindi) il compito di redigere ed aggiornare, con **cadenza trimestrale**, un apposito elenco dei professionisti **idonei** e **disponibili** ad assumere le vesti di difensore d'ufficio dinanzi al giudice minorile (comma 1).

La **disponibilità** è legata ad una manifestazione di volontà del professionista diretta ad ottenere l'inclusione del proprio nominativo nell'albo ed implica una pronta **reperibilità**; l'**idoneità** si collega, invece, alla «**specifica preparazione**» in diritto minorile (art. 11 l.m.) e si evince dall'**esercizio non saltuario** della professione forense davanti agli organi della giustizia minorile, **ovvero** – dunque, in via **alternativa** – dalla **frequentazione** di corsi di perfezionamento e di aggiornamento nelle materie attinenti il diritto minorile e le problematiche dell'età evolutiva (comma 2), organizzati annualmente dal consiglio dell'ordine forense distrettuale, d'intesa con il presidente del T.P.M.F. e con il Procuratore della Repubblica per i minorenni (comma 4). Il legislatore non fornisce alcun elemento da cui evincere lo **svolgimento «non saltuario»** dell'attività forense, con la conseguenza che è rimessa a ciascun ordine forense la **predisposizione dei criteri** di valutazione della comprovata esperienza in ambito minorile.

Operata la selezione da parte del consiglio dell'ordine "periferico", il **Consiglio dell'ordine distrettuale** – presso il quale confluiscono i singoli elenchi – provvede alla **formazione delle tabelle** dei turni giornalieri o settimanali «**a norma dell'art. 29, commi 3, 4 e 5**» disp. att. c.p.p., di intesa con il Presidente del T.P.M.F., che ne cura la **trasmissione alle autorità giudiziarie** minorili del distretto (comma 3). Tale meccanismo garantisce la **trasparenza** nella designazione del difensore d'ufficio, precludendo eventuali scelte discrezionali degli organi procedenti.

Nell'impostazione originaria del codice di rito, vi era una **perfetta corrispondenza** tra l'art. 15 disp. att. l.m. e l'art. 29 disp. att. c.p.p.; coerentemente, poi, il comma 2 dell'art. 97 c.p.p. stabiliva che il Consiglio dell'ordine forense, al fine di garantire l'effettività della difesa d'ufficio, predisponeva gli elenchi dei difensori e, d'intesa con il Presidente del tribunale, **fissava i criteri** per la loro nomina sulla base di turni di **reperibilità**.

La regolamentazione dell'**accesso** alle funzioni difensive d'ufficio nel rito ordinario è stata oggetto di due corposi emendamenti. La **l. 6 marzo 2001, n. 60** ha riformulato l'art. 97 c.p.p. e il connesso art. 29 disp. att. c.p.p.: in particolare, sono stati introdotti alcuni **requisiti di professionalità** per il difensore d'ufficio e si è sostituito il sistema tabellare con una **procedura informatizzata** che garantisce la **rotazione automatica** dei difensori designabili. Si è, poi, espressamente escluso il ricorso al sistema informatizzato «se il procedimento concerne **materie che richiedono competenze specifiche**».

Il **d.lgs. 30 gennaio 2015, n. 6** ha colpito nuovamente le due disposizioni: la predisposizione e l'aggiornamento trimestrale dell'elenco degli iscritti è stata affidata al **Consiglio nazionale forense**, sottraendola a quello periferico; sempre al **Consiglio nazionale forense** è stata attribuita la competenza ad individuare annualmente i **criteri generali** per la nomina a difensore d'ufficio, sulla base della **prossimità** alla sede del procedimento e della **reperibilità**; sono stati fissati **requisiti più rigorosi** per **l'accesso** all'albo; la **permanenza** degli iscritti negli elenchi è stata subordinata ad alcune **condizioni** e **adempimenti**, pena la cancellazione dall'**elenco nazionale**; si è confermato il congegno della **selezione informatizzata**, nonché la **deroga** per i procedimenti concernenti materie che richiedono **competenze specifiche**. La selezione informatizzata è stata affidata ai **Consigli dell'ordine circondariali** di ciascun distretto, incaricati di predisporre **l'elenco locale** attingendo da quello **nazionale**. In definitiva, il difensore d'ufficio è comunque individuato nell'ambito degli **iscritti nell'elenco nazionale**.

Al cospetto di tali *maquillage* è facile cogliere le **rilevanti sfasature** tra gli interpolati artt. 97 c.p.p. e 29 disp. att. c.p.p. e l'art. 15 disp. att. l.m. in ordine ai metodi di selezione del difensore d'ufficio, gestione degli elenchi, requisiti di idoneità e di permanenza nelle liste.

Considerato che la disposizione minorile non è stata **espressamente abrogata** dalle novelle del 2001 e del 2015 e assume la fisionomia di una ***lex specialis***, deve convenirsi che le sue regole **prevalgono** rispetto a quelle contenute nelle corrispondenti norme ordinarie.

Peraltro, che non possa ritenersi utilizzabile, in ambito minorile, il sistema **informatizzato** di nomina si evince dalla **clausola di esclusione** contenuta nell'ultimo disposto del comma 2 dell'art. 29 disp. att. c.p.p. che, come già detto, fissa un esplicito **divieto** per i procedimenti concernenti «**materie che richiedono competenze specifiche**», quale appunto è la "materia" minorile [51].

Non resta che attendere un intervento di chirurgia normativa sull'art. 15 disp. att. l.m. che, in linea con le innovate disposizioni ordinarie, estenda anche al difensore d'ufficio del minore i requisiti di natura deontologica e di competenza imposti al difensore d'ufficio dell'adulto e sostituisca l'obsoleto **sistema tabellare** con il moderno **congegno** di selezione **informatizzato**. Al fine, poi, di **rafforzare** la professionalità del difensore che opera nel settore minorile sarebbe, altresì, opportuno rendere **più stringenti** le condizioni di accesso all'al-

---

[51] Conforta l'impostazione prospettata il Consiglio nazionale forense il quale, il 20 gennaio 2020, in risposta ad un quesito espresso da alcuni consigli distrettuali, ha ritenuto, sulla scorta dell'attuale assetto legislativo, che l'inserimento nell'elenco unico nazionale dei difensori d'ufficio tenuto dal Consiglio nazionale forense non rappresenta una condizione necessaria per l'iscrizione nella lista distrettuale per le difese d'ufficio davanti agli organi della giustizia minorile, sebbene sia comunque auspicabile, *de iure condendo*, prevedere l'estensione anche al difensore del minore dei requisiti di natura deontologica e di competenza fissati nell'art. 29 disp. att. c.p.p.

bo, prevedendo il **cumulo** e non la fungibilità tra l'esercizio non saltuario della professione forense davanti agli organi della giustizia minorile e la frequentazione di corsi nelle materie attinenti al diritto minorile.

Certamente applicabili – in virtù del richiamo all'art. 97 c.p.p. – sono tutte le altre **regole** dettate dalla norma codicistica in questione, relative alla **nomina**, **sostituzione temporanea** e **nuova designazione** del difensore d'ufficio, fermo restando il requisito della **specifica preparazione** in diritto minorile imposto dall'art. 11 l.m.

In ordine alle conseguenze processuali che possono scaturire dall'**inosservanza dei criteri di scelta** del difensore d'ufficio di cui agli artt. 11 l.m. e 15 disp. att. l.m., vanno considerate due ipotesi: nel caso in cui il difensore designato (o il suo sostituto) **non sia incluso** nell'elenco degli **abilitati** e, dunque, risulti privo del requisito di specializzazione, sembra prospettabile una **nullità di ordine generale** *ex* **art. 178, comma 1, lett. *c*, c.p.p.** (violazione delle norme relative all'intervento, l'assistenza e la rappresentanza dell'imputato) che colpisce l'atto (compiuto o da compiersi)[52]; diversamente, qualora il difensore appartenga all'elenco degli abilitati ma venga scelto in violazione del sistema **tabellare** predisposto dal consiglio forense, non si configura alcuna menomazione della funzione difensiva e, pertanto, il vizio integrerebbe una **mera irregolarità** dell'atto.

Per quanto riguarda la **liquidazione dei compensi**, la legge riserva un **trattamento di favore** al difensore d'ufficio del minore, il cui onorario viene liquidato dal magistrato nella misura e con le modalità previste dall'art. 82 d.P.R. 30 maggio 2002, n. 115 (art. 118, comma 1, d.P.R. n. 115 del 2002), senza necessità di attivare l'*iter* per l'ammissione al patrocinio a spese dello Stato, né di dimostrare di aver esperito inutilmente quella procedura per il recupero dei crediti professionali che, al contrario, il difensore d'ufficio dell'adulto è tenuto ad attivare ai sensi dell'art. 116 d.P.R. n. 115 del 2002; lo Stato ha diritto di **ripetere** le somme anticipate nei confronti del minorenne e dei familiari solo nei casi in cui appaia **dimostrata la capacità economica dell'imputato**, ossia quando il magistrato, con decreto, accerti il superamento dei limiti di reddito fissati per l'ammissione al **patrocinio a spese dello Stato** (art. 118, comma 3, d.P.R. n. 115 del 2002).

A proposito di quest'ultimo istituto, la disciplina è la stessa di quella ordinaria: il minore – indagato, imputato, condannato o persona offesa – può essere

---

[52] Diversamente, secondo la Cassazione (Cass., Sez. V, 4 febbraio 2019, n. 15050), in caso di «rinuncia al mandato da parte del difensore di fiducia, non integra una causa di nullità la designazione, quale difensore d'ufficio, di un avvocato non iscritto nell'elenco dei difensori abilitati al patrocinio davanti al tribunale per i minorenni, difettando una espressa previsione normativa in tal senso».

ammesso al patrocinio a condizione che sia titolare di un reddito non superiore a **€ 12.838,01** (art. 76, comma 1, d.P.R. n. 115 del 2002); al fine di ottenere il beneficio, il difensore deve essere iscritto nell'**apposita lista** istituita presso il Consiglio dell'ordine forense del distretto di Corte d'appello nel quale ha sede l'autorità giudiziaria procedente; la scelta del minore legittimato può ricadere anche su un difensore iscritto nell'elenco di un altro distretto (art. 81 d.P.R. n. 115 del 2002).

5. *I genitori, gli altri esercenti la responsabilità genitoriale e la persona idonea.*

L'esigenza pedagogica di proteggere il minore che si trovi catapultato nella macchina processuale penale e di attenuare, dunque, quel contraccolpo negativo inevitabilmente connesso alle dinamiche giudiziarie sta alla base della scelta legislativa di **affiancare** al giovane indagato/imputato, in ogni stato e grado del procedimento, alcune persone – assolutamente estranee al rito ordinario – che garantiscono al minorenne assistenza affettiva, psicologica e anche difensiva: i **genitori**, gli altri **esercenti la responsabilità genitoriale** e la **persona idonea**.

Va subito segnalato che l'art. 5 del già richiamato **d.l. n. 131 del 2024**, nel recepire l'**art. 5** della **Direttiva (UE) 2016/800** [53] – afferente al «**Diritto del minore a che sia informato il titolare della responsabilità genitoriale**» –, **rafforza** la presenza di tali soggetti nel procedimento penale minorile: in particolare, apporta una serie di rilevanti modifiche agli **artt. 7** e **12 l.m.** – che si occupano, rispettivamente, delle **notifiche** all'esercente la responsabilità genitoriale e dell'**assistenza** al minorenne – e innesta un inedito **art. 12-*ter* l.m.**, rubricato «Informazioni all'esercente la responsabilità genitoriale».

Procediamo con ordine.

1) I genitori. Sono chiamati ad assicurare all'imputato minorenne **«assistenza effettiva e psicologica»** in ogni stato e grado del procedimento (art. 12, comma 1, l.m.): posto il vincolo parentale "naturale", i **genitori** si presumono **idonei** a garantire il **sostegno** di cui necessita il giovane figlio che si imbatte nella giustizia penale.

2) L'esercente la responsabilità genitoriale. Secondo l'art. 316 c.c., la **responsabilità genitoriale** (l'obsoleta «patria potestà» [54]) è esercitata di comune

---

[53] V. Cap. I, § 7.3.

[54] La riforma del diritto di famiglia del 1975 (l. 19 maggio 1975, n. 151) ha sostituito la «patria potestà» con la «potestà genitoriale», parificando diritti e doveri della madre verso i figli a

accordo da **entrambi i genitori** e non cessa a seguito di separazione, divorzio o annullamento del matrimonio; è espletata in modo **esclusivo da uno dei due genitori** qualora l'altro sia impossibilitato per lontananza, incapacità o altro impedimento (art. 317 c.c.), ovvero se il giudice ritiene, motivando la sua decisione, che l'affido condiviso sia contrario all'interesse del minore (art. 337-*quater* c.c.). In casi eccezionali – decadenza, decesso o irreperibilità –, ai genitori si sostituisce, quale esercente la responsabilità, il **tutore** (art. 343 c.c.).

L'esercente la responsabilità genitoriale, nel processo penale minorile, oltre a garantire il supporto affettivo e psicologico (v. art. 12, comma 1, l.m.), è chiamato a rafforzare **l'assistenza difensiva** del giovane indagato/imputato: quest'ultimo, pur titolare della capacità processuale, ha una maturità psico-fisica ancora *in fieri* e, dunque, potrebbe non esercitare correttamente il suo diritto di (auto)difesa.

In questa prospettiva, il legislatore attribuisce all'esercente la responsabilità genitoriale, il **diritto** di ricevere la notifica dell'**informazione di garanzia** e del **decreto di fissazione di udienza**, a pena di nullità (art. 7 l.m.).

Come è noto, l'**informazione di garanzia**, secondo la disciplina generale *ex* art. 369 c.p.p., contiene l'indicazione delle norme di legge che si assumono violate, data e luogo del fatto e l'invito ad esercitare la facoltà di nominare un difensore di fiducia; va notificata all'indagato e alla persona offesa quando il pubblico ministero deve compiere un **atto al quale il difensore ha diritto di assistere** e, spesso, costituisce lo strumento attraverso il quale l'indagato viene a conoscenza dell'esistenza di un procedimento penale a suo carico. Così, l'esercente la responsabilità genitoriale, ricevuto l'atto, può attivarsi subito per orientare il minorenne nella scelta del difensore di fiducia e può, altresì, offrire a quest'ultimo un prezioso aiuto per la strategia difensiva, fornendo immediatamente il proprio contributo conoscitivo.

L'art. 7 l.m. non menziona, tra gli atti da notificare, l'informazione sul **diritto di difesa** che, secondo l'art. 369-*bis* c.p.p., l'inquirente deve inviare all'indagato in occasione del **primo tra gli atti** a cui il difensore ha diritto di assistere, al fine di rendere effettivo l'istituto della difesa d'ufficio. Tuttavia, posta l'identità di *ratio* tra l'art. 369 c.p.p. e l'art. 369-*bis* c.p.p., si deve ritenere che anche essa vada notificata all'esercente la responsabilità genitoriale a norma dell'art. 7 l.m.; d'altronde, nella prassi, accade spesso che l'avviso sul **diritto di difesa** venga inviato unitamente all'informazione di garanzia all'interno di un unico atto.

Per il **decreto di fissazione** di udienza va precisato che la notifica afferisce certamente a **tutte le udienze** del procedimento penale, nonché a quelle che si

---

quelli del padre; successivamente, il d.lgs. 28 dicembre 2013, n. 154 ha sostituito la nozione di «potestà genitoriale» con quella di «responsabilità genitoriale».

svolgono in **fase esecutiva**, se il condannato è ancora minorenne.

Per quanto riguarda, in particolare, l'**udienza preliminare**, le **udienze dibattimentali** e l'udienza fissata per **l'esecuzione della pena detentiva**, la notifica, come si vedrà più avanti [55], è esplicitamente imposta dalle norme che ne disciplinano lo svolgimento (artt. 31, comma 3, 33, comma 4, l.m. e art. 11, comma 5, d.lgs. 2 ottobre 2018, n. 121).

L'omesso invio dell'informazione di garanzia o dei decreti di fissazione dell'udienza integra una **nullità a regime intermedio** *ex* art. 178, comma 1, lett. *c*, c.p.p., per violazione attinente al diritto di **assistenza** dell'indagato.

Per il **decreto di fissazione dell'udienza d'appello**, la giurisprudenza di legittimità ha, tuttavia, precisato che, nei casi in cui l'imputato, minorenne al tempo della commissione del reato, sia divenuto **maggiorenne** prima della celebrazione del giudizio d'appello, non sussiste l'obbligo di notifica all'esercente la responsabilità genitoriale, in quanto, con il raggiungimento della maggiore età, l'imputato acquisisce la **piena capacità d'agire**, con la conseguenza che, in tale ipotesi, l'omessa citazione dell'esercente non influisce sulla validità del processo [56].

Come si avrà modo di precisare più avanti, l'esercente la responsabilità genitoriale è titolare di altri **diritti** menzionati nelle varie disposizioni disseminate nel d.P.R. n. 448 del 1988: così egli deve essere immediatamente informato dalla polizia giudiziaria dell'arresto o del fermo del minorenne (art. 18 l.m.), va **sentito** dal giudice che intenda disporre le **prescrizioni** (art. 20 l.m.), pronunciare la **sentenza di non luogo a procedere per irrilevanza del fatto** (art. 27, comma 2, l.m.), applicare una **pena sostitutiva** (art. 30 l.m.) o disporre una **misura di sicurezza** (art. 38 l.m.) e può **proporre l'impugnazione** che spetta al giovane imputato (artt. 34 e 41 l.m.). Infine, in capo a tale soggetto grava, altresì, uno specifico **dovere**: prendere **in consegna** il minore che sia stato "accompagnato" a seguito di flagranza (art. 18-*bis* l.m.).

3) La persona idonea. Secondo l'originario art. 12, comma 1, l.m., l'assistenza affettiva e psicologica del minorenne è assicurata, in ogni stato e grado del procedimento, dalla presenza dei genitori «**o di altra persona idonea**» indicata dal minore e ammessa dall'autorità giudiziaria procedente.

La novella del 2024, innanzi tutto, modifica il comma in questione, prevedendo che il supporto affettivo e psicologico venga fornito, in alternativa ai genitori, «**dagli altri esercenti la responsabilità genitoriale**»; poi, innesta un nuovo **comma 1-*bis***, recuperando la «persona idonea» espunta dal comma 1 e indicando dettagliatamente i casi in cui è necessario ricorrere ad essa. Secondo l'inedita disposizione, «il minorenne è assistito da altra persona idonea» – che,

---

[55] Cap. VI, § 2.1 e Cap. VIII, § 4.2.1.

[56] Cass., Sez. II, 6 aprile 2017, n. 23410.

alternativamente, è **indicata** dal minore ed è **ammessa dall'autorità giudiziaria** procedente, ovvero è **designata** da quest'ultima nei casi di **inidoneità** o **mancata designazione** da parte del minorenne – in presenza di una o più delle seguenti condizioni:

a) la partecipazione degli esercenti la responsabilità genitoriale è contraria all'interesse superiore del minorenne;

b) nonostante le ricerche compiute, non è stato possibile identificare e reperire alcuno degli esercenti la responsabilità genitoriale;

c) sulla base di circostanze oggettive e concrete, vi è motivo di ritenere che l'informazione o la partecipazione degli esercenti la responsabilità genitoriale comprometterebbe in modo sostanziale il procedimento penale.

In tali evenienze, sussistendone i presupposti, l'autorità giudiziaria procedente informa prontamente il presidente del Tribunale per i Minorenni (T.P.M.F.) per l'adozione dei provvedimenti di sua competenza (comma 1-*ter*).

Va precisato che l'effettiva partecipazione, nel corso del procedimento penale, dei genitori o degli altri esercenti la responsabilità genitoriale o della persona idonea non è presidiata da alcuna **sanzione processuale**; tutt'al più, l'esercente la responsabilità genitoriale che non compaia in udienza preliminare o dibattimentale senza addurre un legittimo impedimento può essere **condannato** al pagamento, a favore della cassa delle ammende, di una somma da 25 a 516 euro (artt. 31, comma 4 e 33, comma 4, l.m.); per il genitore potrebbe, altresì, configurarsi una condotta pregiudizievole al figlio, rilevante ai sensi dell'art. 333 c.c.: dunque, il giudice sarebbe autorizzato ad adottare provvedimenti civili temporanei a protezione del minore (*ex* art. 32, comma 4, l.m. o *ex* art. 25 R.d.l. n. 1404 del 1934).

Peraltro, il giudice e il pubblico ministero, quando devono compiere atti per i quali è richiesta la partecipazione dell'imputato, possono escludere i soggetti menzionati nell'art. 12 l.m., **«nell'interesse del minore»** o per **«inderogabili esigenze processuali»** (art. 12, comma 3, l.m.). Non è ben chiaro a cosa alluda il legislatore con le due generiche cause di esclusione; tuttavia, considerata l'essenziale funzione riservata a tali persone, si deve, senz'altro, attribuire una portata del tutto **eccezionale** al provvedimento di temporanea estromissione.

Nell'ottica di rafforzare l'**assistenza difensiva** del giovane inquisito va letto il nuovo **art. 12-*ter*** l.m.: le informazioni fornite al minorenne – quelle elencate nel neo introdotto art. 12-*bis* l.m., concernenti i diritti connessi allo *status* di indagato, imputato o indagato/imputato sottoposto ad una restrizione della libertà personale[57] – vanno comunicate, «**al più presto**», anche all'**esercente la responsabilità genitoriale** o alla **persona idonea** ammessa o designata dall'auto-

[57] V. *retro*, § 1.3.

rità giudiziaria procedente (comma 1); qualora vengano meno le situazioni descritte dal comma 1-*bis* dell'art. 12 l.m., le informazioni rilevanti ai fini del procedimento tornano ad essere comunicate all'esercente la responsabilità genitoriale (comma 2).

Sulla stessa lunghezza d'onda si colloca l'intervento correttivo dell'**art. 7 l.m.**: l'informazione di garanzia e il decreto di fissazione di udienza devono essere notificati, a pena di nullità, anche all'esercente la responsabilità genitoriale «**o agli altri soggetti di cui agli articoli 12 e 12-*ter*» l.m.** Verosimilmente, nonostante l'equivoca formulazione della norma, il legislatore allude alla **persona idonea** indicata dal minorenne e ammessa dall'autorità giudiziaria procedente o da quest'ultima designata: invero, gli altri soggetti menzionati nell'art. 12 l.m. – il genitore (non esercente la responsabilità) e i servizi minorili – non prestano assistenza difensiva [58]. Dalla congiunzione avversativa «o» sembrerebbe, poi, che la persona idonea maturi il **diritto** di ricevere le **notifiche** degli atti in **alternativa** all'esercente che, evidentemente, si trovi in una delle situazioni indicate nell'art. 12, comma 1-*bis*, l.m. Nel silenzio del legislatore, va, infine, escluso che, in presenza di tali circostanze, la persona idonea possa esercitare i diritti (non riconducibili a quelli di cui all'art. 7 l.m.) e i doveri attribuiti espressamente all'esercente dalle varie disposizioni del d.P.R. n. 448 del 1988.

6. *I servizi minorili.*

Un **ruolo cruciale** e, nel contempo, articolato e complesso, è rivestito dai **servizi minorili**, la cui presenza è **imprescindibile** in ogni fase e grado del procedimento penale a carico del minorenne.

Sotto il **profilo organizzativo**, si distinguono i **servizi minorili dell'amministrazione della giustizia** dai servizi **istituiti dagli enti locali** (comuni, province e regioni); a questi, sono stati aggiunti recentemente – in sede di conversione in legge (l. 15 novembre 2023, n. 159) del decreto Caivano (15 settembre 2023, n. 123) – i **servizi di assistenza istituiti dal Servizio sanitario nazionale**.

I **servizi minorili dell'amministrazione della giustizia** si identificano con i **centri per la giustizia minorile** (art. 7 disp. att. l.m.) e si articolano in una pluralità di strutture:

- **uffici di servizio sociale per minorenni (U.S.S.M.)**, che forniscono assistenza al minore dal momento in cui egli entra nel circuito penale sino alla conclusione del suo percorso giudiziario (art. 8, comma 1, lett. *a*, disp. att. l.m.);

---

[58] Per i servizi minorili, v. *infra*, § 6.

• **istituti penali per i minorenni (I.P.M.)**, ove sono eseguite la misura della custodia cautelare e la pena detentiva (art. 8, comma 1, lett. *b*, disp. att. l.m.);

• **centri di prima accoglienza (C.P.A.)**, in cui il minorenne fermato, accompagnato o arrestato in flagranza di reato dalle forze dell'ordine è ospitato fino all'udienza di convalida, su disposizione del Procuratore della Repubblica per i minorenni (art. 9 disp. att. l.m.);

• **comunità**, ove è collocato il minore sottoposto alla misura cautelare *ex* art. 22 l.m.; si tratta di **strutture pubbliche**, gestite direttamente dall'Amministrazione minorile, con personale proprio, in collaborazione con figure professionali esterne, ovvero **strutture private**, gestite da associazioni e cooperative, con capienza non superiore alle dieci unità e tali «da garantire, anche attraverso progetti personalizzati, una conduzione e un clima educativamente significativi» (art. 10 disp. att. l.m.);

• **istituti di semilibertà e semidetenzione**, organizzati in modo da assicurare una effettiva integrazione con la comunità esterna (artt. 11 e 12 disp. att. lm.).

Tutte queste strutture – che ospitano non solo i minori di età compresa tra quattordici e diciotto anni, ma, di regola, anche i **maggiorenni sino a venticinque anni**, sempre che il reato sia stato commesso durante la minore età (art. 24 disp. att. l.m.) e con la sola eccezione del centro di prima accoglienza – si avvalgono, nell'attuazione dei loro compiti istituzionali, anche della **collaborazione di esperti** in pedagogia, psicologia, sociologia e criminologia (art. 8, comma 2, disp. att. l.m.).

Quanto all'intervento dei **servizi degli enti locali**, come ha avuto modo di precisare la Corte costituzionale in tempi risalenti [59], «la tutela dei minori "irregolari" è meglio garantita dalla **dislocazione territoriale degli organi assistenziali**, e «ciò sia perché, nell'ambiente dove il minore è cresciuto e dove vive [...] meglio si profila l'impegno rieducativo» – che mira, «non ad estraniare, ma a mantenere il minore nel suo *habitat* nell'intento di reinserirvelo risocializzandolo» –, «sia perché più immediato è il contatto degli operatori locali con i soggetti interessati».

Nell'ottica di garantire la **cooperazione** tra servizi minorili dell'amministrazione della giustizia e servizi di assistenza degli enti locali – e definire, così, indirizzi, obiettivi, metodologie di lavoro comuni – sono istituite due **commissioni per il coordinamento** delle attività svolte dai servizi: una **a livello periferico**, presso ogni centro per la giustizia minorile, d'intesa con le regioni e gli enti interessati; l'altra a **livello centrale**, presso il Ministero della giustizia, d'intesa con le regioni (art. 13 disp. att. l.m.).

Come il giudice, il pubblico ministero, la polizia giudiziaria e il difensore

---

[59] Corte cost., 22 maggio 1987, n. 287.

d'ufficio, anche gli operatori dei servizi minorili sono tenuti a seguire **corsi di formazione e di aggiornamento**, organizzati annualmente dal Ministro della Giustizia e dalle regioni (art. 14 disp. att. l.m.).

Nel procedimento delineato dal d.P.R. n. 448 del 1988, i servizi minorili svolgono una **indefettibile duplice funzione**: **collaborano** con l'autorità giudiziaria, in qualità di **organi ausiliari** e forniscono **assistenza** al giovane indagato/imputato.

Sul primo fronte, viene in rilievo l'**art. 6 l.m.**, ai sensi del quale: «In ogni stato e grado del procedimento l'autorità giudiziaria si **avvale**, senza nuovi o maggiori oneri per la finanza pubblica, dei **servizi minorili dell'amministrazione** della giustizia e dei **servizi di assistenza sociali e sanitari** istituiti dagli **enti locali** e dal **Servizio sanitario nazionale**».

Sul secondo fronte, l'attenzione va focalizzata sull'**art. 12, comma 2, l.m.**, il quale, in prosecuzione logica al principio espresso nel già analizzato comma 1, stabilisce che: «**In ogni caso** al minorenne è assicurata **l'assistenza dei servizi indicati nell'art. 6**» l.m. Come si evince dall'*incipit* del comma in questione – «in ogni caso» –, l'**assistenza** è finalizzata a garantire al minore un **sostegno**, sul versante **affettivo e psicologico**, che si somma – e non si sostituisce – a quello prestato dai genitori o dagli altri esercenti la responsabilità genitoriale o dalla persona idonea.

Dall'uso della generica locuzione «**assistenza**», deve ritenersi, altresì, che tale funzione non sia riduttivamente circoscritta alla sfera psicologica e affettiva; il sostantivo allude ad una **forma di sostegno ad ampio raggio**, che può tradursi finanche in un **ausilio** al difensore, tramite contributi conoscitivi utili a predisporre una adeguata difesa.

Quanto alla funzione di **collaborazione**, dal tenore imperativo dell'art. 6 l.m. emerge l'esigenza di un **raccordo immediato e costante** tra autorità giudiziaria – pubblico ministero e giudice – e servizi minorili.

Rinviando i doverosi approfondimenti alle sedi opportune, giova anticipare come particolarmente significativo sia il loro contributo in sede di applicazione di **misure precautelari**, **cautelari**, **percorso rieducativo**, **messa alla prova**, **pene sostitutive**, **misure di sicurezza**, **misure penali di comunità**. Un ruolo parimenti essenziale – come già visto [60] – rivestono ai fini degli **accertamenti sulla personalità**: fornendo all'autorità giudiziaria le informazioni sulle condizioni e le risorse personali, familiari, sociali e ambientali del minorenne, la cui conoscenza è necessaria al fine di accertarne l'imputabilità e il grado di responsabilità, valutare la rilevanza sociale del fatto nonché disporre le adeguate misure penali e civili, garantiscono un intervento sul minore effettivamente "**individualizzato**".

---

[60] V. *retro*, § 1.2.

I «servizi minorili che abbiano svolto attività per il minorenne» sono annoverati, poi, tra i **destinatari dell'avviso di fissazione dell'udienza preliminare** e di quella **dibattimentale** (artt. 31, comma 3 e 33, comma 4, l.m.). Saranno identificati dal giudice alla luce del fascicolo trasmesso dal pubblico ministero e contenente tutte le indagini espletate e le relazioni redatte. Nell'ipotesi in cui **nessun servizio si sia occupato del minorenne** prima dell'udienza preliminare, l'avviso dovrebbe essere indirizzato ai **servizi statali**, che hanno la facoltà di delegare gli organi periferici a presenziare all'udienza.

Per consentire la partecipazione dei servizi minorili agli atti per i quali è contemplata la loro presenza, l'autorità giudiziaria procedente provvede ad informarli mediante apposita **comunicazione** (art. 17 disp. att. l.m.).

Preme evidenziare che l'**indefettibilità** dell'intervento di tali soggetti, sotto forma di **assistenza** e **collaborazione**, non è presidiata da alcuna **sanzione processuale**; né, tanto meno, si può invocare la nullità generale *ex* art. 178, comma 1, lett. *c*, c.p.p., per violazione del diritto all'assistenza difensiva, considerato che l'attività dei servizi minorili non è riconducibile all'assistenza "tecnica" tutelata dalla norma codicistica. Tuttalpiù, nei casi in cui la **violazione del diritto all'assistenza** sia imputabile all'autorità giudiziaria o all'operatore del servizio socio-sanitario, potrebbe configurarsi un **illecito disciplinare** o anche **penale**, ove ricorrano gli estremi del reato di omissione di atti d'ufficio di cui all'art. 328, comma 2, c.p.

Quanto alla possibilità per il giudice e per il pubblico ministero di escludere, «**nell'interesse del minore**» o per «**inderogabili esigenze processuali**», la presenza dei servizi minorili al compimento di atti per i quali è richiesta la partecipazione del minorenne (art. 12, comma 3, l.m.), valgono le stesse **perplessità** prima sollevate [61], a proposito dell'estromissione dei genitori, degli altri esercenti la responsabilità genitoriale o della persona idonea.

7. *La persona offesa.*

Come già evidenziato [62], nel rito minorile non vi è spazio per la persona danneggiata dal reato: è vietata la **costituzione di parte civile** (art. 10 l.m.).

Al contrario, la **persona offesa** – *alias*, il soggetto titolare del bene giuridico protetto dalla norma violata – compare tra coloro che, pur non rivestendo la qualifica di "parte", sono presenti nel procedimento.

---

[61] V. *retro*, § 5.

[62] Cap. II, § 6.

In virtù del principio di sussidiarietà fissato nell'art. 1, comma 1, l.m., trovano applicazione le norme del codice di procedura penale in materia: così, la persona offesa nel rito minorile gode dei diritti e delle facoltà ad essa espressamente riconosciuti dalla legge, può **presentare memorie** in qualsiasi momento del procedimento e, con esclusione del giudizio in cassazione, **può indicare elementi di prova** (art. 90 c.p.p.). Sin dal primo contatto con l'autorità procedente, le vengono fornite, in una lingua a lei comprensibile, **informazioni sui suoi diritti e poteri** (art. 90-*bis* c.p.), è assistita da un **interprete** se non conosce la lingua italiana (art. 143-*bis*, comma 2, c.p.p.), ha il diritto di **chiedere informazioni** sullo stato del procedimento (art. 335, comma 3-*ter* c.p.p.) e **di avere l'immediata comunicazione** dell'eventuale evasione o scarcerazione dell'imputato accusato di delitti commessi con violenza (art. 90-*ter* c.p.p.).

L'offeso non è tenuto a nominare un **difensore di fiducia**: se non provvede, può esercitare personalmente i vari diritti previsti dalla legge, salvo quelli espressamente riconosciuti al difensore tecnico (ad esempio, prendere visione dei fascicoli ed estrarne copia).

Se la persona offesa è un **minore**, scattano tutte le garanzie previste per le **vittime c.d. vulnerabili** (art. 90-*quater* c.p.p.).

Così, nei procedimenti per i delitti previsti dagli artt. 572, 600, 600-*bis*, 600-*ter*, 600-*quater*, 600-*quater* 1, 600-*quinquies*, 601, 602, 609-*bis*, 609-*quater*, 609-*quinquies*, 609-*octies*, 609-*undecies* e 612-*bis* c.p., la polizia giudiziaria, il pubblico ministero e il difensore, quando devono assumere sommarie informazioni da persone minori, si avvalgono dell'ausilio di un **esperto in psicologia o in psichiatria infantile**, nominato dal pubblico ministero (cfr. artt. 351, comma 1-*ter*, 362, comma 1-*bis* e 391-*bis* comma 5-*bis* c.p.p.).

In ogni caso, la polizia giudiziaria e il pubblico ministero assicurano che la persona offesa particolarmente vulnerabile, in occasione della richiesta di sommarie informazioni, non abbia contatti con l'indagato e non sia chiamata più volte a rendere sommarie informazioni, salva l'assoluta necessità per le indagini (artt. 351, comma 1-*ter*, c.p.p. e 362, comma 1-*bis* c.p.p.); il pubblico ministero e il difensore dell'imputato possono chiedere che il minore persona offesa sia sentita in **incidente probatorio** fuori dai casi di non rinviabilità della prova (art. 392, comma 1-*bis* c.p.p.).

Qualora, poi, vi sia **incertezza sulla minore età della persona offesa**, il giudice, come nel caso in cui il dubbio riguardi l'imputato, è tenuto a disporre, anche di ufficio, la **perizia** e, se permangono incertezze, la minore età **è presunta** (art. 90, comma 2-*bis* c.p.p.).

Volgendo uno sguardo alle specifiche disposizioni del d.P.R. n. 448 del 1988, la persona offesa è menzionata, accanto ai servizi minorili e all'esercente la responsabilità genitoriale, tra i soggetti che hanno il diritto di **partecipare all'udienza preliminare** e a quella **dibattimentale** (artt. 31, comma 3, e 33 comma 4, l.m.); essa, poi, è sentita dal giudice orientato a pronunciare la sentenza di non luogo a procedere per **irrilevanza del fatto**, al pari del minorenne e dell'esercente la responsabilità genitoriale (art. 27, comma 2, l.m.) e, nel caso di sospensione del processo per **messa alla prova**, può essere ascoltata dal giudice che intenda promuovere la **conciliazione** con l'imputato (art. 28, comma 2, l.m.).

Non sfugge come, nel procedimento penale ordinario, la persona offesa rivesta un **decisivo ruolo** nella fase delle indagini preliminari. In particolare, può sollecitare il pubblico ministero a presentare una istanza di incidente probatorio (art. 394 c.p.p.) e proporre opposizione avverso la richiesta di archiviazione (art. 410 c.p.p.); al contrario, nelle fasi processuali, se non esercita l'azione risarcitoria, costituendosi parte civile, assume una veste del tutto marginale: se è presente in udienza, è un mero spettatore, privo del diritto alla prova e del diritto di prendere parola durante la discussione.

Diversamente, nel rito minorile, la persona offesa ha un **ruolo pregnante** nelle fasi processuali: rappresentando una **preziosa fonte informativa** sulla personalità dell'adolescente sottoposto al procedimento penale e sul contesto del reato commesso, verrà senz'altro sentita tanto in **udienza preliminare** quanto in **dibattimento**, «se risulta necessario ai fini indicati dall'art. 9» l.m. (artt. 31, comma 3, e 33 comma 4, l.m.); peraltro, sarà un **interlocutore necessario** del giudice orientato ad attivare le tecniche di *diversion* [63].

Infine, va precisato che con la disciplina organica della **giustizia riparativa** in ambito penale, tanto nel rito ordinario, quanto in quello minorile, la persona offesa – ossia la **vittima del reato**, identificata con «la persona fisica che ha subito direttamente dal reato qualunque danno patrimoniale o non patrimoniale, nonché il familiare della persona fisica la cui morte è stata causata dal reato e che ha subito un danno in conseguenza della morte di tale persona» (secondo la definizione contenuta nell'art. 42, comma 1, lett. *b*, d.lgs. n. 150 del 2022) – è coinvolta in prima persona dal **mediatore** nel percorso diretto alla «risoluzione delle questioni derivanti dal fatto per cui si procede» (art. 129-*bis* c.p.p.) [64].

---

[63] Per un'analisi dei citati istituti, cfr. Cap. V.

[64] In arg., cfr. Cap. V, § 7.

CAPITOLO IV

LE LIMITAZIONI DELLA LIBERTÀ PERSONALE

1. *Profili introduttivi.*

Al pari dell'adulto, anche per il minore, la **libertà personale** – proclamata **inviolabile** dal comma 1 dell'**art. 13 Cost.** – può essere compressa nel rispetto dei rigorosi **limiti** fissati dai successivi commi 2 e 3.

Dunque, innanzi tutto, la restrizione può essere disposta, «nei soli casi e modi **previsti dalla legge**» (riserva di legge), dall'**autorità giudiziaria** (riserva di giurisdizione), con **atto motivato** (comma 1); inoltre, in situazioni «**eccezionali di necessità ed urgenza**», indicate «tassativamente dalla **legge**», **l'autorità di pubblica sicurezza** può adottare **provvedimenti provvisori**, che vanno comunicati entro **quarantotto ore** all'autorità giudiziaria, la quale deve **convalidarli** nelle successive **quarantotto ore**, altrimenti «si intendono revocati e restano privi di ogni effetto».

I **provvedimenti** in materia di **libertà personale** sono disciplinati nel **capo II** del d.P.R. 22 settembre 1988, n. 448. Gli artt. 16-18-*bis* l.m. regolamentano – in linea con le direttive contenute nell'art. 13, comma 3, Cost. – le **misure precautelari**: arresto in flagranza, fermo di indiziato di delitto e accompagnamento a seguito di flagranza. Gli artt. 19-24 l.m. si occupano – nel rispetto delle due riserve fissate nell'art. 13, comma 2, Cost. – delle **misure cautelari**: prescrizioni, permanenza in casa, collocamento in comunità e custodia cautelare.

Completano il quadro normativo di riferimento gli artt. 20 e 20-*bis* disp. att. l.m., per le misure precautelari e gli artt. 23, 24 e 25 disp. att. l.m. per quelle cautelari. In ossequio, poi, ai **principi di sussidiarietà** e **adeguatezza applicativa** *ex* art. 1, comma 1, l.m. e nei limiti di **compatibilità**, le lacune della normativa minorile sono colmate attingendo al codice di procedura penale (e alle relative norme di attuazione).

Nel dettare la disciplina in materia di libertà personale, il legislatore del 1988 presta particolare attenzione alla **fragilità caratteriale** propria del minore, nonché alla necessità di salvaguardare i **processi educativi in corso**. A tal fine, recependo i principi guida delineati nell'art. 3, lett. *h* e *i*, l.d. 16 febbraio 1987, n. 81 [1], contempla un esercizio **facoltativo** del potere precautelare e cautelare, esclude **ogni automatismo** e **riduce la durata massima** delle misure cautelari personali rispetto a quella fissata per l'adulto.

In risposta, poi, alle sollecitazioni delle fonti internazionali [2] – categoriche nell'imporre **speciali forme di protezione** del fanciullo sottoposto al provvedimento restrittivo della libertà personale –, garantisce il **sostegno affettivo e psicologico** dei **genitori** o di altra **persona idonea** e dei **servizi minorili** (art. 12 l.m.) durante l'esecuzione di tutte le misure.

Infine, in ossequio al principio di **residualità** della detenzione – che si scorge facilmente tra le pieghe tanto della legge delega quanto degli atti internazionali –, **restringe il raggio di azione** delle misure *de quibus* rispetto a quello delineato dal codice di procedura penale.

A dire il vero, come si è avuto modo già di anticipare [3], il d.l. 15 settembre 2023, n. 123 – c.d. **decreto Caivano** –, convertito, con modificazioni, dalla l. 13 novembre **2023, n. 159**, non ha mantenuto la rotta sapientemente tracciata dal legislatore del 1988 e, spinto dalla necessità di porre rimedio, in tempi brevi, a fenomeni delinquenziali di notevole impatto mediatico, ha apportato al capo II del d.P.R. n. 448 del 1988 [4] significativi ***restyling in peius***, convogliati verso una **dilatazione dell'orbita applicativa** tanto delle misure precautelari quanto di quelle cautelari.

Così, la detenzione dell'indagato/imputato minorenne, sinora utilizzata solo come *extrema ratio*, acquisisce, allo stato attuale, una assoluta **centralità**: il "nuovo" **approccio "repressivo"** al crimine commesso dal minore è giustificato – evidentemente – dall'impellente esigenza di tutelare la collettività dagli effetti criminogeni della delinquenza giovanile.

---

[1] In arg., cfr. Cap. I, § 4.

[2] V. Cap. I, §§ 7.1 e 7.2.

[3] Cap. I, § 6 e Cap. II, § 5.

[4] Le modifiche sono state apportate dall'art. 6 del d.l. n. 123 del 2023, rubricato «Disposizioni in materia di contrasto dei reati commessi dai minori».

2. *Le misure cautelari minorili.*

Il sistema delle misure cautelari minorili si presenta **differenziato** rispetto a quello delineato dal codice di procedura penale.

Le disposizioni di riferimento sono cinque: la norma di apertura, l'**art. 19** l.m., contiene i **principi**, **i criteri** e le **regole generali** che governano l'esercizio del potere cautelare; gli **artt. 20-23 l.m.** si occupano delle **singole misure personali**; **l'art. 24 l.m.**, che chiude il capo II, disciplina la **scarcerazione per decorrenza dei termini**.

Dalla lettura dell'art. 19 l.m. si evince, innanzitutto, un generale **principio** di **non obbligatorietà** delle misure cautelari personali: l'adozione da parte del giudice è sempre **facoltativa**.

Il comma 1 dell'art. 19 l.m. sancisce, poi, il **principio** di **tassatività-tipicità**, fissato anche per l'adulto nel simmetrico art. 272 c.p.p.: all'indagato/imputato minorenne sono applicabili esclusivamente le misure cautelari **personali** disciplinate nel capo II. Si tratta di **tre misure a carattere obbligatorio** – **prescrizioni** (art. 20 l.m.), **permanenza in casa** (art. 21 l.m.) e **collocamento in comunità** (art. 22 l.m.) – e di una **misura coercitiva** in senso tecnico: la **custodia cautelare** (art. 23 l.m.).

Inutilizzabili restano le cautele **personali** previste dal codice di rito, tanto quelle a **carattere obbligatorio** – il divieto di espatrio (art. 281 c.p.p.), l'obbligo di presentazione alla polizia giudiziaria (art. 282 c.p.p.), l'allontanamento dalla casa familiare (art. 282-*bis* c.p.p.), il divieto di avvicinamento ai luoghi frequentati dalla persona offesa (art. 282-*ter* c.p.p.), il divieto e obbligo di dimora (art. 283 c.p.p.) – quanto quelle **interdittive** di cui agli artt. 287-290 c.p.p. – sospensione dall'esercizio della responsabilità genitoriale, sospensione dall'esercizio di un pubblico ufficio o servizio, divieto temporaneo di contrattare con la pubblica amministrazione, divieto temporaneo di esercitare determinate attività professionali o imprenditoriali – che, come le precedenti, rientrano nel *genus* misure cautelari personali.

Al contrario, nulla esclude che il giudice possa disporre, nel procedimento a carico del minorenne, il **sequestro conservativo** (art. 316 c.p.p.) o quello **preventivo** (art. 321 c.p.p.): tali **misure**, invero, non incidendo sulla persona, bensì sulla ***res***, sfuggono dall'orbita applicativa del principio di tassatività e, dunque, non ravvisandosi incompatibilità sistematiche, per esse torna ad operare il principio di sussidiarietà di cui all'art. 1, comma 1, l.m.

Disposta la misura cautelare personale, il giudice «**affida l'imputato ai servizi minorili** dell'amministrazione della giustizia», che svolgono, in collaborazione con i servizi di assistenza istituiti dagli enti locali, «attività di **sostegno e controllo**» (art. 19, comma 3, l.m.). Pertanto, tali soggetti, per un verso, garantiscono al minore l'**assistenza affettiva e psicologica** (art. 12, comma 2, l.m.) e, per altro verso, **monitorano** costantemente la condotta del giovane indagato/imputato, sul quale grava l'obbligo di osservare le specifiche prescrizioni connesse alla misura adottata.

3. *I presupposti applicativi: gravi indizi di colpevolezza, punibilità in concreto e* pericula libertatis.

I **presupposti applicativi** delle misure cautelari personali – che, per l'adulto, sono fissati negli artt. 273, comma 1 (i **gravi indizi di colpevolezza**), 273, comma 2 (la **punibilità in concreto**), 274 (le **esigenze cautelari**) e 280 c.p.p. (la **gravità del reato**) – si ricavano, per il minore, da una serie di disposizioni contenute nel d.P.R. n. 448 del 1988 e nel codice di procedura penale.

Innanzi tutto, va evidenziato che la legge minorile non riserva alcuna espressa statuizione ai **gravi indizi di colpevolezza** e alla **punibilità in concreto**, né, tanto meno, opera un esplicito rinvio all'art. 273 c.p.p.

Il silenzio normativo serbato sul punto non può certamente indurre a ritenere che la misura cautelare personale possa essere disposta in **assenza dei gravi indizi di colpevolezza** o della **punibilità in concreto**: il principio del ***favor minoris*** – elaborato dalla Corte costituzionale [5] e desumibile dalle Carte internazionali [6] – implica che tutte le garanzie del processo penale ordinario debbano estendersi anche al rito minorile, il quale «può prevedere qualcosa di più, di meno, o di diverso, in considerazione delle esigenze educative del minorenne: ma non in termini di garanzie» [7]. Quindi, il minore può essere sottoposto ad una misura coercitiva solo se, ai sensi dell'**art. 273 c.p.p.** – applicabile in virtù del principio *ex* art. 1, comma 1, l.m. –, sussistano a suo carico "elementi" di prova di una certa **consistenza** che permettano al giudice di formulare, "allo stato degli atti", un giudizio prognostico concernente la probabilità che si pervenga ad una sentenza di condanna (comma 1) e sempre se non risulti che il fatto sia stato compiuto in presenza di una causa di giustificazione o di non punibilità (compreso il difetto di imputabilità) e non sussista una causa di estinzione del reato, ovvero una causa di estinzione della pena che si ritiene possa essere irrogata (comma 2).

Quanto ai ***pericula libertatis***, il legislatore elabora una **previsione *ad hoc***

---

[5] Corte cost., 11 luglio 2000, n. 323. Sul punto, v. Cap. II, § 2 e *infra*.

[6] V. Cap. I, §§ 7 e 7.1.

[7] F. Palomba, *Il sistema del processo penale minorile*, Giuffrè, Milano, 2002, p. 291.

soltanto per la misura più afflittiva, attorno alla quale ruota qualche dubbio interpretativo.

La norma di riferimento è **l'art. 23, comma 2, l.m.**, modificato dal **decreto Caivano**.

Secondo la formulazione originaria, «il giudice può disporre la custodia cautelare:

a) se sussistono **gravi e inderogabili esigenze attinenti alle indagini**, in relazione a situazioni di concreto pericolo per l'acquisizione o la genuinità della prova;

b) se l'imputato **si è dato alla fuga** o sussiste concreto pericolo che egli si dia alla fuga;

c) se, «per specifiche modalità e circostanze del fatto e per la personalità dell'imputato, vi è il **concreto pericolo che questi commetta gravi delitti** con uso di armi o di altri mezzi di violenza personale o diretti contro l'ordine costituzionale ovvero delitti di criminalità organizzata o della stessa specie di quelli per cui si procede».

La disposizione riproduce, quasi testualmente, con pochissime varianti linguistiche di poca importanza, il primitivo art. 274 c.p.p.; norma, quest'ultima, che è stata ampiamente maneggiata dalla l. 8 agosto 1995, n. 332 e dalla l. 16 aprile 2015, n. 47, le quali hanno **rafforzato** il controllo sulla sussistenza dei *pericula libertatis* e introdotto requisiti valutativi più rigorosi [8], senza intervenire, parallelamente, sulla corrispondente norma minorile.

Più precisamente, quest'ultima è rimasta inalterata quanto al contenuto delle lett. *a* e *c*, mentre la lett. *b* è stata cancellata dalla Corte costituzionale e, successivamente, riesumata dal decreto Caivano (l'art. 8, comma 1).

In particolare, la prima [9], ritenendo la previsione in conflitto con l'art. 3, lett.

---

[8] Così, la lett. *a* precisa che le «situazioni di concreto e attuale pericolo» per l'acquisizione o la genuinità della prova devono fondarsi «su circostanze di fatto espressamente indicate nel provvedimento a pena di nullità rilevabile anche d'ufficio» e «non possono essere individuate nel rifiuto della persona sottoposta alle indagini o dell'imputato di rendere dichiarazioni né nella mancata ammissione degli addebiti»; la lett. *b* puntualizza che le «situazioni di concreto e attuale pericolo» che l'imputato si dia alla fuga, «non possono essere desunte esclusivamente dalla gravità del titolo di reato per cui si procede»; la lett. *c* chiarisce che la pericolosità sociale non può essere desunta «esclusivamente dalla gravità del titolo di reato per cui si procede» e che «se il pericolo riguarda la commissione di delitti della stessa specie di quello per cui si procede, le misure di custodia cautelare sono disposte soltanto se trattasi di delitti per i quali è prevista la pena della reclusione non inferiore nel massimo a quattro anni ovvero, in caso di custodia cautelare in carcere, di delitti per i quali è prevista la pena della reclusione non inferiore nel massimo a cinque anni nonché per il delitto di finanziamento illecito dei partiti di cui all'articolo 7 della legge 2 maggio 1974, n. 195, e successive modificazioni».

[9] Corte cost., 12 luglio 2000, n. 359.

h, l.d. n. 81 del 1987 – a mente del quale l'applicazione al minorenne della custodia in carcere può essere giustificata unicamente da «gravi e inderogabili esigenze istruttorie ovvero gravi esigenze di tutela della collettività», e non anche dal pericolo di fuga, volutamente pretermesso –, ha dichiarato **costituzionalmente illegittima** la predetta lett. *b*, per **eccesso di delega** *ex* art. 76 Cost.

Il secondo, incurante di tale pronuncia e tradendo lo spirito della legge delega, ha **ripristinato** l'esigenza cautelare in questione, innestando, nell'art. 23, comma 2, l.m. la **lettera *a-bis***, secondo la quale, la custodia cautelare può essere disposta «se l'imputato si è dato alla fuga o sussiste concreto e **attuale** pericolo che si dia alla fuga».

L'inedita formulazione, sebbene contempli un'esigenza cautelare più rigorosa rispetto a quella prevista nell'originaria lett. *b* – qualificandosi, ora, il pericolo di fuga, non solo concreto, bensì anche **attuale** –, si profila, in ogni modo, **"meno garantista"** dell'equivalente lett. *b* dell'art. 274 c.p.p., ove è precisato che le «situazioni di concreto e attuale pericolo rilevanti ai fini dell'adozione della cautela non possono essere desunte esclusivamente dalla gravità del titolo di reato per cui si procede».

Nel complesso, dunque, la disciplina minorile – che, ancorando la custodia cautelare ad esigenze meno stringenti di quelle *ex* art. 274 c.p.p., ne facilita l'applicazione – sembrerebbe riservare, **paradossalmente**, al giovane indagato/imputato un **trattamento *in peius*** rispetto a quello assicurato all'adulto.

A ben vedere, la **Corte costituzionale**[10] ha chiarito che l'introduzione nel codice di rito di una disciplina «di **maggior favore** per i possibili destinatari delle misure cautelari» **produce effetto anche in ambito minorile, a prescindere dall'esistenza di una previsione speciale**, «in base al principio, seguito dallo stesso legislatore e conforme ai princìpi costituzionali e internazionali, del ***favor minoris***».

Muovendosi nel solco tracciato dalla Consulta, dovrebbe ritenersi che tutte le interpolazioni – *in bonam partem* – operate sull'art. 274, comma 1, c.p.p. dispieghino la loro efficacia anche nei confronti del minorenne. Resta, però, un dato di fatto incontrovertibile: l'integrazione dell'art. 23, comma 2, l.m. con il contenuto della simmetrica e più garantista norma codicistica mal si concilia col **principio di specialità** che governa il sistema cautelare minorile. Sarebbe, allora, opportuno, a scanso di equivoci interpretativi, un intervento chiarificato-

[10] Corte cost., 11 luglio 2000, n. 323, che ha dichiarato infondata la questione di incostituzionalità degli artt. 274, comma 1, lett. *c*, ult. periodo, c.p.p. e dell'art. 23 l.m., sollevata per contrasto con gli artt. 3, 13, 27 e 31 Cost., nella parte in cui non prevedono che anche per il minorenne sussista il divieto di disporre la misura custodiale in presenza del pericolo di reiterazione di un reato della stessa specie di quello per cui si procede, quando il delitto di cui si teme la commissione sia punito con pena inferiore nel massimo a quattro anni di reclusione.

re del legislatore. Peccato che il decreto Caivano abbia perso l'occasione di risolvere *per tabulas* la questione.

Con riferimento alle esigenze cautelari, vi è un altro **nodo interpretativo** da sciogliere: posto che la relativa disciplina è collocata topograficamente nella disposizione afferente alla custodia in carcere è necessario chiedersi se le altre misure coercitive possano essere applicate in **assenza dei *pericula libertatis***.

In quest'ultimo senso si muove la dottrina [11] che ravvisa nelle misure meno afflittive dalla custodia cautelare uno strumento da utilizzare per il **recupero** e **l'educazione** del minore piuttosto che per mere necessità cautelari.

La soluzione tratteggiata non convince: come ha precisato la Corte costituzionale [12], le misure coercitive, «pur se peculiari quanto a caratteristiche e a modalità attuative, mantengono inalterata la loro esclusiva **funzione cautelare**, restando quindi del tutto estranea al tema la possibilità di un loro impiego con finalità di sostegno per il minorenne, che l'ordinamento ha invece espressamente riservato all'intervento di specifici organi amministrativi».

In conclusione, il minore può essere sottoposto ad una misura coercitiva diversa dalla custodia cautelare solo se sussista **almeno una delle tre esigenze cautelari** indicate nell'**art. 274 c.p.p.**; disposizione applicabile in virtù del principio di sussidiarietà *ex* art. 1, comma 1, l.m.

3.1. (Segue) *La gravità del reato.*

Gli artt. 19, comma 4 e 23, comma 1, l.m. riproducono il presupposto della **gravità del reato** *ex* art. 280 c.p.p.: il primo è relativo alle misure cautelari personali diverse dalla custodia cautelare; il secondo afferisce alla cautela più afflittiva.

Come per l'adulto, è necessario che si proceda per un **delitto** e non per una **contravvenzione** e, per individuare l'ambito applicativo delle varie misure, il legislatore fissa un **criterio quantitativo**, che si fonda su precisi limiti edittali; per la **custodia cautelare**, è previsto, altresì, un criterio **qualitativo**, attraverso il quale vengono in rilievo talune specifiche fattispecie criminose, consumate o tentate.

Entrambe le disposizioni sono state pesantemente ritoccate dal **decreto Caivano**.

In particolare, per le **misure diverse dalla custodia cautelare** è stato modi-

---

[11] S. CUTRONA, *La custodia cautelare in carcere e le misure nel D.P.R. 448*, in *Esp. giust. min.*, 1988, fasc. 3, p. 109 ss.

[12] Corte cost., 20 gennaio 1992, n. 4.

ficato ***in peius*** il **criterio quantitativo**, attraverso una **riduzione della soglia** massima di pena rilevante da cinque **a quattro anni**: secondo l'attuale formulazione dell'art. 19, comma 4, l.m., le menzionate misure sono applicabili «solo quando si procede per delitti per i quali la legge stabilisce la pena dell'ergastolo o della reclusione **non inferiore nel massimo a quattro anni**». Si assottiglia, così, notevolmente, la differenza rispetto al limite edittale di pena previsto per l'adulto che, a mente dell'art. 280, comma 1, c.p.p., potrà essere sottoposto ad una misura coercitiva diversa dalla custodia cautelare solo per delitti puniti con la pena dell'ergastolo o della reclusione superiore nel massimo a **tre anni**.

Per la custodia cautelare, l'art. 23, comma 1, l.m. ***ante*** **riforma** richiamava i **delitti non colposi** puniti con la **pena dell'ergastolo** o della reclusione non inferiore nel **massimo a nove anni** [13], il delitto di **violenza carnale** (*rectius*, **violenza sessuale**) [14], nonché i delitti, **consumati o tentati**, elencati nell'art. 380, comma 2, c.p.p. nelle seguenti lettere:

1) **lett. *e***: il delitto di **furto aggravato** *ex* art. 4 l. 8 agosto 1977, n. 533 ovvero *ex* art. 625, comma 1, nn. 2 prima ipotesi, 3 e 5, 7-*bis* c.p., salvo che ricorra, in questi ultimi casi, l'attenuante di cui all'art. 62, comma 1, n. 4, c.p.;
2) **lett. *f***: i delitti di **rapina** (art. 628 c.p.) e di **estorsione** (art. 629 c.p.);
3) **lett. *g***: i delitti collegati alle **armi** (illegale fabbricazione, introduzione nello Stato, messa in vendita, cessione, detenzione e porto in luogo pubblico o aperto al pubblico di armi da guerra o tipo guerra o parti di esse, di esplosivi, di armi clandestine, nonché di più armi comuni da sparo, escluse quelle di cui all'art. 2, comma 3, l. 18 aprile 1975, n. 110);
4) **lett. *h***: i delitti concernenti **sostanze stupefacenti** o **psicotrope** puniti a norma dell'art. 73 d.P.R. 9 ottobre 1990, n. 309, ad **eccezione** dei fatti di **lieve entità** cui al comma 5 del medesimo articolo.

Per quanto concerne il contenuto della **lett. *e*** va fatta una precisazione.

Originariamente, tra le ipotesi aggravate, erano menzionati i delitti di **furto in abitazione** (art. 625, comma 1, num. 1, c.p.) e furto **con strappo** (art. 625, comma 1, num. 4, c.p.). Con la l. 26 marzo 2001, n. 128, le due circostanze aggravanti hanno mutato pelle, trasformandosi in **autonome fattispecie di reato** nel nuovo art. 624-*bis* c.p. Parallelamente, per esigenze di coordinamento, è stato modificato l'art. 380, comma 2, c.p.p.: dalla lett. *e* sono state cancellate le due

---

[13] L'originario art. 23 l.m. prevedeva come soglia di pena utile, accanto all'ergastolo, la reclusione non inferiore nel massimo a dodici anni; è stato il d.lgs. 14 gennaio 1991, n. 12 che, al fine di contrastare gravi forme di criminalità minorile, ha ridotto il limite di pena da dodici a nove anni di reclusione.

[14] Con la l. 15 febbraio 1996, n. 66, contenente le nuove norme contro la violenza sessuale (art. 609-*bis* c.p.), la locuzione "violenza carnale" è stata sostituita con quella "violenza sessuale".

originarie circostanze aggravanti – ormai dissolte – e, nella neo introdotta **lett. *e-bis***, sono state innestate le subentrate fattispecie delittuose, per le quali, dunque, è rimasta intatta la previsione dell'arresto obbligatorio (salvo che ricorra la circostanza attenuante di cui all'art. 62, comma 1, num. 4, c.p.)[15]. Tuttavia, il legislatore "ha dimenticato" di adeguare **simmetricamente** la disciplina minorile.

L'evidente **svista legislativa** ha generato un **contrasto giurisprudenziale**.

Un primo, **minoritario**, indirizzo esegetico[16], valorizzato il mancato richiamo nell'art. 23 l.m. della nuova **lett. *e-bis***, ha escluso la possibilità di applicare la custodia cautelare in relazione alle nuove fattispecie di furto *ex* art. 624-*bis* c.p., a meno che non si fosse realizzata l'ipotesi aggravata di cui al comma 3, che, punita con dieci anni di reclusione nel massimo, sarebbe rientrata nella previsione generale *quoad poenam* dell'art. 23 l.m.

Un secondo, **maggioritario**, orientamento[17] è approdato ad una soluzione opposta facendo perno sul **carattere "mobile"** del rinvio operato dall'art. 23 l.m. alla **lett. *e***, che, in quanto tale, doveva ritenersi riferito anche alla **lett. *e-bis***: «disancorato dall'enunciato linguistico della disposizione richiamata», esso sarebbe stato «in grado di consentire alla norma richiamante di incorporarne le evoluzioni».

Sulla questione, la **Corte costituzionale** si è pronunciata due volte senza, tuttavia, fornire una risposta risolutiva: nella prima occasione[18], ha precisato che «spetta al legislatore, ai sensi dell'art. 13 della Costituzione, nel rispetto degli altri princìpi costituzionali e nei limiti della non manifesta irragionevolezza», individuare le «ipotesi **tassative**, di per sé eccezionali, nelle quali è consentito adottare misure custodiali – tanto più nei confronti dei minori, per i quali vale un criterio di ulteriore assoluta **eccezionalità**»; nel successivo intervento[19], ha ritenuto che fosse compito del giudice *a quo* verificare se il richiamo alla lett. *e*, contenuto nell'art. 23 l.m., potesse interpretarsi come un **rinvio recettizio**, «vale a dire come richiamo testuale – e normativamente "cristallizzato" – alla disposizione» formulata nella sua versione originaria.

A risolvere *ex professo* la *vexata quaestio* è stato il **decreto Caivano** che, nell'elenco dei delitti menzionati nell'art. 23, comma 1, l.m., ha ritagliato un autonomo spazio a quelli di cui alla lett. **e-*bis***.

---

[15] Ai sensi dell'art. 62, comma 1, n. 4, c.p., circostanza attenuante è «l'avere nei delitti contro il patrimonio, o che comunque offendono il patrimonio, cagionato alla persona offesa dal reato un danno patrimoniale di speciale tenuità, ovvero, nei delitti determinati da motivi di lucro, l'avere agito per conseguire o l'avere comunque conseguito un lucro di speciale tenuità, quando anche l'evento dannoso o pericoloso sia di speciale tenuità».

[16] Tra le altre, cfr. Cass., Sez. IV, 16 gennaio 2003, n. 6581.

[17] Tra le tante, Cass., Sez. IV, 13 luglio 2007, n. 37884.

[18] Corte cost., 9 aprile 2003, n. 137.

[19] Corte cost., 13 luglio 2007, n. 281.

Secondo la **nuova formulazione**, la custodia cautelare può essere applicata quando si procede per **delitti non colposi** per i quali la legge stabilisce la pena dell'ergastolo o della reclusione **non inferiore nel massimo a sei anni**, nonché per uno dei delitti, **consumati o tentati**, di cui all'art. 380, comma 2, **lett. *e*, *e-bis*** e ***g***, c.p.p., o per uno dei delitti, **consumati o tentati**, di cui agli artt. 336, comma 1 e 337 c.p. e di cui all'art. 73 d.P.R. 9 ottobre 1990, n. 309.

Il legislatore del 2023, dunque, per un verso, ha **modificato *in peius* il criterio quantitativo**, riducendo la soglia massima di pena rilevante da nove **a sei anni**; per altro verso, è intervenuto sul **criterio qualitativo, alterando l'originario catalogo**. Sintetizzando:

1) ha eliminato i delitti di **rapina** ed **estorsione** (di cui all'art. 380, comma 2, lett. ***f***) e il delitto di **violenza sessuale**, contenuti nell'originario elenco, per i quali l'applicazione della custodia cautelare resta, comunque, consentita, posto che, trattandosi di reati puniti con una pena detentiva superiore nel massimo a sei anni, rientrano nella previsione generale *quoad poenam* dell'art. 23 l.m.;

2) ha confermato il delitto di **furto aggravato** (art. 380, comma 2, **lett. *e***, c.p.p.) e i delitti connessi alle **armi** (art. 380, comma 2, **lett. *g***, c.p.p.);

3) ha inserito i delitti di **furto in abitazione e furto con strappo** (art. 380, comma 2, **lett. *e-bis***, c.p.p.), superando, così, le questioni interpretative prospettatesi in precedenza;

3) ha introdotto i delitti di **violenza, minaccia e resistenza ad un pubblico ufficiale o ad un incaricato di un pubblico servizio** (artt. 336, comma 1 e 337 c.p.);

4) ha richiamato espressamente il **delitto di produzione, traffico e detenzione illeciti di sostanze stupefacenti *ex* art. 73** d.P.R. n. 309 del 1990 – che, nel precedente elenco, era evocato attraverso il rinvio alla lett. ***h*** dell'art. 380, comma 2, c.p.p. –, depurandolo dalla clausola di salvezza di cui al comma 5: la misura sarà, pertanto, applicabile anche se il fatto si configuri di **lieve entità**.

Non sfugge come nel "ricostruito" art. 23, comma 1, l.m. siano richiamate anche condotte delittuose **non particolarmente gravi** sotto il profilo oggettivo – si pensi, ad esempio, alla resistenza al pubblico ufficiale o allo "spaccio" di lieve entità – che, espressione di "esuberanza giovanile" diffusa, sono state evidentemente percepite come allarmanti e tali da giustificare la restrizione della libertà personale.

3.1.1. (Segue) *L'inderogabilità dei limiti edittali e il computo della pena.*

L'**art. 280** c.p.p. contempla **tre situazioni** in presenza delle quali è possibile applicare all'adulto misure cautelari anche in relazione a reati che si attestino su massimi edittali inferiori a quelli fissati nella medesima disposizione.

La **prima** si configura quando la misura coercitiva venga adottata – ricorrendo le condizioni di cui all'art. 273 c.p.p. e taluna delle esigenze cautelari *ex* art. 274 c.p.p. – dal giudice delle indagini preliminari nell'udienza di **convalida** dell'**arresto** o del **fermo** eseguito per il delitto di cui all'art. **387-*bis* c.p.** (violazione dei provvedimenti di allontanamento dalla casa familiare e del divieto di avvicinamento ai luoghi frequentati dalla persona offesa), per i delitti elencati nell'art. 381, comma 2, c.p.p. ovvero per uno dei delitti per i quali l'arresto è consentito anche **fuori dai casi di flagranza** [20] (art. 391, comma 5, c.p.p.; l'art. 391 c.p.p. è richiamato dal comma 1 della norma in esame).

La **seconda** presuppone la **trasgressione** alle **prescrizioni** inerenti ad una misura cautelare (comma 3).

La **terza** attiene ai delitti di cui agli **artt. 387-*bis*** e **582 c.p.** (lesione personale), nelle ipotesi aggravate ai sensi degli artt. 576, comma 1, num. 2, 5 e 5.1, e 577, comma 1, num. 1, e comma 2, c.p. (comma 3-*bis*, introdotto dall'art. 13, comma 1, lett. *b* della l. 24 novembre 2023, n. 168).

Il d.P.R. n. 448 del 1988 solo in un caso, come si vedrà più avanti[21], consente al giudice, attraverso il meccanismo dell'aggravamento scalare di cui all'art. 22, comma 4, l.m., di derogare ai limiti di pena *ex* art. 23, comma 1, l.m.; dunque, in ossequio ai principi di **specialità** e del ***favor libertatis*** che si stagliano sullo sfondo della materia cautelare, va esclusa la possibilità di estendere le eccezioni *ex* art. 280 c.p.p. In definitiva, i limiti di pena fissati negli artt. 19, comma 4 e 23, comma 1, l.m. restano **inderogabili** per il giudice minorile che applica *ab initio* la misura cautelare.

Per la **determinazione della pena**, l'art. 19, comma 5 l.m. indica, accanto ai **criteri generali** di cui all'**art. 278 c.p.p.**, la **diminuente** della **minore età**.

Il richiamo all'**art. 278 c.p.p.** sta a significare che va considerata la pena stabilita dalla legge per ciascun reato consumato o tentato, senza tenere conto della continuazione, della recidiva e delle circostanze del reato, fatta eccezione per quella prevista al n. 5 dell'art. 61 c.p. e per la diminuente di cui all'art. 62 n. 4 c.p., nonché delle circostanze (aggravanti e attenuanti) «per le quali la legge stabilisce una pena di specie diversa da quella ordinaria del reato e di quelle ad effetto speciale».

Quanto alla **diminuente della minore età** – che non può eccedere **un terzo**, secondo le indicazioni fornite dall'art. 65 c.p. –, non sfugge come, attraverso il suo computo (anche nella porzione minima di un giorno), il giudice non potrà adottare alcuna misura cautelare per i reati puniti con pene nel massimo uguali

---

[20] Ad esempio, per il delitto di evasione *ex* art. 385 c.p., secondo quanto previsto dall'art. 3 d.l. 13 maggio 1991, n. 152, come convertito, con modificazioni, dalla l. 12 luglio 1991, n. 203.

[21] Cfr. *infra*, § 5.

a **quattro anni**, mentre per i reati sanzionati con pene nel massimo uguali a **sei anni**, resterà preclusa l'adozione della più afflittiva misura detentiva.

Il comma 5 dell'art. 19 l.m. ha subìto un'evoluzione normativa sulla quale è opportuno soffermarsi brevemente.

A seguito della modifica apportata dal d.l. 23 dicembre 2013, n. 146, convertito, con modificazioni, dalla l. 21 febbraio 2014 n. 10, la disposizione si chiudeva con un inciso: «salvo che per i delitti di cui all'articolo **art. 73, comma 5**» d.P.R. n. 309 del 1990. Il legislatore, dunque, per le **condotte di lieve entità** realizzate da un minorenne, in relazione alla produzione, al traffico e alla detenzione di sostanze stupefacenti o psicotrope – sanzionate, *illo tempore*, con la pena della reclusione da uno a **cinque anni** – inibiva al giudice la possibilità di **computare l'attenuante della minore età**. La conseguenza era obbligata: ricorrendo le condizioni *ex* art. 273 c.p.p. e una (o più di una) delle esigenze *ex* art. 274 c.p.p., il giudice avrebbe potuto applicare al minore almeno le misure **meno afflittive** della custodia cautelare che, a mente dell'allora vigente art. 19, comma 4, l.m., erano riferite ai delitti puniti con la pena dell'ergastolo e della reclusione non inferiore nel massimo a **cinque anni**.

A dire il vero, l'inciso in questione ha perso ogni significato concreto dopo meno di due anni, quando, con il d.l. 20 marzo 2014, n. 36, convertito, con modificazioni, nella l. 16 maggio 2014, n. 79, il massimo edittale di **cinque anni** contemplato nell'art. 73, comma 5, d.P.R. n. 309 del 1990 è stato sostituito con quello di **quattro anni**: la nuova soglia, infatti, sbarrava la strada, in ambito minorile, a tutte le misure cautelari.

Con il **decreto Caivano**, l'art. 19, comma 5, l.m. è stato ripristinato nella sua primigenia formulazione: cancellato l'inciso finale, il computo della diminuente della minore età è tornato ad assumere una **portata generalizzata**, operando, così, anche in relazione alle **condotte di live entità** di cui all'art. 73, comma 5, d.P.R. n. 309 del 1990 realizzate dal minore.

La novella del 2023 si è mossa, tuttavia, anche su un altro fronte: oltre a richiamare espressamente il delitto di cui all'art. 73 d.P.R. n. 309 del 1990 nell'elenco *ex* art. 23, comma 1, l.m. – anche quando la condotta sia di **lieve entità** (come già evidenziato) –, ha riesumato il previgente regime sanzionatorio fissato nell'art. 73, comma 5, d.P.R. n. 309 del 1990, sostituendo il massimo edittale di **quattro anni** con quello di **cinque anni** di reclusione.

In conclusione, per le **condotte di lieve entità** realizzate dal minorenne in materia di **stupefacenti**, il giudice, nella determinazione della pena, deve tenere conto della **minore età** ma, alla luce dell'inedito art. 23, comma 1, l.m. e dei nuovi massimi edittali *ex* artt. 19, comma 4, l.m. e 73, comma 5, d.P.R. n. 309 del 1990, saranno applicabili **tutte le misure cautelari** personali.

4. *I criteri di scelta.*

Il comma 2 dell'art. 19 l.m. fissa i **criteri** che devono orientare il giudice nella scelta della cautela da adottare.

Innanzi tutto, nel disporre la misura, il giudice deve tener conto «dell'**esigenza** di non interrompere i **processi educativi in atto**». La *ratio* della previsione va ravvisata nella necessità di evitare che la misura cautelare possa ostacolare il percorso di crescita e di maturazione del giovane indagato/imputato. Così, ad esempio, il giudice dovrebbe optare per una misura meno afflittiva della custodia cautelare nel caso in cui il minore frequenti con profitto la scuola o un corso professionale o svolga con diligenza un'attività lavorativa o sportiva o partecipi assiduamente ad un'attività culturale, come ad un corso di musica, di canto, di recitazione, ecc.

Posto, poi, l'espresso richiamo all'**art. 275 c.p.p.**, la misura deve essere **adeguata** alla natura e al grado dell'esigenza cautelare che si intende soddisfare, **proporzionata** all'entità del fatto e alla sanzione che sia stata o si ritiene possa essere irrogata e **graduale**, nel senso che la custodia cautelare deve essere applicata come ***extrema ratio***, ossia solo quando le altre misure risultino inappropriate.

I tre menzionati criteri trovano puntuali precisazioni nella richiamata disposizione codicistica.

Quanto al canone di **adeguatezza**, è senz'altro applicabile, in ambito minorile, il **comma 1-*bis*** (introdotto dalla l. n. 128 del 2001), che fornisce al giudice alcuni elementi dai quali poter evincere il pericolo di fuga e la pericolosità sociale all'atto dell'adozione di un provvedimento cautelare contestualmente alla sentenza di condanna[22]; per contro, non dovrebbe operare il **comma 2-*ter*** (innestato nell'art. 275 c.p.p. sempre dalla novella n. 128 del 2001), che contempla un caso di **applicazione obbligatoria d'ufficio** delle misure cautelari personali[23]: la previsione, invero, contrasta col **principio di facoltatività** che innerva l'intero sistema cautelare minorile.

Relativamente al criterio di **proporzionalità**, **il comma 2-*bis*** (introdotto

---

[22] Secondo il citato comma, «Contestualmente ad una sentenza di condanna, l'esame delle esigenze cautelari è condotto tenendo conto anche dell'esito del procedimento, delle modalità del fatto e degli elementi sopravvenuti, dai quali possa emergere che, a seguito della sentenza, risulta taluna delle esigenze indicate nell'articolo 274, comma 1, lettere b) e c)» c.p.p.

[23] Il comma in questione prevede che: «Nei casi di condanna di appello le misure cautelari personali sono sempre disposte, contestualmente alla sentenza, quando, all'esito dell'esame condotto a norma del comma 1-*bis*, risultano sussistere esigenze cautelari previste dall'articolo 274 e la condanna riguarda uno dei delitti previsti dall'articolo 380, comma 1, e questo risulta commesso da soggetto condannato nei cinque anni precedenti per delitti della stessa indole».

dalla l. n. 332 del 1998 e modificato prima dalla l. n. 47 del 2015 e poi dalla l. n. 168 del 2023) fissa **due divieti** che, estrinsecazione del ***favor libertatis***, dovrebbero **estendersi** anche al minore.

Si impongono, tuttavia, due precisazioni.

Il primo **divieto** – quello di applicare gli **arresti domiciliari** e la **custodia cautelare** in carcere quando «il giudice ritiene che con la sentenza possa essere concessa la **sospensione condizionale della pena**» – sembra riferibile anche alla **permanenza in casa** e al **collocamento in comunità** [24].

Il **secondo** divieto – che attiene alla sola **custodia cautelare** in carcere e trova applicazione nell'ipotesi in cui il giudice ritenga che, all'esito del giudizio, la pena detentiva irrogata non sarà superiore a tre anni (e, dunque, la pena, presumibilmente, sarà sospesa in attesa dell'applicazione di una misura alternativa alla detenzione) –, per espressa previsione legislativa, **non opera in due circostanze**: quando si proceda per delitti gravi o di violenza personale (quelli di cui agli artt. 423-*bis*, 572, 612-*bis*, 612-*ter* e 624-*bis* c.p, e all'art. 4-*bis* della l. n. 354 del 1975), nonché per i delitti di cui agli artt. 387-*bis* e 582 c.p., nelle ipotesi aggravate ai sensi degli artt. 576, comma 1, num. 2, 5 e 5.1, e 577, comma 1, num. 1, e comma 2, c.p. e quando, rilevata **l'inadeguatezza** di ogni altra misura, gli arresti domiciliari non possano essere disposti per **inidoneità del domicilio**. Questa seconda circostanza non sembra prospettabile per il giovane indagato/imputato: l'assenza di una dimora privata ove eseguire la misura della permanenza in casa può, tutt'al più, spingere il giudice a disporre il collocamento in comunità, meno afflittivo della custodia cautelare.

L'ultimo criterio fissato nell'art. 275 c.p.p. – **gradualità** – in ambito minorile risulta **rafforzato**. Ciò si evince dal comma 2 dell'art. 19 l.m. [25], che, nell'inciso finale, sancisce **l'inapplicabilità** dell'art. 275, comma 3, secondo periodo, c.p.p.; disposizione, quest'ultima, che fissa, per le **fattispecie delittuose di particolare allarme sociale** disciplinate dagli artt. 270, 270-*bis* e 416-*bis* c.p. – delitti di associazione sovversiva, terroristica e mafiosa – **due presunzioni**: una **assoluta** – che non ammette, cioè, la prova contraria – di **adeguatezza** della sola **misura carceraria**; l'altra **relativa**, di **sussistenza di una delle tre esigenze cautelari**, superabile quando il giudice acquisisca elementi che dimostrino l'assenza nel caso concreto dei *pericula libertatis*. Dunque, per il minore nei confronti del quale sussistano gravi indizi in ordine ai menzionati delitti **non opera alcun automatismo**: il giudice resta libero di decidere se e quale misura

---

[24] La giurisprudenza, sul punto, non è pacifica: in senso positivo, Cass., Sez. II, 29 novembre 2012, n. 48738; *contra*, Cass., Sez. II, 4 novembre 2021, n. 43899.

[25] Il rinvigorimento del principio di gradualità si evince, altresì, dalla disciplina dettata dal d.P.R. n. 448 del 1988 in materia di aggravamento scalare delle misure cautelari. Sul punto v. *infra*, § 5.

applicare. La previsione è facilmente riconducibile al **principio di facoltatività**.

In nome del predetto principio deve ritenersi **inapplicabile** anche il terzo periodo del comma 3 dell'art. 275 c.p.p., innestato con la l. n. 47 del 2015, il quale, per i **delitti** tassativamente indicati **che denotano una forte pericolosità** – come l'associazione a delinquere finalizzata al traffico di esseri umani, l'omicidio volontario, la violenza sessuale, ecc. – prevede una duplice **presunzione relativa – di sussistenza di una delle tre esigenze cautelari** e di **idoneità della misura carceraria** –, superabile quando «siano acquisiti elementi dai quali risultino che non sussistono esigenze cautelari o che, in relazione al caso concreto, le esigenze cautelari possono essere soddisfatte con altre misure».

Analogamente, non può essere estesa al minore la prima parte del comma 3 dell'art. 275 c.p.p. – anch'essa introdotta dalla l. n. 47 del 2015 –, che consente il **cumulo** tra misure coercitive e misure **interdittive**: queste ultime, come già precisato[26], sono **inapplicabili** al giovane indagato/imputato.

Resta da chiedersi se il giudice possa utilizzare il **braccialetto elettronico**, secondo la disciplina di cui all'art. 275-*bis* c.p.p. Sembra difficile optare per la soluzione positiva, considerato che si tratta di una particolare **modalità di controllo** relegata, per espressa previsione legislativa, tra i confini degli **arresti domiciliari** e dell'**allontanamento dalla casa familiare**; "cautele" che, per il principio di specialità *ex* art. 19, comma 1, l.m., sono inapplicabili all'indagato/imputato minorenne. Ma anche a voler forzare il dato normativo e ritenere che gli arresti domiciliari siano assimilabili alla permanenza in casa *ex* art. 21 l.m., non sfugge come, **in concreto**, la disciplina contenuta nell'art. 275-*bis* c.p., nella parte in cui impone **l'applicazione automatica** della custodia in carcere nel caso di **mancato consenso** o **violazione delle prescrizioni**, collida col canone della **facoltatività** e col principio che – come si dirà più avanti – vieta al giudice minorile di applicare *per saltum* la misura più afflittiva.

5. *Le singole misure.*

Le misure coercitive applicabili al minore sono **quattro**, disciplinate in ordine di gravità crescente: le **prescrizioni** (art. 20 l.m.), la **permanenza in casa** (art. 21 l.m.), il **collocamento in comunità** (art. 22 l.m.) e la **custodia cautelare** (art. 23 l.m.).

Le prime tre disposizioni sono **strutturate nello stesso modo**: innanzi tutto, esplicitano il contenuto della misura; poi, fissano i termini di durata massima e,

---

[26] *Retro*, § 2.

infine, indicano la "sanzione" applicabile nel caso di «gravi e ripetute violazioni» delle prescrizioni ad esse inerenti [27].

La norma che si occupa della **custodia cautelare** non segue lo stesso schema: definisce i presupposti applicativi – sui quali si è già avuto modo di soffermarsi [28] – e i termini di durata, comuni alla permanenza in casa e al collocamento in comunità; non è stato necessario tipizzare il contenuto perché, strutturalmente, tale misura replica quella descritta nell'art. 285 c.p.p. Va precisato che l'art. 5 del recente **d.l. 16 settembre 2024, n. 131**, convertito, con modificazioni, dalla **l. 14 novembre 2024, n. 166** – contenente «Disposizioni urgenti per l'attuazione di obblighi derivanti da atti dell'Unione europea e da procedure di infrazione e pre-infrazione pendenti nei confronti dello Stato italiano» –, nel recepire le disposizioni dell'**art. 8** della **Direttiva (UE) 2016/800** – afferente al «**Diritto all'esame medico**» –, innesta nel d.P.R. n. 448 del 1988 l'**art. 9-*bis***, che impone una **valutazione sanitaria del minore** «sottoposto a **privazione della libertà personale**» – dunque, anche a titolo di **custodia cautelare** – senza **indebito ritardo**, finalizzata a valutarne lo stato di **salute fisica e psicologica**; in secondo luogo, prescrive una **rivalutazione** periodica, in presenza di specifiche indicazioni sanitarie o quando lo esigono le circostanze (comma 1); l'autorità giudiziaria, poi, deve **tenere conto dei risultati** delle visite mediche, ai fini della «sottoposizione all'interrogatorio, ad altri atti di indagine o di raccolta di prove o alle **eventuali misure adottate** o previste nei suoi confronti» (comma 2) [29].

1. **Prescrizioni**. Il giudice impartisce al minore le prescrizioni quando, alla luce dei criteri indicati nell'art. 19, comma 2, l.m., non risulti necessario ricorrere alle altre cautele. Le prescrizioni possono afferire alle attività di studio o di lavoro o «ad altre attività utili per l'educazione» (art. 20, comma 1, l.m.). Queste ultime non sono tipizzate dal legislatore e possono essere di varia natura: ad esempio, il giudice può imporre al minore lo svolgimento di una attività sportiva o di volontariato – assistenza ai disabili, agli anziani, protezione dell'ambiente, ecc. – oppure può vietare al giovane indagato/imputato specifiche condotte – frequentare particolari luoghi o determinate persone, partecipare a taluni spettacoli o incontri sportivi, rientrare a casa dopo l'orario prefissato, ecc. –; certamente, in ossequio al principio di tassatività *ex* art. 19, comma 1, l.m., deve escludersi che le prescrizioni possano riprodurre il contenuto delle misure cautelari contemplate per l'adulto [30].

---

[27] Sotto quest'ultimo profilo, per un approfondimento, cfr. *infra*, § 6.

[28] §§ 3 e 3.1.

[29] In tema, cfr. Cap. VIII, § 5.

[30] La giurisprudenza è pacifica sul punto: per tutte, v. Cass., Sez. III, 1° marzo 2016, n. 24811.

La misura è applicata dopo aver «**sentito l'esercente la responsabilità genitoriale**» (art. 20, comma 1, l.m.): il colloquio con tale soggetto, oltre a consentire al giudice di acquisire informazioni sul minore utili a dosare il contenuto delle prescrizioni, si rivela, altresì, funzionale a rafforzare l'assistenza difensiva del giovane indagato/imputato; per tale ragione, si ritiene che l'omessa audizione integri una nullità generale *ex* art. 178, comma 1, lett. *c*, c.p.p., a regime intermedio (art. 180 c.p.p.).

Disposta la misura, il giudice **affida il minore ai servizi minorili** dell'amministrazione della giustizia, che svolgono le attività di sostegno e di controllo, in collaborazione con i servizi di assistenza istituiti dagli enti locali: è quanto prescritto dall'art. 19, comma 3, l.m., al quale l'art. 20, comma 1, ultimo disposto, l.m. rimanda. A ben vedere, si tratta di un rinvio alquanto superfluo considerata la portata generale di tale previsione, che irradia la sua luce su tutte le misure cautelari applicabili al minore, compresa, dunque, quella *ex* art. 20 l.m.

Le prescrizioni perdono efficacia decorsi **due mesi** dal «provvedimento con il quale sono state impartite» (art. 20, comma 2, primo disposto, l.m.); più precisamente, il *dies a quo* coincide col giorno in cui è stata notificata la relativa ordinanza (art. 297, comma 2, c.p.p.); quando ricorrono esigenze probatorie, il giudice può disporre la **rinnovazione** per non più di una volta (art. 20, comma 2, secondo disposto, l.m.).

Nel caso di **gravi e ripetute violazioni delle prescrizioni** imposte, il giudice può applicare la misura successivamente più afflittiva, ossia la permanenza in casa (art. 20, comma 3, l.m.).

2. **Permanenza in casa**. Con il provvedimento che dispone la permanenza in casa il minorenne è obbligato a «rimanere presso l'abitazione familiare» – ossia presso la casa ove di norma vive con la famiglia naturale – o presso «altro luogo di privata dimora» (art. 21, comma 1, primo disposto, l.m.) – come, ad esempio, la casa di parenti o amici adulti disposti ad occuparsi del giovane indagato/imputato – e, in caso di infermità, la misura può essere eseguita presso un luogo di cura pubblico o privato (art. 23 disp. att. l.m.).

Il giudice può restringere o allargare le maglie della misura coercitiva in questione: al minorenne, infatti, per un verso, possono essere imposti **limiti o divieti** alla facoltà di comunicare con persone diverse da quelle che con lui coabitano o lo assistono (art. 21, comma 1, secondo disposto, l.m.); per altro verso, può essere concesso di **allontanarsi dall'abitazione** per svolgere attività di studio o di lavoro ovvero altre attività funzionali alla realizzazione degli scopi educativi (art. 21, comma 2, l.m.).

La permanenza in casa, assimilabile, quanto al contenuto, agli **arresti domiciliari** (art. 284 c.p.p.), da questi ultimi se ne discosta sotto due profili: innanzitutto, per il minore, sono più ampie le finestre di libertà; l'adulto, invero, può essere autorizzato dal giudice ad «assentarsi nel corso della giornata dal luogo di arresto» solo quando «l'imputato non può altrimenti provvedere alle sue indispensabili esigenze di vita ovvero versa in situazione di assoluta indigenza» e «per il tempo strettamente necessario per provvedere alle suddette esigenze ovvero per esercitare una attività lavorativa» (art. 284, comma 3, c.p.p.); in secondo luogo, mentre «l'imputato agli arresti domiciliari si considera in stato di custodia cautelare» a tutti gli effetti (art. 284, comma 5, c.p.p.), la permanenza in casa è equiparata alla custodia cautelare solo ai fini del **computo della durata massima della misura**, nonché del **calcolo della pena da scontare**, a norma dell'art. 657 c.p.p.[31] (art. 21, comma 4, l.m.). Ciò significa che **l'allontanamento ingiustificato** dal luogo di detenzione integra il delitto di evasione (art. 385 c.p.) solo per l'adulto e non anche per il minorenne.

Gli effetti della misura decorrono dal momento in cui l'ordinanza che la dispone «è eseguita ovvero dal momento dell'arresto, del fermo, o dall'accompagnamento»; la **durata massima** è – come già anticipato – quella stabilita per la custodia cautelare (art. 21, comma 4, l.m.). La norma di riferimento è **l'art. 23, comma 3, l.m.**, innovato *in peius* dal **decreto Caivano**. L'originaria disposizione prevedeva che i termini fissati per l'adulto nell'art. 303 c.p.p. fossero ridotti della metà per il minore degli anni diciotto e dei due terzi per il minore degli anni sedici. In ossequio al generale obiettivo repressivo perseguito dalla novella del 2023, si è attenuata la "contrazione" dei temini *ex* art. 303 c.p.p.: per i reati commessi dall'infradiciottenne si passa dalla metà ad **un terzo** e per quelli commessi dall'infrasedicenne si passa dai due terzi alla **metà**.

I genitori o le persone nella cui abitazione è disposta la permanenza sono tenuti a **vigilare** sul comportamento tenuto dal minorenne e hanno l'obbligo – si suppone penalmente sanzionato ai sensi dell'art. 650 c.p. – di consentire gli interventi di sostegno e di vigilanza dei servizi sociali, nonché gli ulteriori controlli – presumibilmente della polizia giudiziaria – disposti dal giudice (art. 21, comma 3, l.m.).

Nel caso in cui il minore commetta **gravi e ripetute violazioni** degli obblighi imposti o si allontani ingiustificatamente dall'abitazione o dal luogo di privata dimora, il giudice può disporre il passaggio alla più afflittiva misura cautelare del collocamento in comunità (art. 21, comma 5, l.m.).

3. **Collocamento in comunità**. Con tale misura il giudice ordina che il minore sia affidato ad una comunità, pubblica – dello Stato o degli enti locali – o privata autorizzata[32] (art. 22, comma 1, l.m.). La disciplina è, per molti versi, simi-

---

[31] Questo secondo disposto è stato aggiunto dal d.lgs. n. 12 del 1991.

[32] Sulla organizzazione di tali comunità, cfr. art. 10 disp. att. l.m.

le a quella della permanenza in casa: il comma 3 dell'art. 22 l.m. rinvia, infatti, all'art. 21, commi 2 e 4, l.m. Dunque, il minore **non può allontanarsi** dalla comunità, salvo che il giudice impartisca specifiche prescrizioni relative ad attività di studio o di lavoro o altre attività utili per la sua educazione (art. 21, comma 2, l.m.); la misura è **equiparata alla custodia cautelare** ai fini del calcolo della pena da scontare, a norma dell'art. 657 c.p.p. e ai «fini del computo della durata massima» (art. 21, comma 4, l.m.), che, come detto, è indicata nell'art. 23, comma 3, l.m.; se, poi, il minorenne si trovi in stato di infermità, il giudice può autorizzare il suo ricovero in luogo di cura pubblico o privato (art. 23 disp. att. l.m.).

Il responsabile della comunità ha l'obbligo di collaborare con i servizi minorili dell'amministrazione della giustizia, che svolgono le consuete attività di sostegno e di controllo del minore (art. 22, comma 2, l.m.).

Quanto all'**aggravamento scalare**, secondo l'originario art. 22, comma 4, l.m., il giudice, nei casi di gravi e ripetute violazioni delle prescrizioni o di allontanamento ingiustificato dalla comunità, poteva sostituire la misura con la custodia cautelare «**per un tempo non superiore ad un mese**», nell'eventualità in cui il minore fosse stato indagato/imputato di delitti puniti con «la pena della reclusione non inferiore nel massimo a cinque anni» (art. 22, comma 4, l.m.).

Il **decreto Caivano** ha apportato alla disciplina **due ritocchi**: innanzi tutto, adeguandosi alla nuova soglia edittale *ex* art. 19, comma 4, l.m., ha consentito l'aggravamento nei casi in cui si proceda per delitti puniti con la «reclusione non inferiore nel massimo a **quattro anni**»; in secondo luogo, ha **cancellato il termine di un mese**.

Sotto quest'ultimo profilo, il legislatore si è allineato alla disciplina *ex* art. 276, comma 1-*ter*, c.p.p. che, per l'ipotesi di trasgressione, da parte dell'adulto, alle prescrizioni inerenti agli arresti domiciliari, non fissa limiti di durata per la subentrata custodia cautelare. Tuttavia, la sovrapposizione tra le due previsioni non è perfetta: la sostituzione con la più afflittiva misura – che è obbligatoria per il giudice ordinario, «salvo che il fatto sia di lieve entità» – non è imposta al giudice minorile, il quale conserva – almeno – il **potere discrezionale** di decidere se disporre o meno il passaggio alla custodia in carcere.

Non sfugge come, col meccanismo dell'aggravamento scalare *ex* art. 22, comma 4, l.m., il giudice sia legittimato ad **esercitare *in itinere* un potere cautelare che *ab initio* gli è precluso**: può, infatti, disporre la custodia cautelare del minore senza essere tenuto a rispettare i limiti di pena fissati nell'art. 23, comma 1, l.m.

Un rilievo va fatto, altresì, quanto alla soglia edittale richiamata nell'art. 22, comma 4, l.m., che appare (e, prima della novella del 2023, appariva), del tutto superfluo: se si procede(va) per un delitto punito con la reclusione inferiore nel massimo a quattro anni (a cinque anni), il giudice, a mente dell'art. 19, comma

4, l.m., non può (non poteva) disporre il collocamento in comunità; *ergo*, non può materializzarsi quella condotta – costituita dall'inosservanza delle prescrizioni inerenti alla misura o dall'allontanamento ingiustificato dalla comunità – che legittimerebbe il passaggio alla custodia cautelare.

Il legislatore del 2023, innestando nella norma in esame anche un inedito comma 4-*bis*, ha plasmato una **nuova ipotesi di sostituzione *in peius*** del collocamento in comunità: il giudice, su richiesta del pubblico ministero, può applicare la misura più afflittiva quando «le esigenze cautelari risultano aggravate» e nei soli «casi consentiti dall'articolo 23» l.m., cioè – questa volta – solo per i reati che legittimano, in prima battuta, l'applicazione della custodia cautelare. La disposizione ricalca una parte del contenuto dell'art. 299, comma 4, c.p.p. L'allineamento con la norma codicistica, tuttavia, anche questa volta, non è totale: la sostituzione, per il giudice minorile, è **facoltativa** e non obbligatoria, come per il giudice ordinario.

6. *Il procedimento applicativo e le vicende modificative ed estintive.*

Il d.P.R. n. 448 del 1988 non detta norme in tema di **procedimento applicativo** delle misure cautelari nei confronti del minore. Si applicano, dunque, alla stregua dei principi *ex* art. 1, comma 1, l.m., le disposizioni del codice di procedura penale.

Innanzitutto, opera la regola della **domanda cautelare**: il **giudice che procede** (art. 279 c.p.p.) può emettere il provvedimento limitativo della libertà solo nei casi in cui il **pubblico ministero lo richieda**. Se l'istanza è presentata al **giudice incompetente**, questi, nel dichiarare la propria incompetenza, emette il provvedimento cautelare in presenza delle condizioni di applicabilità e nei casi di urgenza (art. 291, comma 2, c.p.p.); tuttavia, la misura disposta perde efficacia se entro venti giorni dall'ordinanza di trasmissione degli atti, il giudice competente non provveda con nuova ordinanza (artt. 27 c.p.p.).

L'inquirente presenta la richiesta cautelare indicando gli elementi su cui la stessa si fonda, nonché quelli «a favore dell'imputato e le eventuali deduzioni e memorie difensive già depositate» (art. 291, comma 1, c.p.p.). Il giudice decide sulla richiesta del pubblico ministero con **ordinanza**, contenente tutti gli elementi indicati nell'art. 292 c.p.p.; in aggiunta, il giudice minorile è tenuto a dare conto dell'esigenza di non interrompere i processi educativi in atto.

L'ordinanza è **eseguita o notificata** ai sensi dell'art. 293 c.p.p. La **comunicazione scritta** di cui al comma 1 – relativa ai diritti del soggetto sottoposto alla misura restrittiva – **va integrata**, per il minore, con le **informazioni** contenute nell'inedito **art. 12-*bis*** l.m. e va notificata, al più presto, anche all'**esercente la responsabilità genitoriale** o, in alternativa, alla **persona idonea** ammessa o designata dall'autorità giudiziaria procedente ai sensi dell'art. 12, comma 1 *bis*, l.m., come impone il nuovo **art. 12-*ter*** l.m.[33].

Il giudice, se non ha disposto l'**interrogatorio preventivo** a norma dell'art. 291, comma 1-*quater*, c.p.p. (recentemente introdotto dalla l. 9 agosto 2024, n. 114, c.d. **Legge Nordio**), procede all'**interrogatorio di garanzia** del minore in stato di **custodia cautelare** immediatamente, e comunque **non oltre cinque giorni** dall'inizio dell'esecuzione della custodia; per le altre misure, l'interrogatorio deve avvenire non oltre **dieci giorni** dall'esecuzione o notificazione del relativo provvedimento; per il minore in stato di custodia cautelare, deve procedersi entro **quarantotto ore** se l'inquirente lo richieda (art. 294 c.p.p.). L'omesso interrogatorio determina la **perdita di efficacia** della misura disposta (art. 302 c.p.p.).

Anche le **vicende modificative** ed **estintive** delle misure cautelari minorili sono governate dalle disposizioni del codice di procedura penale; vanno, tuttavia, effettuate alcune **precisazioni**.

1) Non trova spazio operativo **l'art. 276 c.p.p.**, relativo ai provvedimenti adottabili dal giudice in caso di **trasgressione alle prescrizioni** imposte. Nel sistema minorile – come già evidenziato – è dettata una **disciplina *ad hoc*** che, in deroga alla regola generale contenuta nella norma codicistica, consente al giudice **esclusivamente** un **aggravamento scalare** nei **soli** casi di «**gravi e ripetute** violazioni delle prescrizioni» inerenti alla singola misura (cfr. artt. 20, comma 3, 21, comma 5 e 22, comma 4, l.m.): dunque, mentre per l'adulto, qualunque inosservanza – anche non grave e ripetuta – abilita il giudice a disporre la **sostituzione** o il **cumulo con altra più grave**, per il minore è ammesso esclusivamente il passaggio alla cautela che, per afflittività, si ponga al **gradino immediatamente successivo** rispetto a quello in esecuzione, e sempre che le trasgressioni commesse si configurino come **gravi** (non lievi) e **ripetute** (sono necessarie, cioè, più infrazioni).

Dall'uso del verbo potestativo (utilizzato anche nella corrispondente norma codicistica), si evince chiaramente che l'aggravamento della misura **non sia automatico**: il giudice resta libero di decidere se applicare la misura più grave; presumibilmente, si farà guidare dai criteri di cui all'art. 275 c.p.p. e dall'esigenza *ex* art. 19, comma 2, l.m. «di non interrompere i processi educativi in atto». Come evidenziato dalla Cassazione, in tali evenienze, il giudice può disporre l'aggravamento della misura **senza sentire preventivamente il pubblico ministero** minorile o gli addetti ai servizi sociali[34].

---

[33] In arg. v., *amplius*, Cap. III, §§ 1.3 e 5.

[34] Cass., Sez. II, 3 febbraio 2006, n. 6721.

2) La **revoca** *ex* art. 299, comma 1, c.p.p. andrebbe disposta anche quando il giudice decida di sospendere il procedimento per attivare un **percorso rieducativo** ai sensi dell'art. 27-*bis* l.m. ovvero **mettere alla prova** il minore *ex* art. 28 l.m., posta **l'incompatibilità** di tali istituti con lo ***status*** **cautelare**[35].

3) Il nuovo art. 22, comma 4-*bis*, l.m. consente di porre definitivamente fine alla diatriba interpretativa sorta in passato, relativa all'applicabilità al minore dell'art. 299, comma 4, c.p.p., in tema di **sostituzione** ***in peius*** della misura cautelare connessa all'**aggravamento** delle **esigenze cautelari**: la disciplina generale resta oramai **assorbita** da quella speciale.

4) La **scarcerazione per decorrenza dei termini**, per il minorenne, trova specifica disciplina nell'**art. 24 l.m.**, solo in parte coincidente con la simmetrica norma codicistica (art. 307 c.p.p.).

Secondo la citata disposizione, «Quando l'imputato è **scarcerato** per decorrenza dei termini, il giudice può imporre le **prescrizioni**» di cui all'art. 20 l.m.

Va, preliminarmente, precisato che il meccanismo in esame opera solo nel caso in cui il minore sia stato sottoposto alla **custodia cautelare carceraria** e non anche alla permanenza in casa e al collocamento in comunità, atteso che – ormai è chiaro – le due misure da ultimo citate sono equiparate alla prima solo ai fini del computo del termine di durata massima e del calcolo della pena da scontare; diversamente, l'art. 307 c.p.p. attiene anche agli arresti domiciliari considerato che, a mente dell'art. 284, comma 5, c.p.p., l'imputato sottoposto a tale misura «si considera in stato di custodia cautelare **a tutti gli effetti**». Mentre, poi, la norma codicistica lascia il giudice libero di scegliere quale misura applicare in sostituzione della custodia cautelare (o degli arresti domiciliari), l'art. 24 l.m., rinviando al solo art. 20 l.m., preclude al giudice la possibilità di disporre, nel caso in questione, la permanenza in casa o il collocamento in comunità.

I limiti temporali sono quelli fissati nell'art. 20, comma 2, l.m.: **due mesi**, rinnovabili solo una volta quando sussistano le esigenze probatorie.

Sebbene l'art. 24 l.m. contenga un rinvio generale all'art. 20 l.m., di difficile applicazione è il comma 3, che – ricordiamo – consente al giudice di **sostituire le prescrizioni** con la permanenza in casa ove il minore trasgredisca agli obblighi imposti: una diversa soluzione – che si tradurrebbe in una **surrettizia reintroduzione** di tutte le altre misure cautelari attraverso l'*iter* dell'aggravamento scalare – contrasterebbe con la chiara previsione dell'art. 24 l.m., che abilita il giudice a disporre **solo la misura *ex* art. 20 l.m.** A sostegno dell'esegesi proposta milita, altresì, il dato storico: la norma non riproduce quanto previsto nell'originario art. 21 prog. prel., il quale, in perfetta linea con l'art. 307, comma 1, c.p.p., prescrive-

---

[35] V. Cap. V, § 4.3 e 5.

va che, in caso di scarcerazione del minorenne per decorrenza dei termini, il giudice potesse, ricorrendone i presupposti, disporre «**le altre** misure cautelari».

A dire il vero, non manca nella **giurisprudenza di legittimità** un orientamento di segno opposto, che fa leva sull'applicabilità dell'art. 307, comma 1, c.p.p.[36]: secondo la Cassazione, il processo minorile, pur nella sua specificità, «non integra un **sistema chiuso ed autonomo**» ma, *ex* art. 1, comma 1, l.m., «costituisce un sistema aperto, ancorché in via sussidiaria, alla disciplina del processo ordinario là dove manchi un espressa previsione contraria».

Si tratta di una soluzione interpretativa che **non convince**: l'art. 24 l.m. è una **norma speciale più favorevole** rispetto all'art. 307 c.p.p. che preclude, *a priori*, al giudice specializzato l'utilizzo della simmetrica norma coniata per l'adulto.

7. *Le impugnazioni e la riparazione per l'ingiusta detenzione.*

Avverso le ordinanze che dispongono le misure cautelari *ex* artt. 20-23 l.m. possono essere esperiti gli **ordinari mezzi di impugnazione** di cui agli artt. 309-311 c.p.p.

Secondo le ordinarie regole, il **riesame** (art. 309 c.p.p.) è proponibile dal minore e dal suo difensore solo avverso le ordinanze che **dispongono** una misura coercitiva; avverso le medesime ordinanze, il minore, in alternativa all'istanza di riesame, può proporre immediatamente **ricorso in cassazione *per saltum*** (art. 311 c.p.p.); tutte le altre ordinanze sono **appellabili**, anche dal pubblico ministero (art. 310 c.p.p.); le decisioni prese in sede di riesame e di appello sono sempre **ricorribili in cassazione** da entrambe le parti (art. 311 c.p.p.).

Il legislatore minorile detta in materia solo due disposizioni: **l'art. 34 l.m.** e **l'art. 25 disp. att. l.m.**; la prima, che riguarda **tutte** le impugnazioni proponibili dal minore – e, dunque, anche quelle in materia cautelare –, estende la **legittimazione** all'**esercente la responsabilità genitoriale**[37]; la seconda, che concerne le impugnazioni cautelari, attribuisce la **competenza funzionale** a decidere sulla richiesta di riesame o appello proposta ai sensi degli artt. 309 e 310 c.p.p. al Tribunale per i Minorenni (T.P.M.F.) del luogo ove ha sede l'ufficio del giudice che ha emesso l'ordinanza impugnata.

---

[36] Cass., Sez. V, 19 febbraio 2008, n. 13512, secondo la quale sarebbe legittima l'applicazione della misura della custodia inframuraria al minorenne che, scarcerato per decorrenza dei termini, abbia violato reiteratamente prescrizioni ed obblighi – impostigli, *ex* art. 307, comma 1, c.p.p., rispettivamente all'atto della scarcerazione e derivanti dalle successive misure, disposte a titolo di aggravamento, della permanenza in casa e del collocamento in comunità.

[37] In arg., v. Cap. VI, § 5.

Non sfugge come l'art. 25 disp. att. l.m., menzionando unicamente gli artt. 309 e 310 c.p.p. e non anche gli artt. 322-*bis* e 324 c.p.p., lascia aperta la questione afferente all'individuazione del giudice competente a decidere sulle impugnazioni delle misure cautelari **reali**.

La giurisprudenza di legittimità, nel caso sottoposto al suo scrutino – relativo al **riesame** del sequestro **preventivo** disposto nei confronti di un imputato minorenne –, valorizzata la **formulazione letterale** della disposizione minorile, ha colmato l'evidenziata lacuna normativa prendendo in prestito il comma 5 dell'art. 324 c.p.p., applicabile in virtù del principio di sussidiarietà *ex* art. 1, comma 1, l.m.: per la Corte di cassazione, la competenza funzionale al riesame di provvedimenti che dispongano misure cautelari **reali** appartiene, dunque, al **giudice ordinario** [38].

Si tratta di una soluzione che non sembra percorribile, rivelandosi palesemente in contrasto col **principio di specializzazione del giudice minorile**.

In attesa di un intervento "riparatore" del legislatore o della Corte costituzionale, non resta che **forzare il dato normativo** e attribuire all'art. 25 disp. att. l.m. una portata generale: la menzionata disposizione si proporrebbe di individuare l'organo competente a decidere **su tutte le impugnazioni** presentate in **materia cautelare**.

In definitiva, premesso che il legislatore minorile non detta norme *ad hoc* per le misure cautelari reali, resta ferma, in ossequio al principio di sussidiarietà *ex* art 1, comma 1, l.m., la trasferibilità, in ambito minorile, delle relative previsioni codicistiche, compresi gli artt. 322-*bis* e 324 c.p.p., depurati, rispettivamente, del comma 1-*bis* e del comma 5, che cedono il passo all'art. 25 disp. att. l.m.: pertanto, anche per le impugnazioni presentate avverso le misure cautelari **reali** la competenza a decidere si radica dinanzi al **Tribunale specializzato**.

Un ultimo rilievo si impone in tema di **riparazione per ingiusta detenzione**.

La disciplina, contenuta negli artt. 314-315 c.p.p., certamente irradia la sua luce anche sul minore, stante il disposto dall'art. 1, comma 1, c.p.p.: dunque, il giovane indagato/imputato ha diritto all'**equa riparazione** quando abbia sofferto un periodo di custodia cautelare "ingiusto", sotto il profilo **sostanziale** – in quanto destinatario di una **sentenza irrevocabile di assoluzione** con le formule «perché il fatto non sussiste», «per non aver commesso il fatto», «perché il fatto non costituisce reato» o «non è previsto dalla legge come reato» (art. 314, comma 1, c.p.p.) – o **formale**, quando venga accertato, con provvedimento irrevocabile, che il titolo cautelare sia stato disposto o mantenuto in assenza delle condizioni di cui all'**art. 273 c.p.p.** o al di fuori dei **massimi edittali di pena** – si intende, ovviamente, quelli fissati nell'art. 23, comma 1, l.m. – che giustifi-

---

[38] Cass., Sez. III, 29 ottobre 2003, n. 46975.

cano la limitazione della libertà personale (art. 314, comma 2, c.p.p.) o, ancora – secondo gli ultimi sviluppi della giurisprudenza costituzionale[39] –, nel caso in cui la custodia cautelare patita risulti **superiore alla misura della pena definitivamente inflitta** (ovvero oggetto di una preclusione processuale che la sottragga a riforma nei successivi gradi di giudizio).

Posto che la norma codicistica attiene solo alla «**custodia cautelare**» patita, va chiarito se il diritto all'equa riparazione maturi anche nell'ipotesi in cui il minore sia stato sottoposto ingiustamente alla **permanenza in casa** e al **collocamento in comunità**.

A sostegno della **soluzione negativa** potrebbe invocarsi il **dato normativo**: come prima evidenziato, secondo le disposizioni minorili (artt. 21, comma 4, e 22, comma 3, l.m.), le misure cautelari in questione non sono equiparate «a tutti gli effetti» alla custodia in carcere – come, invece, espressamente sancisce l'art. 284, comma 5, c.p.p. per gli arresti domiciliari –, bensì ai soli fini del computo della durata massima della misura e del calcolo della pena da scontare.

Tuttavia, non può sottacersi che la locuzione «**custodia cautelare**» non assume, nella nostra legislazione, una specifica accezione tecnica, utilizzandosi, genericamente, per indicare la situazione di colui che patisce la **privazione della libertà personale** in luoghi potenzialmente differenti. Dunque, se è vero che la permanenza in casa e il collocamento in comunità sono contrassegnate da più accentuati profili educativi, è pur vero che si tratta, comunque, di misure cautelari che determinano **una limitazione della libertà personale di tipo "custodiale"**: e, allora, il periodo di permanenza in casa o in comunità, così come è computato nella pena da eseguire, analogamente dovrebbe essere riparabile se **sofferto ingiustamente**[40], sotto il profilo sostanziale o formale[41].

Va, infine, precisato che le misure cautelari nei confronti del c.d. **giovane adulto** – colui che, nel corso dell'esecuzione, abbia compiuto il diciottesimo ma non il **venticinquesimo anno di età** – si eseguono, di regola, secondo le norme e con le **modalità previste per il minorenne** (art. 24 disp. att. l.m.)[42].

---

[39] Corte cost., 20 giugno 2008, n. 219.

[40] Tra le pronunce di legittimità che riconoscono il diritto riparatorio *ex* art. 314 c.p.p. anche all'imputato minorenne sottoposto alla permanenza in casa o al collocamento in comunità, cfr. Cass., Sez. IV, 13 ottobre 2011, n. 45660.

[41] Quanto all'ingiustizia formale, per la permanenza in casa e il collocamento in comunità il diritto all'equa riparazione matura quando venga accertato, con provvedimento irrevocabile, che il titolo cautelare sia stato disposto o mantenuto in assenza delle condizioni di cui all'art. 273 c.p.p. o al di fuori dei massimi edittali di pena previsti dall'art. 19, comma 4, l.m.

[42] In arg. Cfr. Cap. VIII, §§ 4.2 e 5.

8. *Le misure precautelari: l'arresto in flagranza.*

Passando all'analisi delle **misure precautelari**, l'**art. 16 l.m.** disciplina **l'arresto in flagranza** del minore.

A differenza di quanto previsto dal codice di procedura penale – che, per l'adulto, distingue l'arresto obbligatorio (art. 380 c.p.p.) da quello facoltativo (art. 381 c.p.p.) –, per il minore la misura è **sempre facoltativa**, come si evince chiaramente dall'uso del verbo potestativo – «**possono**» – utilizzato nel comma 1.

Come nel rito ordinario, gli **ufficiali** e gli **agenti di polizia giudiziaria** sono legittimati ad eseguire la misura solo quando si configuri lo stato di **flagranza** (primo presupposto) in relazione ad una delle fattispecie di reato **tassativamente indicate** (secondo presupposto).

Il **primo presupposto** è definito dall'art. 382, comma 1, c.p.p.: «È **in stato di flagranza** chi viene colto nell'atto di commettere il reato» (**flagranza in senso stretto**) «ovvero chi, subito dopo il reato, è inseguito dalla polizia giudiziaria, dalla persona offesa o da altre persone ovvero è sorpreso con cose o tracce dalle quali appaia che egli abbia commesso il reato immediatamente prima» (c.d. **quasi flagranza**).

Quanto al **secondo presupposto**, l'art. 16, comma 1, l.m. rinvia ai delitti per i quali, a norma dell'**art. 23 l.m.**, può essere disposta la **custodia cautelare**. Dunque, secondo la già analizzata disposizione, l'arresto è consentito quando si procede per **delitti non colposi** per i quali la legge stabilisce la pena dell'ergastolo o della reclusione **non inferiore nel massimo a sei anni**, nonché per uno dei delitti, **consumati o tentati**, di cui all'art. 380, comma 2, **lett. *e*, *e-bis*** e ***g***, c.p.p., o per uno dei delitti, **consumati o tentati**, di cui agli artt. 336, comma 1 e 337 c.p. e di cui all'art. 73 d.P.R. n. 309 del 1990[43].

La disciplina del **computo della pena** si ricava dalla disposizione generale *ex* **art. 379 c.p.p.** – che rinvia ai criteri già visti[44] fissati nell'**art. 278 c.p.p.** – e, in applicazione dell'**art. 19, comma 5, l.m.**, si tiene conto anche della **diminuente** della **minore età**[45].

Secondo quanto imposto dal comma 2 dell'art. 16 l.m., la polizia giudiziaria, nell'avvalersi della facoltà di arresto, deve tener conto «della **gravità del fatto**, nonché dell'**età** e della **personalità** del minorenne».

La valutazione della **gravità del fatto** è senz'altro la più agevole, potendo,

---

[43] Sull'evoluzione normativa dell'art. 23, comma 1, l.m., e sulle ultime modifiche apportate dal decreto Caivano, v. *retro*, § 3.1.

[44] Cfr. *retro*, § 3.1.1.

[45] In arg., cfr. *retro*, § 3.1.1.

la polizia giudiziaria, servirsi degli indici sintomatici fissati nel comma 1 dell'art. 133 c.p., come la natura del reato, i mezzi utilizzati, le circostanze di tempo e di luogo, le altre modalità dell'azione, la gravità del danno o del pericolo cagionato alla persona offesa dal reato e, se emerge *prima facie*, anche l'intensità del dolo.

Il secondo parametro sembra alludere alla **distanza dalla maggiore età**: più piccolo è il giovane reo, meno opportuno si rivelerebbe l'esercizio del potere di arresto; certamente il vaglio dell'età non sarà semplice nel caso in cui ad essere colto in flagranza sia un **minore** sprovvisto di un documento di riconoscimento.

Le difficoltà si infittiscono nel momento in cui la polizia giudiziaria è chiamata ad esaminare la **personalità** del minorenne: a tal fine, potrebbe essere utile utilizzare i parametri offerti dal comma 2 dell'art. 133 c.p., come, ad esempio, i motivi a delinquere, il carattere del reo, la condotta contemporanea o susseguente al reato, gli eventuali precedenti. Si tratta, tuttavia, di elementi difficilmente decifrabili negli strettissimi tempi imposti dalla situazione di flagranza. Sul piano pratico, poi, l'esame della personalità diventa ancora più complicato quando ad essere coinvolto nell'esecuzione della misura precautelare sia un ufficiale o un agente di polizia giudiziaria **non "specializzato"** *ex* art. 5 l.m.; eventualità, quest'ultima, tutt'altro che peregrina considerato che la misura in questione, incardinandosi sulla "flagranza", non può essere programmata e affidata necessariamente alla sezione specializzata.

In virtù del principio di sussidiarietà *ex* art. 1, comma 1, l.m., opera il **divieto** stabilito dall'**art. 385 c.p.p.**: la polizia giudiziaria non può procedere all'arresto del minore quando ricorre nel caso concreto una **causa di giustificazione**, quale l'adempimento di un dovere o l'esercizio di una facoltà legittima, ovvero una **causa di non punibilità**; tra queste ultime dovrebbe farsi rientrare anche il difetto di **imputabilità** *ex* art. 97 c.p.

Qualche dubbio va sollevato, invece, in merito alla possibilità di attribuire, in applicazione dell'**art. 383 c.p.p.**, ad «**ogni persona**» il potere di arrestare il minore colto in flagranza di uno dei delitti previsti dall'art. 380 c.p.p. che sia procedibile di ufficio: se già per la polizia giudiziaria appare estremamente complicato decidere, alla luce dei tre criteri guida fissati dal legislatore, se avvalersi o meno del potere di arresto, a *fortiori* lo è per i **privati**.

8.1. (Segue) *Il fermo.*

L'**art. 17 l.m.** disciplina il **fermo** del minorenne indiziato di delitto.

Come l'arresto, si tratta di una **misura precautelare facoltativa**: non a caso nella disposizione si usa il verbo «**è consentito**».

I **presupposti**, che si ricavano dalla combinazione degli artt. 384 c.p.p. e 17 l.m., sono due: il **fondato pericolo di fuga** e la sussistenza di **gravi indizi** in ordine a reati per i quali può essere disposta la custodia cautelare *ex* **art. 23 l.m.** e sempre se puniti con una **pena detentiva non inferiore nel minimo ai due anni**[46]. In applicazione dell'art. 384, comma 1, c.p.p., così come modificato dalla l. n. 128 del 2001, anche «l'impossibilità di identificare l'indiziato» (si pensi al minore extracomunitario privo di documenti o con documenti falsi) può valere come situazione dalla quale desumere la sussistenza del pericolo di fuga.

Al pari dell'arresto, deve ritenersi applicabile il **divieto** *ex* art. 385 c.p.p.

Soggetto legittimato a disporre la misura è il **pubblico ministero**; in **via sussidiaria** – quando l'inquirente non abbia ancora assunto la direzione delle indagini, ovvero quando l'indiziato venga successivamente individuato o sopravvengano elementi specifici che rendano fondato il pericolo di fuga e non sia possibile, per la situazione di urgenza, attendere il provvedimento del pubblico ministero (art. 384, commi 2 e 3, c.p.p.) – può provvedere anche la **polizia giudiziaria**.

I **criteri guida** certamente sono quelli che operano per l'arresto, sebbene non siano espressamente richiamati nell'art. 17 l.m.: **gravità del fatto, età e personalità del minore**[47].

8.1.1. (Segue) *L'esecuzione di arresto e fermo: il ruolo della polizia giudiziaria, del pubblico ministero e del giudice per le indagini preliminari.*

Come per l'adulto, il procedimento in materia di arresto e fermo del minore può essere scomposto in **tre segmenti**: i protagonisti, rispettivamente, sono la polizia giudiziaria, il pubblico ministero e il giudice per le indagini preliminari.

Primo segmento. Muovendosi nel solco del principio di **de-stigmatizzazione**, il legislatore impone agli ufficiali e agli agenti di polizia giudiziaria di adottare, durante l'esecuzione dell'arresto o del fermo, le **opportune cautele** per proteggere il minore dalla **curiosità del pubblico** e da ogni specie di pubblicità, nonché per ridurre, nei limiti del possibile, i disagi e le sofferenze materiali e psicologiche; in ossequio, poi, al principio di **minima offensività**, vieta alla polizia giudiziaria di fare uso di strumenti di **coercizione fisica** (manette ai polsi o ceppi ai piedi), salvo che ricorrano gravi esigenze di sicurezza; sempre al fine di arrecare al giovane arrestato o fermato il **minor pregiudizio possibile**, prescrive che il minorenne condotto presso gli uffici di polizia giudiziaria sia trattenuto in **locali separati** da quelli ove si trovano i maggiorenni arrestati o fermati (art. 20 disp. att. l.m.).

---

[46] Quest'ultimo inciso è stato aggiunto dal d.lgs. n. 12 del 1991 e consente una parziale equiparazione con la disciplina contenuta nell'art. 384, comma 1, c.p.p.

[47] Sul punto si rinvia alle considerazioni fatte *retro*, § 8.

Dalla violazione delle menzionate disposizioni non derivano sanzioni di carattere processuale; si può, tuttavia, configurare, a carico della polizia giudiziaria, una **responsabilità disciplinare** nonché, nel caso in cui siano usati strumenti di coercizione fisica non giustificati da «gravi esigenze di sicurezza», una **responsabilità penale** *ex* art. 608 c.p. [48].

Disposto l'arresto o il fermo, viene data **immediata notizia** al **pubblico ministero** del luogo in cui è stata eseguita la misura, nonché all'**esercente la responsabilità genitoriale**, all'eventuale **affidatario**, ai **servizi minorili** dell'amministrazione della giustizia (art. 18, comma 1, l.m.) e al **difensore di fiducia** nominato o a quello di **ufficio** designato dal pubblico ministero a norma dell'art. 97 c.p.p. (art. 386, comma 2, c.p.p.).

«Quando risulta necessario a salvaguardare il **superiore interesse** del minorenne, in luogo dell'esercente la responsabilità genitoriale, dell'arresto o del fermo è informata **altra persona idonea maggiorenne**» (art. 18, comma 1, ultimo disposto, l.m.). Quest'ultimo inciso è stato introdotto dal d.l. 13 giugno 2023, n. 69 [49], convertito, con modificazioni, dalla l. 10 agosto 2023, n. 103, al fine di adeguare la disciplina minorile alla **Direttiva (UE) 2013/48** [50]. La previsione impone alla polizia giudiziaria di esercitare un potere discrezionale particolarmente delicato e dai contorni alquanto sfumati: in nome del «***best interests of the child***», essa è obbligata a tenere all'oscuro l'esercente la responsabilità genitoriale dell'avvenuto arresto o fermo e ad individuare **altra persona idonea** maggiorenne – presumibilmente indicata dal minore stesso – a cui dare la notizia.

La disposizione presenta senz'altro una **portata eccezionale** e, alla luce dei parametri indicati nel nuovo art. 12, comma 1-*bis*, l.m., si può ritenere che essa trovi applicazione solo nei limitati casi in cui la polizia giudiziaria, già nel momento dell'esecuzione della misura, non sia in grado di identificare o reperire l'esercente la responsabilità genitoriale ovvero riscontri *ictu oculi* l'"**l'inidoneità**" del genitore.

---

[48] Ai sensi della citata disposizione, «Il pubblico ufficiale che sottopone a misure di rigore non consentite dalla legge una persona arrestata o detenuta di cui egli abbia la custodia, anche temporanea, o che sia a lui affidata in esecuzione di un provvedimento dell'Autorità competente, è punito con la reclusione fino a trenta mesi».

[49] Recante «Disposizioni urgenti per l'attuazione di obblighi derivanti da atti dell'Unione europea e da procedure di infrazione e pre-infrazione pendenti nei confronti dello Stato italiano».

[50] La citata direttiva concerne il «diritto di avvalersi di un difensore, di informare un terzo al momento della privazione della libertà personale e di comunicare con terzi e con le autorità consolari». In particolare, la previsione *ex* art. 18, comma 1, ultimo disposto, l.m. riproduce l'art. 5 § 2 della predetta Direttiva, secondo il quale: «Gli Stati membri garantiscono che, qualora l'indagato o imputato sia un minore, il titolare della potestà genitoriale sia informato quanto prima della privazione della libertà personale e dei relativi motivi, salvo che ciò sia contrario all'interesse superiore del minore, nel qual caso ne è informato un altro adulto idoneo [...]».

Grazie all'avviso, i soggetti indicati nell'art. 18, comma 1, l.m. sono in grado di esercitare le rispettive funzioni: il **pubblico ministero** controlla la **legittimità** della misura disposta e, dunque, accerta la sussistenza dei presupposti per dare avvio al procedimento di convalida e per chiedere, eventualmente, una misura cautelare; il **difensore** assicura al minore il **diritto di difesa**; l'eventuale **affidatario e i servizi minorili** garantiscono, invece, un **supporto psicologico** al giovane privato della libertà personale; **l'esercente** la responsabilità genitoriale – o la **persona idonea** – rafforza **l'autodifesa** del minore.

L'omesso avviso al **pubblico ministero** integra una **nullità di ordine generale a regime intermedio** (artt. 178, lett. *b* e 180 c.p.p.), attenendo alla partecipazione dell'organo d'accusa al procedimento. Alla medesima conclusione dovrebbe pervenirsi con riguardo al **difensore**, concretizzandosi una lesione del diritto all'assistenza difensiva (art. 178, lett. *c*, c.p.p.). La dottrina, sul punto, pare compatta; al contrario, la giurisprudenza di legittimità ha sempre negato che l'omissione in discorso dia luogo ad un'ipotesi di nullità [51].

Quanto alla violazione degli obblighi di informativa previsti per i **servizi minorili** e per l'eventuale **affidatario**, si dovrebbero escludere conseguenze sanzionatorie, posto che tali soggetti svolgono una attività di assistenza psicologico-affettiva e non di carattere difensivo. Le uniche persone legittimate a rafforzare **l'assistenza difensiva** del minore sono **l'esercente** la **responsabilità genitoriale** e la **persona idonea** ma, per esse, l'art. 7 l.m., come già evidenziato in altra sede [52], contempla la nullità solo nei tassativi casi di mancato invio dell'informazione di garanzia e del decreto di fissazione dell'udienza.

In applicazione dell'art. 386 c.p.p., l'ufficiale o l'agente di polizia giudiziaria che ha eseguito la misura consegna all'arrestato o al fermato una **comunicazione scritta**, redatta in forma chiara e precisa, tradotta – se straniero – in una lingua a lui comprensibile, che contiene un elenco dei diritti che competono al soggetto *in vinculis*, come quello di nominare un difensore, dare avviso ad un familiare o ad altra persona di fiducia, avvalersi della facoltà di non rispondere, ottenere informazioni in merito all'accusa, accedere ai **programmi di giustizia riparativa**; avvertimento, quest'ultimo, inserito dal d.lgs. 10 ottobre 2022, n. 150 (**Riforma Cartabia**) [53]. Alle informazioni *ex* art. 386 c.p.p. si aggiungono quelle **imposte** dal nuovo **art. 12-*bis* l.m.** che, a mente del neo introdotto art. 12-*ter* l.m., vanno, al più presto, comunicate, altresì, all'esercente la responsabilità genitoriale o alla persona idonea [54].

---

[51] Cass., Sez. I, 10 maggio 2019, n. 26163.

[52] V. Cap. III, § 5.

[53] Sul punto, cfr., *amplius*, Cap. V, § 7.

[54] In arg., cfr. Cap. III, §§ 1.3 e 5.

Fuori dai casi in cui debba essere disposta l'**immediata liberazione**, la polizia giudiziaria procedente pone il minore «**a disposizione** del pubblico ministero **al più presto** e comunque **non oltre ventiquattro** ore dall'arresto o fermo»; entro lo stesso termine trasmette il relativo **verbale** all'inquirente, anche per via telematica, salva che quest'ultimo non autorizzi una maggiore dilazione (art. 386, comma 3, c.p.p.). Se non sono osservati i prescritti termini, la misura diviene **inefficace** (art. 386, comma 7, c.p.p.).

Secondo segmento. Ricevuta la notizia dell'arresto o del fermo, il pubblico ministero ha due possibilità: **1)** accertata la correttezza dell'operato della polizia giudiziaria, dispone che il minore sia **condotto senza ritardo** presso un **centro di prima accoglienza** o presso una **comunità** pubblica o autorizzata che provvede ad indicare oppure, qualora lo ritenga opportuno, tenuto conto delle modalità del fatto, dell'età e della situazione familiare del minorenne, presso **l'abitazione familiare**; il minore accompagnato in uno di questi luoghi resta a disposizione del pubblico ministero (art. 18, comma 2, l.m.) e la polizia giudiziaria redige il relativo **verbale di consegna** (art. 20-*bis* disp. att. l.m.); **2)** il pubblico ministero dispone con decreto motivato che il minore **sia posto immediatamente in libertà** qualora risulti evidente che l'arresto o il fermo sia stato eseguito per errore di persona o fuori dai casi previsti dalla legge o quando la misura sia divenuta inefficace – perché è decorso il termine (di ventiquattro ore) entro il quale l'arrestato o il fermato va posto a sua disposizione e va trasmesso il relativo verbale, o il termine (di quarantotto ore) per chiedere al giudice la convalida (art. 389, comma 1, c.p.p., richiamato espressamente dall'art. 18, comma 3, l.m.) – e, infine, quando l'inquirente ritenga di non dover richiedere l'applicazione di una misura cautelare (art. 18, comma 3, l.m.[55]). Nei casi previsti dall'art. 389, comma 1, c.p.p., la liberazione è, altresì, disposta dall'ufficiale di polizia giudiziaria quando l'inquirente non abbia ancora assunto la direzione delle indagini; in tale evenienza – prescrive l'art. 389, comma 2, c.p.p. – l'ufficiale deve «subito» informare il pubblico ministero del luogo ove la misura è stata eseguita.

«Al fine di adottare i provvedimenti di sua competenza, il pubblico ministero può disporre che il minorenne sia condotto davanti a sé» (art. 18, comma 4, l.m.): l'**ascolto del giovane** può essere utile, ad esempio, al fine di individuare il luogo più adatto ove trattenere il minore nelle more della convalida o per acquisire le informazioni necessarie per decidere se chiedere l'applicazione della misura cautelare o disporre l'immediata liberazione. L'audizione del minore si aggiunge e non si sostituisce all'eventuale **interrogatorio** che l'inquirente potrà disporre ai sensi dell'art. 388 c.p.p. per esigenze investigative.

---

[55] Analoga previsione opera per gli adulti (cfr. art. 121 disp. att. c.p.p.).

Terzo segmento. Il comma 5 dell'art. 18 l.m. stabilisce che: «Si applicano in ogni caso le disposizioni degli articoli 390 e 391 del codice di procedura penale».

Dunque, il pubblico ministero, entro **quarantotto ore** dall'arresto o dal fermo, presenta al giudice per le indagini preliminari del luogo ove la misura è stata eseguita la **richiesta di convalida** (art. 390, comma 1, c.p.p.); nel caso di inosservanza delle prescrizioni, scatta la sanzione processuale della **perdita di efficacia della misura** (art. 390, comma 3, c.p.p.).

Il giudice è tenuto a fissare la relativa udienza al più presto e comunque entro le **quarantotto ore** successive, dandone **avviso**, senza ritardo, al pubblico ministero, al difensore (art. 390, comma 2, c.p.p.) e, in virtù dell'art. 7 l.m., anche all'esercente la responsabilità genitoriale o «agli altri soggetti di cui agli artt. 12 e 12-*ter*» l.m., **a pena di nullità**.

Il giudice procede, quindi, all'**interrogatorio** dell'arrestato o del fermato, salvo che questi non abbia potuto o si sia rifiutato di comparire; sente in ogni caso il suo difensore (art. 391, comma 3, c.p.p.).

In applicazione dell'art. 121, comma 2, disp. att. c.p.p., alla celebrazione dell'udienza si procede anche quando il pubblico ministero, non ritenendo di dover chiedere l'applicazione di una misura cautelare, si sia avvalso del potere di **rimettere in libertà** il minore; anche in tal caso, infatti, va accertato che la misura sia stata legittimamente adottata [56].

L'udienza di convalida si svolge in **camera di consiglio**, con la **partecipazione necessaria** del **difensore** dell'arrestato o del fermato (art. 391, comma 1, c.p.p.); il luogo è quello in cui quest'ultimo è **custodito**; tuttavia, se sussistono eccezionali motivi di necessità o di urgenza, il giudice, con decreto motivato, può disporre il trasferimento dell'arrestato o del fermato per la comparizione davanti a sé (art. 123 disp. att. c.p.p.). Quando l'arrestato, il fermato o il difensore ne facciano richiesta, il giudice può autorizzarli a **partecipare a distanza** (art. 391, comma 1, c.p.p.).

Quanto al **pubblico ministero**, sembrerebbe trovare applicazione – posta la sua compatibilità col sistema minorile – la disposizione di cui all'art. 390, comma 3-*bis*, c.p.p., che consente all'inquirente di **non partecipare** all'udienza e di limitarsi a trasmettere al giudice le proprie richieste in ordine alla libertà personale.

Al fine di assicurare al giovane arrestato o fermato il sostegno affettivo e psicologico, all'udienza **possono**, altresì, partecipare, ai sensi dell'art. 12 l.m., i

---

[56] L'art. 121, comma 2, disp. att. c.p.p. trova applicazione in forza del rinvio generale operato dall'art. 1 disp. att. l.m. alle norme di attuazione del codice di procedura penale: non si ravvisano, invero, incompatibilità sistematiche che impediscano l'utilizzo della richiamata disposizione nel rito minorile. Sull'applicabilità, cfr. Cass., Sez. I, 8 febbraio 2002, n. 10041.

genitori o gli altri **esercenti la responsabilità genitoriale** – o la **persona idonea**, nei casi previsti dal comma 1 *bis* dell'art. 12 l.m. – e i **servizi minorili**.

Il giudice, in sede di **convalida**, controlla la legittimità dell'arresto e del fermo e decide sull'eventuale richiesta di misura cautelare avanzata dall'inquirente. I provvedimenti assumono la forma di **ordinanza**.

Il giudice procede alla **convalida** quando l'arresto e il fermo risultino legittimamente eseguiti e siano stati osservati i prescritti termini (art. 391, comma 4, c.p.p.); se, poi, il pubblico ministero ha chiesto una misura cautelare, il giudice la applica quando ricorrono le condizioni (art. 391, comma 5, c.p.p.); fuori da questa ipotesi, dispone l'**immediata liberazione** del minore arrestato o fermato (art. 391, comma 6, c.p.p.).

Il giudice potrebbe anche **non convalidare** la misura precautelare – perché evidentemente l'arresto o il fermo non sono stati legittimamente eseguiti o perché non sono stati osservati i prescritti termini – e disporre comunque **l'applicazione della misura cautelare**, in presenza dei relativi presupposti.

Contro l'ordinanza che decide sulla convalida, il pubblico ministero, il minore e anche l'esercente la responsabilità genitoriale *ex* art. 34 l.m. possono proporre **ricorso per cassazione** (art. 391, comma 4, c.p.p.)[57].

8.2. (Segue) *L'accompagnamento a seguito di flagranza.*

A differenza dell'arresto e del fermo, l'accompagnamento a seguito di flagranza è applicabile **esclusivamente al minorenne**.

Originariamente contemplato nell'art. 16, comma 2, l.m. (e nel corrispettivo art. 22 disp. att. l.m.), con il d.lgs. n. 12 del 1991 tale misura ha trovato una autonoma disciplina nell'art. 18-*bis* l.m., al varo del quale sono state contemporaneamente abrogate le disposizioni che prima lo regolamentavano.

Dell'arresto condivide il **presupposto della flagranza**.

Quanto al **catalogo dei reati** che legittimano la misura, il **decreto Caivano** ha apportato rilevanti modifiche, ancora una volta ***in peius***.

Secondo la previsione originaria, l'accompagnamento poteva essere disposto nel caso di flagranza di un delitto non colposo punito con la pena dell'ergastolo o della reclusione non inferiore nel massimo a cinque anni.

L'interpolato art. 18-*bis* l.m. prevede, ora, che la misura possa essere appli-

---

[57] Quanto alla difficoltà di estendere in ambito minorile la previsione di cui al comma 5 dell'art. 391 c.p.p. – secondo la quale, in sede di udienza di convalida, l'applicazione della misura cautelare è disposta anche al di fuori dei limiti di pena fissati, quando l'arresto sia stato eseguito per uno dei delitti indicati nell'art. 387-*bis* c.p. o nell'art. 381, comma 2, c.p. ovvero per uno dei delitti per i quali l'arresto è consentito anche fuori dai casi di flagranza – v. *retro* § 3.1.1.

cata nel caso di flagranza per un delitto non colposo punito con la pena dell'ergastolo o della reclusione non inferiore nel massimo a **tre anni**, ovvero per uno dei delitti elencati nell'art. 381, comma 2, lett. *f*, *g*, *h* ed *m*, c.p.p. o, ancora, per uno dei reati previsti dall'art. 699 c.p. e dall'art. 4 l. 18 aprile 1975, n. 110.

In particolare, attraverso il rinvio all'art. 381, comma 2, lett. *f*, *g*, *h* ed *m*, c.p.p., sono stati inclusi i delitti di **lesioni dolose** di cui all'art. 582 c.p. (lett. *f*), **furto semplice** previsto dall'art. 624 c.p. (lett. *g*), **danneggiamento aggravato** a norma dell'art. 635, comma 2 c.p. (lett. *h*), alterazione di **armi** e fabbricazione di **esplosivi** non riconosciuti previste dagli artt. 3 e 24, comma 1, l. 18 aprile 1975, n. 110 (lett. *m*); con il richiamo agli artt. 699 c.p. e 4 l. n. 110 del 1975, invece, sono state aggiunte, rispettivamente, le **contravvenzioni** di **porto abusivo di armi** e **porto di armi od oggetti atti ad offendere**[58].

Qualche **perplessità** va sollevata in riferimento all'intervento correttivo in questione.

Innanzi tutto, la nuova previsione appare in chiara **lotta di collisione** con il criterio, elaborato da tempo dalla Corte costituzionale[59], secondo cui la precautela si giustifica solo se l'intervento della polizia giudiziaria si fondi su una **ragionevole prognosi di applicabilità *ope iudicis*** di una misura cautelare personale. Invero, non può sfuggire come per le contravvenzioni richiamate dall'art. 18-*bis* l.m. e per tutti i delitti puniti dai tre ai quattro anni di reclusione, all'accompagnamento del minore non potrà certamente seguire alcuna misura cautelare: né la custodia *ex* art. 23 l.m. – la cui applicazione esige un delitto punito con la pena dell'ergastolo o della reclusione non inferiore nel massimo a sei anni – né, tanto meno, le misure meno afflittive che, a mente dell'art. 19, comma 4, l.m., presuppongono la commissione di delitti – e non contravvenzioni – puniti con la pena dell'ergastolo o della reclusione non inferiore nel massimo a quattro anni. Cosicché, il pubblico ministero, in tali casi, dovrà rimettere immediatamente in libertà il minore accompagnato, come impone l'art. 18, comma 3, l.m., espressamente richiamato dall'art. 18-*bis*, comma 5, l.m.

In secondo luogo, la scelta di estendere il raggio applicativo della misura precautelare in esame a reati non particolarmente gravi come le **contravvenzioni** stride coi principi di **minima offensività**, **residualità della detenzione** e

[58] Va precisato che la novella del 2023 ha abrogato il comma 2 dell'art. 699 c.p., relativo al porto d'armi per cui non è ammessa la licenza e ha trasferito il relativo contenuto nell'inedito art. 4-*bis* della l. n. 110 del 1975; disposizione, quest'ultima, che non è richiamata dal modificato art. 18-*bis* l.m. Ne consegue che, per tale contravvenzione, la polizia giudiziaria non può disporre l'accompagnamento a seguito di flagranza.

[59] Corte cost., 18 luglio 1996, n. 305; criterio richiamato più recentemente da Corte cost., 26 gennaio 2022, n. 41.

– tenuto conto che l'adulto può soggiacere alle misure coercitive solo per delitti e mai per contravvenzioni – col principio del ***favor minoris***, in virtù del quale – lo ribadiamo – per il minorenne coinvolto in un procedimento penale non può mai essere prevista una disciplina più severa di quella contemplata dal codice di rito, dovendosi, tuttalpiù, garantire, al giovane protagonista, in considerazione delle esigenze educative, un trattamento **più favorevole** di quello riservato all'adulto.

Anche l'accompagnamento, al pari dell'arresto e del fermo, è una misura **facoltativa**; la gravità del fatto, l'età e la personalità del minorenne sono i tre criteri (cfr. art. 18-*bis*, comma 5, l.m., che richiama l'art. 16, comma 3, l.m.) che aiuteranno la polizia giudiziaria a decidere se disporre o meno la precautela, nonché a scegliere la misura più adeguata tra accompagnamento e arresto in tutti i casi in cui, per i limiti edittali di pena, sia consentito anche quest'ultimo (e, dunque, per i delitti non colposi puniti con la pena dell'ergastolo o della reclusione non inferiore nel massimo a sei anni).

Con la misura *de qua*, il minore viene **condotto presso gli uffici di polizia giudiziaria** e ivi rimane per «il tempo strettamente necessario» e, comunque, per un massimo di **dodici ore**, in attesa della sua consegna all'esercente la responsabilità genitoriale o all'affidatario o a persona da questi incaricata.

Gli ufficiali e gli agenti di polizia giudiziaria, condotto il minore presso i propri uffici, **avvisano immediatamente il pubblico ministero** e **informano «tempestivamente» i servizi minorili** dell'amministrazione della giustizia (art. 18-*bis*, comma 2, l.m., primo disposto): il primo effettuerà un preliminare controllo sulla legittimità e sulla utilità cautelare della misura, disponendo, eventualmente, l'immediata liberazione nei casi previsti dall'art. 18, comma 3, c.p.p. (disposizione richiamata dall'art. 18-*bis*, comma 5, c.p.p.); i secondi svolgeranno la consueta attività di sostegno affettivo e psicologico del giovane reo. Anche se manca un esplicito richiamo, devono ritenersi applicabili le **garanzie *ex* art. 386 c.p.p.**: dunque, l'ufficiale o l'agente di polizia giudiziaria che ha eseguito la misura deve avvisare il difensore di fiducia o d'ufficio (art. 386, comma 2, c.p.p.) e deve consegnare al minore la comunicazione scritta relativa ai diritti che gli competono (art. 386, comma 1, c.p.p.), compresi quelli di cui al nuovo **art. 12-*bis* l.m.** che vanno, al più presto, comunicati, altresì, all'esercente la responsabilità genitoriale o alla persona idonea (art. 12-*ter* l.m.).

L'ultimo adempimento è quello di invitare l'esercente la responsabilità genitoriale e l'eventuale l'affidatario a presentarsi dinanzi agli organi procedenti per **prendere in consegna il minore** (art. 18-*bis*, comma 2, l.m., secondo disposto).

Di tale consegna viene redatto verbale (art. 20-*bis* disp. att. l.m.) e da essa deriva l'obbligo del destinatario di tenere il minore «a disposizione del pubblico ministero e di vigilare sul suo comportamento» (art. 18-*bis*, comma 3, c.p.p.).

Non è ben chiaro come tale soggetto possa esercitare le sue funzioni di vigilanza, né quali sanzioni scattino per chi si veda investito di un simile compito e lo eluda.

Nessun obbligo, invece, grava sul minore: non potendosi assimilare in via analogica l'"accompagnato" all'«arrestato o detenuto» *ex* art. 385 c.p., l'eventuale allontanamento dopo la consegna non integra il delitto di evasione *ex* art. 385 c.p.

La polizia giudiziaria, nei casi in cui non sia possibile provvedere all'invito del comma 2, oppure ove il destinatario non vi ottemperi o la persona legittimata a prendere in consegna il minore risulti «**manifestamente inidonea**» ad adempiere all'obbligo prescritto, ne dà immediata notizia al pubblico ministero, il quale dispone che il minorenne sia condotto, senza ritardo, presso un centro di prima accoglienza, ovvero presso una comunità pubblica o autorizzata che provvede ad indicare (art. 18-*bis*, comma 4, l.m.), oppure presso l'abitazione familiare, tenuto conto delle modalità del fatto, dell'età e della situazione familiare (art. 18, comma 2, secondo periodo, l.m., richiamato dall'art. 18-*bis*, comma 5, l.m.).

Completano la disciplina le disposizioni contenute nei già analizzati artt. 20 e 20-*bis* disp. att. l.m. – relativi, rispettivamente, alle cautele da rispettare nell'esecuzione della misura e all'obbligo di redigere il verbale di consegna – e negli artt. 18, commi 4 e 5 e 19, comma 5, l.m., richiamati dall'art. 18– *bis*, comma 5, c.p.p. (insieme agli artt. 16, comma 3, 18, commi 2, secondo periodo e 3, l.m., di cui già si è detto): dunque, l'inquirente, al fine di adottare i provvedimenti di sua competenza, può disporre che il minorenne sia condotto davanti a sé (art. 18, comma 4, l.m.); la procedura di convalida avviene nel rispetto delle regole e dei termini fissati negli artt. 390 e 391 c.p.p. (art. 18, comma 5, l.m.); nella determinazione della pena, ai fini dell'applicazione della misura, si tiene conto, oltre che dei criteri indicati nell'art. 278 c.p.p., della **diminuente** della minore età [60].

---

[60] Sul punto, cfr., *amplius*, *retro*, § 3.1.1.

CAPITOLO V

I MECCANISMI DI *DIVERSION*

SOMMARIO: 1. Definizioni alternative del procedimento penale minorile. – 2. Il perdono giudiziale: *ratio* dell'istituto, natura giuridica e presupposti. – 2.1. (*Segue*) Le cause ostative. – 2.2. (*Segue*) La decisione. – 2.3. (*Segue*) Il rapporto con le altre formule proscioglitive. – 3. La sentenza di non luogo a procedere per irrilevanza del fatto: *ratio* dell'istituto e natura giuridica. – 3.1. (*Segue*) I presupposti espliciti. – 3.2. (*Segue*) I presupposti impliciti. – 3.3. (*Segue*) La decisione. – 3.4. (*Segue*) Il rapporto tra l'irrilevanza del fatto e gli istituti "gemelli". – 4. La sospensione del processo con messa alla prova: *ratio* dell'istituto e natura giuridica. – 4.1. (*Segue*) I presupposti. – 4.2. (*Segue*) Le cause ostative. – 4.3. (*Segue*) La decisione. – 4.4. (*Segue*) Il progetto e lo svolgimento della prova. – 4.5. (*Segue*) Gli esiti della prova. – 4.6. (*Segue*) Il rapporto tra la messa alla prova e gli istituti "gemelli". – 5. Il percorso rieducativo del minore. – 6. Il rapporto tra le varie tecniche di *diversion*. – 7. La mediazione e la giustizia riparativa.

1. *Definizioni alternative del procedimento penale minorile.*

La tensione ideale del procedimento penale minorile verso il fine educativo del giovane protagonista, quale individuo bisognoso di particolare attenzione, dalla personalità ancora acerba, trabocca dalle maglie di tutte le disposizioni che disciplinano i c.d. **meccanismi di *diversion***.

Si tratta di istituti volti «a far concludere il processo in modi e con contenuti diversi» dall'*iter* ordinario [1], il cui **fondamento costituzionale** va, senz'altro, rintracciato nell'**art. 31, comma 2, Cost.**, che impone alla Repubblica di proteggere – oltre alla maternità – l'infanzia e la gioventù, «**favorendo gli istituti** necessari a tale scopo».

Analogamente ai **procedimenti speciali** previsti dal codice di procedura penale (alcuni dei quali esportati nel rito minorile) [2], i meccanismi di *diversion* de-

[1] Corte cost., 7 aprile 1997, n. 103.

[2] V. art. 25 l.m.; in arg., Cap. VI, § 3.1.

terminano una riduzione dei tempi e un alleggerimento del carico giudiziario; gli **effetti deflativi** restano, però, sullo sfondo, come ricaduta positiva, ma non prioritaria o apprezzabile di per sé, delle previsioni. In altri termini, diversamente dai riti speciali – che, attraverso la contrazione di uno o più segmenti della sequenza ordinaria (indagini preliminari, udienza preliminare, dibattimento), fanno risparmiare tempo, risorse ed energie –, i **meccanismi di *diversion*** sottendono ragioni più "nobili" della semplice economia processuale: sorretti dalla **matrice** di **"minima offensività"** [3], sono diretti ad impedire che la prosecuzione del procedimento possa in qualche modo interferire negativamente con il percorso individuale di formazione e crescita del giovane indagato/imputato.

Alla base di tali istituti vi è, dunque, la consapevolezza che, dinanzi al crimine commesso dal minore, talvolta, è meglio rinunciare alla classica reazione punitiva – il «castigo» come «raddoppio del male» [4] – e optare per un modello di giustizia – c.d. *restorative justice* o **giustizia riparativa** – alternativo allo stereotipo tradizionale, improntato ad una sostanziale "mitezza", che fornisce una risposta al crimine "senza spada" [5].

I meccanismi di *diversion* previsti dal nostro legislatore sono **quattro**: il più risalente, disciplinato dal codice penale e dal R.d.l. 20 luglio 1934, n. 1404, è il **perdono giudiziale**, appannaggio esclusivo del **minore**; seguono la **sentenza di non luogo a procedere per irrilevanza del fatto** e la **sospensione del processo con messa alla prova**, regolamentati dal d.P.R. 22 settembre 1988, n. 448 ed esportati, successivamente, con i dovuti adattamenti, nell'ordinamento processuale penale per gli adulti [6]; l'ultimo nato, innestato nel d.P.R. n. 448 del 1988 dal recente d.l. 15 settembre 2023, n. 123, convertito, con modificazioni, dalla l. 13 novembre **2023, n. 159** – c.d. **decreto Caivano** –, è il **percorso di rieducazione**, riservato al minorenne.

2. *Il perdono giudiziale:* ratio *dell'istituto, natura giuridica e presupposti.*

Il perdono giudiziale, ideato dal legislatore del 1930, rappresenta una delle soluzioni normative più significative in controtendenza rispetto alla logica re-

---

[3] Sul punto, cfr. Cap. II, § 3.

[4] Testualmente M. DONINI, *Per una concezione post-riparatoria della pena. Contro la pena come raddoppio del male*, in *Riv. it. dir. e proc. pen.*, 2013, p. 1162 ss.

[5] Espressione presa in prestito da G. MANNOZZI, *La giustizia senza spada. Uno studio comparativo su giustizia riparativa e mediazione penale*, Giuffrè, Milano, 2003.

[6] V. *infra*, §§ 3.4 e 4.6.

tributiva che animava il codice penale del momento, di stampo fascista. Come si legge nella Relazione del Guardasigilli Rocco, «la deviazione dalla linea logica e fondamentale del magistero punitivo» è diretta a garantire «il trionfo di una più alta esigenza»: quella di «salvare dalla perdizione le giovani esistenze e di favorire in tal modo il progresso civile, rendendo sempre migliori, materialmente e moralmente, le condizioni della convivenza civile».

L'obiettivo, dunque, è quello di evitare che condanne e pene a carico del minore autore di un reato non grave, espressione di un disagio esistenziale connesso ad uno stallo evolutivo, possano tradursi in un ostacolo al reinserimento sociale del giovane reo.

La norma che detta le condizioni e i limiti per accedere al beneficio è l'**art. 169 c.p.**, che si colloca tra le disposizioni dedicate alle **cause di estinzione del reato** (libro I, titolo VI, capo I).

Il legislatore del 1930, nel tracciare le coordinate dell'istituto, innanzi tutto individua il **minorenne** quale **unico** destinatario del beneficio.

Certamente deve trattarsi di un **minore capace di intendere e di volere** al momento della commissione del fatto: in caso contrario, il giudice ha l'obbligo di pronunciare il relativo proscioglimento per **difetto di imputabilità**.

In secondo luogo, se è vero che l'innocente non ha nulla da farsi "perdonare", allora è necessario, quale ulteriore **presupposto implicito** dell'istituto, l'accertamento della **responsabilità del minore**[7] in ordine ad un fatto di reato tipico, antigiuridico e colpevole, completo, cioè, di tutti i suoi elementi costitutivi. La correttezza di tale approdo trova, peraltro, conferma nel dato letterale: il legislatore, nell'art. 169, comma 1, c.p., utilizza la parola «**colpevole**» per identificare il destinatario del perdono giudiziale.

Ciò premesso, la disposizione in esame àncora il beneficio al ***quantum* di pena** fissato nella norma incriminatrice – detentiva o pecuniaria che sia –, a nulla rilevando la natura o la specie dell'illecito commesso: nello specifico, secondo la versione primigenia dell'art. 169 c.p., possono essere "perdonati" i reati per i quali «la legge ***stabilisce***[8] una pena restrittiva della libertà personale **non superiore nel massimo a due anni**, ovvero una pena pecuniaria non superiore nel massimo a **lire diecimila**, anche se congiunta a detta pena».

Posto che molti dei reati più frequentemente commessi in età adolescenziale sono puniti con una pena edittale superiore a quella fissata nell'art. 169, comma 1, c.p. (si pensi al furto, al danneggiamento, alle lesioni personali), appare evidente come l'angusto ambito operativo tratteggiato dalla norma codicistica abbia reso di fatto inoperante l'istituto.

---

[7] Si tratta di una affermazione pacifica: v., da ultimo, Corte cost., 31 marzo 2008, n. 85.

[8] Corsivo aggiunto.

L'inconveniente è stato presto superato dalla legge istitutiva del Tribunale per i Minorenni – il **R.d.l. n. 1404 del 1934** – il cui **art. 19**, dedicato al perdono giudiziale, ha dilatato l'orbita applicativa del beneficio, sostituendo la pena stabilita **in astratto** dalla legge con quella **irrogabile in concreto**. Secondo la citata disposizione, il meccanismo in questione può essere attivato quando, per il reato commesso dal minore, il giudice **ritenga** «che **si possa applicare** una pena restrittiva della libertà personale non superiore ad anni due ovvero una pena pecuniaria non superiore alle lire 15.000, anche se congiunta a detta pena [...]».

Dunque, il giudice, nel calcolo della pena, è tenuto a computare la **diminuente** della **minore età** e tutte le altre eventuali **circostanze attenuanti**: di conseguenza, potrà perdonare anche il minore che abbia commesso reati non propriamente bagatellari, compresi quelli per i quali la pena stabilita in **astratto** dalla legge sia superiore nel massimo a due anni [9].

Quanto alla **pena pecuniaria**, l'originario tetto di 15.000 lire è stato elevato a 3 milioni di lire dalla l. 24 novembre 1981, n. 689 (art. 112); valore che, nel 2002 – con la definitiva scomparsa della lira –, è stato rideterminato e arrotondato a **1.549,37 euro**.

Un ultimo rilievo sul punto si impone. A distanza di oltre ottanta anni dall'entrata in vigore del R.d.l. n. 1404 del 1934, il legislatore non ha ancora provveduto ad aggiornare l'art. 169 c.p., limitandosi a convertire le lire (diecimila) in euro (cinque). Dinanzi al quadro normativo così descritto, all'interprete non resta altro che leggere la disposizione codicistica alla luce dei limiti di pena concreti fissati nell'art. 19 R.d.l. n. 1404 del 1934.

Il secondo criterio di selezione delle fattispecie candidabili al perdono giudiziale, fissato nella parte conclusiva del comma 1 dell'art. 169 c.p., richiede una **valutazione prognostica** sul **rischio di recidiva**: il giudice può perdonare il minore quando, «avuto riguardo alle circostanze indicate nell'articolo 133» c.p., **presuma** «che il colpevole si asterrà dal commettere ulteriori reati».

Si tratta di una **proiezione predittiva** estremamente delicata e complessa: il giudice, cioè, deve "sforzarsi di capire" se il reato commesso dal minore sia un episodio eccezionale, sintomo di un momento di disagio passeggero, destinato a rimanere senza seguito ovvero si configuri quale fotogramma di una sequenza criminale, che sottende una radicata scelta di delinquere. È chiaro che il perdono dovrà essere concesso esclusivamente al minore in grado di interpretare il

---

[9] Si consideri, ad esempio, un minore che abbia commesso il delitto di spaccio di sostanze stupefacenti *ex* art. 73 d.P.R. 9 ottobre 1990, n. 309 e che chieda il rito abbreviato; la pena base è sei anni di reclusione; con la diminuzione di un terzo – per la concessione delle attenuanti generiche – si perviene alla pena di quattro anni di reclusione; con l'attenuante della minore età, si giunge a due anni e otto mesi di reclusione e, da ultimo, con la riduzione di un terzo per il rito, si perviene ad un anno, nove mesi e venti giorni di reclusione. Dunque, il minore può essere "perdonato".

provvedimento di clemenza, non come una forma di debolezza dello Stato, bensì come un **atto di fiducia** che l'ordinamento gli ripone.

La preoccupazione di immettere nel circuito valutativo giudizi prognostici inevitabilmente caratterizzati da imprevedibilità ed arbitrarietà ha indotto il legislatore a richiamare espressamente i **parametri valutativi** fissati nell'**art. 133 c.p.**

Dunque, il giudice, nel decidere se concedere o negare il beneficio, prenderà in esame gli indici sintomatici della **gravità del fatto** *ex* art. 133, comma 1, c.p. – la natura, la specie, i mezzi, l'oggetto, il tempo, il luogo e ogni altra modalità dell'azione, la gravità del danno o del pericolo cagionato alla persona offesa, l'intensità del dolo o il grado della colpa – e quelli della **capacità a delinquere** *ex* art. 133, comma 2, c.p. – i motivi, il carattere, i precedenti penali e giudiziari e, in genere, la condotta e la vita, antecedenti al reato, la condotta contemporanea o susseguente al reato, le condizioni di vita individuale, familiare e sociale del reo [10] – e, certamente, nel formulare il suo giudizio, si avvarrà degli **accertamenti sulla personalità** disposti ai sensi dell'art. 9 l.m. [11].

2.1. (Segue) *Le cause ostative.*

L'ambito operativo del meccanismo in esame è delimitato dall'accertamento di **due ulteriori requisiti**, di carattere negativo: il minore non deve aver riportato una **condanna a pena detentiva** per un **delitto** (anche se è intervenuta la riabilitazione) e non deve essere stato dichiarato **delinquente** o **contravventore abituale o professionale** (art. 169, comma 3, c.p.) [12].

Il perdono giudiziale **non può essere concesso più di una volta**. Il principio, scolpito nel comma 4 dell'art. 169 c.p., a ben vedere, ha subìto un graduale processo erosivo ad opera della **Corte costituzionale** la quale, in due step, ha dichiarato il menzionato comma costituzionalmente illegittimo, per contrasto

---

[10] Come ha avuto modo di evidenziare il giudice di legittimità (Cass., Sez. I, 4 dicembre 2008, n. 45080), ai fini della concessione del perdono giudiziale, la prognosi di futuro buon comportamento dell'imputato non può fondarsi sul solo dato dell'incensuratezza, «dovendo entrare in valutazione ulteriori elementi rivelatori della personalità del minore, quali le circostanze e le modalità dell'azione, l'intensità del dolo, la condotta di vita anche susseguente al reato, le condizioni familiari e sociali».

[11] In tema, v. Cap. III, § 1.2.

[12] Si tratta dei casi «preveduti dal n. 1 del primo capoverso dell'articolo 164» c.p., richiamati dal comma 3 dell'art. 169 c.p., che ostacolano, altresì, l'applicazione della sospensione condizionale della pena.

con **l'art. 3 Cost.**: prima, nella parte in cui non consente che possa estendersi l'istituto ad altri reati legati col vincolo della **continuazione** a quello per il quale sia stato accordato il beneficio [13], giudicati – evidentemente – in separati procedimenti; poi, nella parte in cui esclude che possa concedersi un **nuovo perdono** giudiziale quando il minore abbia commesso, prima della sentenza *ex* art. 169 c.p., un altro reato punito con pena che, cumulata con la precedente, non superi i limiti di applicabilità dell'istituto [14].

Appare evidente la ***ratio*** dell'intervento correttivo del Giudice delle leggi; premesso che la riunione dei procedimenti per reati commessi dallo stesso minorenne non sempre è possibile (si pensi al caso in cui gli illeciti si eseguano in tempi diversi), né è obbligatoriamente prescritta (cfr. art. 17 c.p.p.) [15], l'art. 169 c.p., prima che cadesse sotto la scure della Corte costituzionale, determinava una **ingiustificata** ed **inaccettabile disparità di trattamento**: il minore che fosse stato sottoposto ad un *simultaneus processus* avrebbe potuto godere del perdono giudiziale per tutte le imputazioni; colui che, per i più svariati motivi, fosse stato giudicato in processi separati, avrebbe potuto usufruirne solo una volta.

Resta fermo che la reiterazione del beneficio è preclusa in relazione ai reati commessi **successivamente** alla sentenza che ha concesso il perdono [16].

2.2. (Segue) *La decisione.*

Integrati i presupposti delineati dal comma 1 dell'art. 169 c.p. e dall'art. 19 R.d.l. n. 1404 del 1934 e in assenza delle condizioni ostative di cui al comma 3 dell'art. 169 c.p., il giudice è autorizzato a "perdonare" il minore, ossia, può: in **udienza preliminare**, «astenersi dal pronunciare il rinvio a giudizio» (art. 169, comma 1, c.p.); «qualora si proceda al **giudizio**», «[…] astenersi dal pronunciare condanna» (art. 169, comma 2, c.p.).

Dunque, per espressa previsione legislativa, la decisione può essere emessa solo in **udienza preliminare** – anche nelle ipotesi in cui venga attivato il **rito abbreviato** – e in **dibattimento**; non anche nella fase delle indagini preliminari o in quella predibattimentale.

Il perdono giudiziale è concesso, in **udienza preliminare**, con **sentenza di non luogo a procedere**, previo **consenso** del minore alla definizione anticipata

---

[13] Corte cost., 5 giugno 1973, n. 108.

[14] Corte cost., 24 giugno 1976, n. 154.

[15] In arg., cfr. Cap. III, § 2.2.

[16] Sul punto, cfr. Cass., Sez. V, 20 settembre 2005, n. 37454.

del rito [17] (art. 32, comma 1, l.m.); in **dibattimento** e in sede di giudizio **abbreviato**, con sentenza di **non doversi procedere** (art. 531 c.p.p., trattandosi di una causa di estinzione del reato).

Non sfugge come la sentenza, presupponendo la sussistenza del fatto e la correlativa responsabilità, sia, nella **sostanza**, una **"cripto" condanna**, sebbene, nella **forma**, assuma le sembianze di un **proscioglimento** [18].

Con la concessione del beneficio scattano una serie di **effetti favorevoli**: si **estingue il reato**, in via immediata e irrevocabile, **non si applicano le pene**, principali e accessorie, né le **misure di sicurezza**.

La sentenza, in forza dell'art. 10, comma 2, l.m., **non ha efficacia vincolante** nel giudizio civile di danno e, come statuito dall'art. 5, comma 4, d.P.R. 14 novembre 2022, n. 313, resta iscritta nel **casellario giudiziale** fino al compimento del **ventunesimo anno di età** [19].

2.3. (Segue) *Il rapporto con le altre formule proscioglitive.*

All'esito dell'udienza preliminare (o del rito abbreviato) e del dibattimento, può prospettarsi un **concorso** tra l'estinzione del reato per perdono giudiziale e le altre formule proscioglitive [20].

La soluzione va ricercata sulla base del ***favor rei***, secondo l'ordine già strutturato dagli artt. 529 ss. c.p.p.

Dunque, l'improcedibilità («perché l'azione penale non doveva essere iniziata o non deve essere proseguita» *ex* artt. 425 e 529 c.p.p.), facendo venir meno la legittima investitura del giudice, quali che siano le risultanze processuali, predomina su ogni altra formula di proscioglimento e, dunque, anche sulla dichiarazione di **estinzione del reato** in questione.

Analogamente, le **formule assolutorie** «il fatto non sussiste», «l'imputato non l'ha commesso», «il fatto non costituisce reato», «il fatto non è previsto dalla legge come reato» e il «reato è stato commesso da persona non imputabile» (cfr. artt. 425 e 530 c.p.p.), escludendo la sussistenza del reato o la sua

---

[17] Per un approfondimento sul punto, cfr. Cap. VI, § 2.2.

[18] In tema di impugnazione avverso la sentenza emessa in udienza preliminare e in dibattimento e in tema di opposizione e revoca della sentenza emessa dal giudice dell'udienza preliminare, si rinvia al Cap. VI, §§ 2.4 e 2.4.1.

[19] Secondo la citata disposizione, «Le iscrizioni di provvedimenti giudiziari relativi a minori di età sono eliminate al compimento del diciottesimo anno di età della persona cui si riferiscono, eccetto quelle relative al perdono giudiziale, che sono eliminate al compimento del ventunesimo anno [...]». In arg. v. Cap. VII, § 4.

[20] Quanto al concorso con le altre tecniche di *diversion*, v. *infra*, § 6.

ascrivibilità all'imputato, fanno premio sulla pronuncia in esame, che assume come premessa logica l'accertamento di responsabilità. In questa prospettiva, anche la declaratoria di **estinzione del reato** per **amnistia**[21] o **prescrizione** (art. 531 c.p.p.), che non sottende alcun riconoscimento della colpevolezza dell'imputato, prevale sul proscioglimento *ex* art. 169 c.p.

Un dubbio potrebbe sorgere sul rapporto con la **sospensione condizionale della pena** *ex* art. 163 ss. c.p.[22]. Connotati dal medesimo presupposto applicativo – la **prognosi positiva di buona condotta** – e da una conseguenza comune – **l'estinzione** del reato –, l'elemento differenziale è dato dalla **scansione diacronica** dell'effetto **estintivo**: quest'ultimo, per il perdono giudiziale, si realizza subito, al momento del passaggio in giudicato della sentenza che lo applica; per la sospensione condizionale della pena, è differito all'esito del fruttuoso decorso del termine di legge. Sembrerebbe, dunque, "più favorevole" il perdono.

Sulla questione è stata compulsata la Cassazione[23] la quale ha avuto modo di precisare che «con la differenziata efficacia dei due istituti, il legislatore ha voluto offrire al giudice di merito uno strumento capace di consolidare nel minore le controspinte psicologiche al reato e le basi di un suo pieno recupero sociale, subordinando al decorso del tempo il verificarsi della causa estintiva, piuttosto che dare ad essa un'immediata applicazione». La scelta tra i due benefici è rimessa, dunque, al **potere discrezionale** del giudice di merito, che dovrebbe optare per l'istituto *ex* art. 163 c.p. nell'ipotesi in cui nutrisse qualche perplessità sul ravvedimento dell'imputato[24].

3. *La sentenza di non luogo a procedere per irrilevanza del fatto:* ratio *dell'istituto e natura giuridica.*

L'art. 27 l.m. disciplina la **sentenza di non luogo a procedere per irrilevanza del fatto**.

Va detto immediatamente che l'**espressione «irrilevanza del fatto»** è

---

[21] Cfr. art. 1, n. 1, lett. *g*, d.P.R. 12 aprile 1990, n. 75, secondo il quale l'amnistia può essere accordata per ogni reato commesso dal minore «quando il giudice ritiene che possa essere concesso il perdono giudiziale [...]».

[22] In tema, v. Cap. VII, § 4.

[23] Cass., Sez. VI, 31 ottobre 2013, n. 16017.

[24] La decisione – a dirlo è sempre la Cassazione nella citata pronuncia –, se sorretta da una adeguata e congrua motivazione, scevra da vizi logici, che dia conto della ritenuta opportunità di rafforzare il progetto di recupero dell'imputato grazie all'effetto deterrente indotto dal rischio di dover scontare la pena sospesa, non è ricorribile in cassazione.

fuorviante, avallando erroneamente l'idea di un'intrinseca liceità del fatto. A ben vedere, non siamo nel campo dell'"inoffensività" (art. 49, comma 2, c.p.), perché non vi è alcuna interferenza sul "momento" precettivo: si interviene solo su quello – successivo – della reazione alla trasgressione. Ci si trova, cioè, di fronte a fatti di reato che, pur perfetti, in astratto, nella loro tipicità, antigiuridicità e colpevolezza, risultano, in concreto e sulla scorta di criteri predeterminati dal legislatore, privi di un significativo disvalore, e, pertanto, l'ordinamento rinuncia ad applicare la sanzione o, ancora prima, a celebrare il processo. Il congegno in esame, dunque, consente la fuoruscita rapida e definitiva dal circuito penale del minore la cui condotta, pur **integrando un reato**, costituisce un "**incidente di percorso**" che non desta alcuno specifico allarme sociale, essendo, dal punto di vista soggettivo, l'espressione dell'esuberanza giovanile, e rivestendo, dal punto di vista oggettivo, un modestissimo rilievo concreto.

Dalla lettura della disposizione in esame emerge subito che il legislatore non dà indicazioni precise sulla **natura giuridica dell'istituto**. Il panorama interpretativo si presenta sul punto alquanto variegato, complice l'ambiguità della posizione sistematica dallo stesso occupata, a metà strada tra diritto sostanziale – è un'ipotesi di **rinuncia alla pena** per un fatto conforme ad una fattispecie incriminatrice – e diritto processuale: è collocato in una sede normativa deputata a disciplinare un particolare tipo di processo penale. Causa di non procedibilità, esimente, causa di estinzione del reato, **causa di esenzione della pena**. Quest'ultima, la tesi più accreditata: l'«irrilevanza del fatto» di cui all'art. 27 l.m. non integra una circostanza successiva alla condotta criminosa idonea ad estinguerla, ma attiene «al suo originario configurarsi, in ragione del quale, *ab initio*, l'ordinamento rinuncia all'applicazione della pena», secondo il modello tipico delle **cause di non punibilità**, «in cui è l'ultimo momento, quello della statuizione della sanzione da irrogare in concreto a chi si sia reso responsabile dell'illecito ascrittogli, il segmento mancante nella sequenza che dovrebbe collegare la commissione del fatto di reato alla reazione dell'ordinamento» [25].

Indicazioni in tal senso sono contenute, del resto, anche nella pronuncia con cui la **Corte costituzionale** [26] ha dichiarato costituzionalmente illegittimo, per "**eccesso di delega**", il testo originario dell'art. 27 l.m. (poi ripristinato dalla l. 5 febbraio 1992, n. 123): per la Consulta, questa disposizione «ha posto in essere una **nuova causa di non punibilità** dell'imputato minorenne», che non trova

---

[25] C. CESARI, *Le clausole di irrilevanza del fatto nel sistema processuale penale*, Giappichelli, Torino, 2005, p. 156.

[26] Corte cost., 6 giugno 1991, n. 250.

di per sé «collocazione all'interno dell'oggetto della legge delega in ragione della sua preminente natura di diritto sostanziale»[27].

3.1. (Segue) *I presupposti espliciti.*

Tre le condizioni fissate dal legislatore per l'emissione della sentenza di non luogo a procedere: la **tenuità del fatto**, che guarda ai caratteri della condotta criminosa; **l'occasionalità del comportamento**, connessa all'autore dell'illecito; il **pregiudizio per le esigenze educative** del minore derivante da un ulteriore corso del procedimento, attinente ai possibili effetti negativi che la celebrazione del rito penale può sortire sulla vita del suo "piccolo" protagonista.

La disposizione sembra porre i tre indici sintomatici della «irrilevanza del fatto» in un rapporto di **gerarchia cronologica**: preliminare è la verifica sulla tenuità; solo se l'esito di questa valutazione è positivo, segue il vaglio afferente all'occasionalità; infine, superato anche tale "scoglio", l'attenzione si sposta sull'opportunità pedagogica di proseguire il rito minorile.

Quanto al **primo requisito**, posto che il relativo giudizio è ancorato al "fatto" e non alla "fattispecie astratta di reato", rilevano le **caratteristiche "concrete" della condotta illecita** addebitata al minore, così come si è manifestata nel mondo esteriore e fenomenico. Ovviamente deve trattarsi di un fatto tipico, penalmente rilevante, comprensivo anche dell'**elemento soggettivo**. Dunque, sebbene la norma non assegni esplicitamente un autonomo rilievo a quest'ultimo, il giudice, nello stabilire se il fatto è tenue, non può prescindere da una valutazione della colpevolezza – intensità del dolo o grado della colpa – del suo autore.

In riferimento alla **seconda componente**, non conta solo il dato cronologico, ossia l'incensuratezza del minore: l'occasionalità non va identificata, cioè, con la "primarietà" della condotta illecita nel vissuto personale del reo. Peraltro, se il legislatore avesse voluto tenere fuori i recidivi dai confini applicativi dell'istituto in questione, avrebbe fatto esplicito richiamo alle corrispondenti categorie consolidate. Né, tanto meno, rileva il solo concreto atteggiamento dell'agente rispetto all'azione, nel senso che debba reputarsi "occasionale" esclusivamente il fatto commesso sotto l'impulso del momento, che non sia frutto di una scelta

---

[27] Secondo la Corte, «il vizio di eccesso di delega per esorbitanza dall'oggetto non sussisterebbe ove la norma delegata trovasse il suo supporto nei principi direttivi». E, procedendo ad una attenta disamina degli stessi, a partire da quelli contenuti nell'art. 3 – relativi alla disciplina del processo a carico di imputati minorenni –, la Consulta ha evidenziato che «non si trova alcuna previsione di una nuova causa di non punibilità, né alcun elemento indicativo da cui tale istituto possa trovare derivazione».

deviante premeditata. Se così fosse, inevitabilmente, si finirebbe per confondere simile profilo con quello della colpevolezza: si avrebbe, cioè, una doppia valutazione del medesimo elemento, costituito dall'atteggiamento soggettivo del reo rispetto al fatto commesso. E, allora, in conclusione, va abbracciata una **posizione intermedia**: il giudice deve travalicare "l'indicatore" della reiterazione e analizzare tutti gli elementi che ha a disposizione – i trascorsi penali dell'imputato, i rapporti con l'offeso, le modalità della condotta, le condizioni di vita familiare e sociale, i motivi del delinquere, il carattere del reo, il comportamento contemporaneo o susseguente al reato – al fine di valutare se il fatto bagatellare commesso si configuri quale fotogramma di una sequenza criminale – condotta abituale, sistematica, seriale – e, dunque, "occasione" per nuove violazioni della legge penale, oppure, più semplicemente, **episodio estemporaneo**, destinato a restare senza seguito.

Certo è che il laconico riferimento al "fatto tenue" e al "comportamento occasionale" – non accompagnato dalla tipizzazione in termini rigorosi di una griglia di criteri in grado di orientare il giudice impegnato ad accertare la ricorrenza dei presupposti applicativi – si traduce in un rischio, pericoloso e iniquo, di determinazioni fortemente **discriminatorie**.

Ad onor del vero, va detto che, più volte, il Giudice delle leggi ha "perso l'occasione" di svolgere quella funzione "concretizzatrice" dei principi costituzionali che, tante altre volte, ne ha fatto apprezzare i coraggiosi insegnamenti.

Il primo intervento è stato sollecitato dal Tribunale che aveva evidenziato come il proscioglimento per irrilevanza del fatto *ex* art. 27 l.m., oltre ad essere lesivo dell'art. 76 Cost., per "eccesso di delega", e dell'art. 112 Cost. – perché conferirebbe al pubblico ministero un potere dispositivo sull'azione penale –, violerebbe anche l'art. 3 Cost.: la categoria della «irrilevanza del fatto» risulterebbe ancorata a «valutazioni oggettive assolutamente generiche [...], rinviando a criteri tanto suscettibili di disomogenea adozione da approssimarsi al "diritto libero"».

La **Corte costituzionale**[28], pronunciatasi sull'eccezione, non ha approfondito la questione: ha espunto dal sistema l'art. 27 l.m., accogliendo unicamente il rilievo dell'illegittimità dell'istituto per "**eccesso di delega**", ritenendo assorbiti tutti gli altri punti[29].

Reintrodotta, con la l. n. 123 del 1992, la disposizione in parola, sono riemersi quasi subito i dubbi di compatibilità costituzionale della disciplina – sempre in relazione agli artt. 25 e 3 Cost. –, ma, questa volta, la stessa **Corte di cassazione**[30], dichiarando manifestamente infondata la questione, ha impedito

---

[28] Corte cost., 6 giugno 1991, n. 250.

[29] V. *retro*, nt. 27.

[30] Cass., Sez. IV, 23 dicembre 1994, n. 1208.

alla Consulta di pronunciarsi sul punto, reputando "sufficientemente determinata" la «descrizione legislativa dei parametri dell'accertamento del giudice che, con un riferimento coinvolgente il fatto-reato, sotto il profilo della tenuità e dell'occasionalità della condotta criminosa, contribuisce ad una precisa identificazione della fattispecie di irrilevanza».

Rilevato, in una successiva occasione, un altro aspetto di "irragionevole discriminazione" della disciplina, censurabile ai sensi dell'art. 3 Cost.[31], la **Corte costituzionale**[32], nel respingere la relativa eccezione, pur accettandone le premesse esegetiche, si è limitata ad affermare che «il prevalente interesse del minore ad una rapida definizione del procedimento esclude che la pronuncia di una sentenza di non luogo a procedere per irrilevanza del fatto si traduca in un trattamento di sfavore rispetto agli imputati per i quali il pubblico ministero abbia presentato una richiesta di rinvio a giudizio, anche in vista di un proscioglimento all'udienza preliminare, comunque posposto nel tempo».

L'ultimo presupposto esplicitato nell'art. 27, comma 1, l.m., collocato deliberatamente a chiusura della fattispecie, assolve ad una **funzione logica sussidiaria**: solo alla conclusione del processo valutativo sul fatto esiguo, il giudice – accertata tenuità e occasionalità – deve stabilire se la prosecuzione del rito può pregiudicare le esigenze educative del minorenne.

L'estrema vaghezza contenutistica di tale requisito – difficile da tollerare alla luce dell'art. 25, comma 2, Cost. – ne determina **l'ambiguità funzionale** e l'inettitudine operativa. In quest'ordine di idee, si presenta come un "**presupposto apparente**", di per sé inidoneo a determinare il rigetto o l'accoglimento di un'istanza: la prosecuzione del processo a carico del minorenne per un fatto tenue e occasionale è sempre pregiudizievole per la sua educazione.

3.2. (Segue) *I presupposti impliciti.*

Come per il perdono giudiziale, anche la sentenza *ex* art. 27 l.m. può essere emessa solo nei confronti del minore che abbia la **capacità di intendere e di volere** all'epoca dei fatti: in caso contrario, scatterebbe il relativo **proscioglimento per difetto di imputabilità**.

---

[31] Secondo il giudice rimettente, l'imputato nei cui confronti il pubblico ministero ha presentato richiesta di sentenza di non luogo a procedere per irrilevanza del fatto verrebbe a trovarsi in una situazione più sfavorevole rispetto all'imputato per il quale l'inquirente ha chiesto il rinvio a giudizio, potendo, in tale ultima situazione, il giudice collegiale, pronunciare sentenza di non luogo a procedere con formule più favorevoli, quali il fatto non sussiste o non è preveduto dalla legge come reato.

[32] Corte cost., 7 aprile 1997, n. 103.

La pronuncia – che può essere emessa anche nella fase delle **indagini preliminari** (art. 27, comma 1, l.m.) – presuppone, altresì, **l'accertamento della responsabilità penale del minore** (come quella *ex* art. 169 c.p.), ossia una valutazione contenutistica dell'ipotesi accusatoria – che il reato sussista e che sia attribuibile all'indagato/imputato –, seppure alla luce degli elementi di conoscenza sino a quel momento acquisiti. Una conferma in tal senso proviene dalla disposizione contenuta nell'art. 27, comma 3, l.m. che attribuisce al minore la **legittimazione a proporre appello** avverso la relativa sentenza emessa in fase investigativa [33]: la previsione si spiega con la necessità di dare al giovane indagato l'opportunità di far valere il suo diritto ad ottenere il proscioglimento con una formula più favorevole, poiché quella di irrilevanza contiene una statuizione in punto di responsabilità.

L'art. 27 l.m. non contempla, tra i presupposti della sentenza, il **consenso dell'indagato/imputato**: invero, come si dirà meglio più avanti [34], la l. 1° marzo 2001, n. 63 si è preoccupata di interpolare unicamente l'art. 32 l.m. – che disciplina i provvedimenti del **giudice dell'udienza preliminare** –, subordinando al «consenso dell'imputato» la pronuncia della sentenza di non luogo a procedere tanto nei casi previsti dall'art. 425 c.p.p., quanto nelle ipotesi di concessione del perdono giudiziale e di «irrilevanza del fatto»; "misteriosamente", ha lasciato intatto il contenuto dell'art. 27 l.m. La "**dimenticanza**" del legislatore non è priva di effetti: sembrerebbe che l'«irrilevanza del fatto» dichiarata in fase di indagini preliminari non sia subordinata al previo consenso del minore, proprio come quella pronunciata in dibattimento. La mancata previsione del consenso, quale presupposto della decisione, ragionevole in dibattimento – implicando, quest'ultimo, un contraddittorio pieno –, appare, invece, **priva di alcuna plausibilità logica** nel corso delle indagini: in tale sede – come in udienza preliminare –, la decisione *ex* art. 27 l.m. postula un accertamento di responsabilità che si fonda su atti di indagine sottratti al contraddittorio.

In attesa di un intervento **"riparatore"** della **Corte costituzionale** – che dichiari illegittimo l'art. 27, comma 1, l.m., nella parte in cui non subordina al consenso del minore la declaratoria di irrilevanza del fatto –, non si può prescindere, per via esegetica, da **un'applicazione analogica** dell'art. 32 l.m., posta l'*eadem ratio* che accomuna le due fattispecie a confronto: il giudice, nel corso dell'audizione in camera di consiglio *ex* art. 27, comma 2, l.m., dovrebbe chiedere al minore se consente alla definizione anticipata del procedimento in tale sede; in mancanza del consenso, dovrebbe restituire gli atti al

---

[33] La pronuncia è appellabile anche dal procuratore generale presso la Corte d'appello; il procedimento è camerale *ex* art. 127 c.p.p. e il giudice d'appello, se non conferma la sentenza, dispone la restituzione degli atti al pubblico ministero (art. 27, comma 3, l.m.).

[34] Cap. VI, § 2.2.

pubblico ministero per la prosecuzione nelle forme ordinarie.

A sostegno della soluzione prospettata può invocarsi lo stesso art. 32 l.m.: nella parte in cui considera espressamente l'evenienza che il consenso dell'imputato «sia stato validamente prestato in precedenza», sembra ammettere la presenza di contesti che precedono l'udienza preliminare in cui il minore possa assentire ad una delle modalità alternative di definizione del procedimento.

3.3. (Segue) *La decisione.*

Durante la **fase investigativa**, il pubblico ministero, accertata la sussistenza dei relativi presupposti, **chiede** l'emissione della sentenza di non luogo a procedere per irrilevanza del fatto al giudice per le indagini preliminari (art. 27, comma 1, l.m.). Con la richiesta, il pubblico ministero **esercita l'azione penale**, formulando l'imputazione.

L'art. 27 l.m. non richiede il preventivo adempimento di cui all'**art. 415-*bis* c.p.p.**, privando, di fatto, il minore di un'importante *chance* difensiva che potrebbe traghettarlo verso un esito più favorevole. La lacuna può essere colmata in forza dei **principi di sussidiarietà** *ex* art. 1, comma 1, l.m. e del ***favor minoris***, elaborato dalla Corte costituzionale[35] e desumibile dalle Carte internazionali[36], in forza del quale tutte le garanzie del processo penale ordinario devono estendersi anche al rito minorile[37].

Il giudice, per assicurare il contraddittorio, fissa l'udienza camerale, a norma dell'art. 127 c.p.p., alla quale hanno **diritto di partecipare**, per essere ascoltati, oltre al minorenne, all'esercente la responsabilità genitoriale e alla persona offesa (art. 27, comma 2, c.p.p.), il pubblico ministero e il difensore (art. 127, comma 3, c.p.p.). A tal fine, deve essere dato avviso ai soggetti interessati della **data dell'udienza** con almeno dieci giorni di anticipo (art. 127, comma 1, c.p.p.). L'obbligo di inviare tempestivamente gli avvisi dell'udienza è presidiato da **nullità**, ai sensi dell'art. 127, commi 1 e 5, c.p.p., nonché, rispetto all'esercente la responsabilità genitoriale, dell'art. 7 l.m. La sanzione si atteggia diversamente a seconda del vizio che viene in rilievo e del soggetto pretermesso. Si tratta di una **nullità relativa** rispetto alla persona offesa (artt. 127, comma 5, e 181 c.p.p.) e a **regime intermedio** per quanto attiene al pubblico ministero, al difensore e all'esercente la responsabilità genitoriale, venendo in gioco, rispettivamente, il diritto della parte pubblica a partecipare al

---

[35] Corte cost., 11 luglio 2000, n. 323.

[36] Cfr. Cap. I, §§ 7 e 7.1.

[37] Sul principio del *favor minoris*, cfr. Capp. II, § 2 e IV, § 3.

procedimento e quello dell'imputato a ricevere assistenza tecnico/processuale e a esercitare pienamente l'autodifesa (artt. 178, comma 1, lett. *b* e *c* e 180 c.p.p.).

Con riferimento all'**esercente la responsabilità genitoriale**, alla luce dell'interpolato art. 12 l.m. e del neo introdotto art. 12-*ter* l.m. – con i quali il legislatore domestico ha recepito l'**art. 5** della **Direttiva (UE) 2016/800**[38] – deve ritenersi che, nei casi previsti dall'art. 12, comma 1-*bis*, l.m., all'esercente la responsabilità genitoriale subentri la **persona idonea** indicata dal minore o designata dall'autorità giudiziaria.

Quanto all'imputato, occorre distinguere: mentre l'omesso avviso dell'udienza camerale, ormai pacificamente assimilato alla mancata citazione, determina una **nullità assoluta** (art. 179 c.p.p.), la tardiva convocazione sfocia in una **nullità a regime intermedio**, comprimendo la pienezza del suo intervento (artt. 178, comma 1, lett. *c* e 180 c.p.p.).

Non è chiaro se l'imputato privo del difensore di fiducia abbia diritto alla nomina di un **difensore di ufficio**: il rinvio dell'art. 27 l.m. alla disciplina del procedimento camerale – che contempla la notificazione dell'avviso al difensore «di ufficio» quando l'imputato sia «privo di difensore» fiduciario (art. 127, comma 1, c.p.p.) – induce a sciogliere il dubbio in senso affermativo.

A seguito dell'udienza camerale, il giudice può **accogliere** o **rigettare** la richiesta: nel primo caso, pronuncia la **sentenza di non luogo a procedere** per irrilevanza del fatto; nel secondo caso, emette un'**ordinanza motivata** – non impugnabile, deponendo in tal senso il silenzio dell'art. 27 l.m. e il principio di tassatività delle impugnazioni –, e dispone la restituzione degli atti al pubblico ministero.

L'inquirente, a questo punto, essendo l'azione penale irretrattabile, può formulare l'imputazione nei modi ordinari, ossia con la richiesta di rinvio a giudizio, oppure potrebbe, altresì, optare per la prosecuzione delle indagini e chiedere nuovamente la sentenza di non luogo a procedere per irrilevanza del fatto o persino l'archiviazione, ad esempio, nell'ipotesi in cui intervenga, nel frattempo, una remissione di querela.

È controverso se, una volta esercitata dal pubblico ministero l'azione penale con la richiesta di irrilevanza del fatto, il giudice possa (e debba) pronunciarsi in senso **più favorevole** per l'imputato in presenza dei presupposti per una **sentenza *ex* art. 129 c.p.p.** In senso negativo, la Cassazione ha evidenziato che simile disposizione non attribuisce al giudice un potere «autonomo e avulso dalle specifiche norme che disciplinano i diversi segmenti processuali»; e, poiché l'art. 27, comma 2, l.m. si limita a porre l'alternativa tra accoglimento della

[38] V. Cap. III, § 5.

richiesta del pubblico ministero e rigetto con restituzione degli atti, nessuna altra possibilità sarebbe data al giudice per le indagini preliminari, tantomeno con provvedimento *de plano* [39].

Non mancano, tuttavia, nella giurisprudenza di merito – come pure in quella di legittimità [40] – timide prese di posizione di segno contrario, meritevoli di sviluppo, che fanno leva sui parametri di cui agli artt. 3, 27, comma 2, e 111, comma 2, Cost.: la "chiusura" all'applicabilità, in detta ipotesi, dell'art. 129 c.p.p., infatti, determinerebbe una disparità di trattamento tra imputato minorenne e imputato maggiorenne, una lesione del *favor rei* e un *vulnus* alla ragionevole durata del processo.

Nell'impostazione originaria del d.P.R. n. 448 del 1988 non era contemplata la possibilità di dichiarare l'irrilevanza del fatto in **dibattimento**: invero, l'art. 27 l.m. si occupava solo della pronuncia nel **corso delle indagini preliminari** mentre l'art. 32 l.m., a sua volta, contemplava (come oggi) la stessa sentenza tra i possibili epiloghi dell'**udienza preliminare**.

Il silenzio del legislatore si giustificava con la «scarsa attitudine deflativa» che simile pronuncia avrebbe sortito se emessa in un momento in cui il processo ha già prodotto sul minorenne «quell'impatto psicologicamente ed educativamente negativo che l'istituto mira ad evitare» [41].

Questa impostazione, avallata sostanzialmente dal legislatore del 1992 – che, reintrodotto l'art. 27 l.m. [42] (dopo la sua declaratoria di incostituzionalità per eccesso di delega), aveva escluso, in via generale, l'applicabilità dell'istituto in dibattimento, facendo salve le ipotesi di **giudizio direttissimo** e di **giudizio immediato** (comma 4), caratterizzate dalla mancanza dell'udienza preliminare – è stata definitivamente bocciata dalla **Corte costituzionale** [43]: secondo il Giudice delle leggi, l'obiettivo di una rapida fuoriuscita del minorenne dal circuito processuale non esclude che il meccanismo possa essere attivato in sede dibattimentale, a garanzia del diritto di difendersi provando dell'imputato, anche perché l'istituto, pur collocato in una fase avanzata del processo, può comunque spiegare effetti favorevoli per il minore.

Nonostante il silenzio dell'art. 27 l.m., la sentenza può essere emessa anche nel **giudizio abbreviato**, collocandosi tale rito in **udienza preliminare**.

---

[39] Cass., Sez. I, 17 marzo 2006, n. 11349.

[40] Cass., Sez. V, 20 dicembre 2010, n. 17188.

[41] C. CESARI, *Le clausole di irrilevanza del fatto*, cit., p. 356 s.

[42] Con la già richiamata l. n. 123 del 1992 si è, altresì, ripristinato, con alcune modifiche formali, il testo originario dell'art. 32, comma 1, l.m.

[43] Corte cost., 5 maggio 2003, n. 149, che ha dichiarato costituzionalmente illegittimo il comma 4 dell'art. 27 l.m., nella parte in cui non prevedeva la possibilità di adottare la declaratoria di irrilevanza del fatto anche nel dibattimento preceduto da udienza preliminare.

In tale sede, così come in dibattimento, la declaratoria di irrilevanza del fatto non è subordinata all'istanza del pubblico ministero, provvedendovi «**d'ufficio**» il giudice, ai sensi dell'art. 27, comma 4, l.m.[44].

La sentenza di irrilevanza del fatto, in applicazione dell'art. 10, comma 2, l.m., **non ha efficacia vincolante** nel giudizio civile di danno e, a tutela del principio di **de-stigmatizzazione, non va "memorizzata" nel casellario giudiziale**, come si desume dall'art. 3 d.P.R. n. 313 del 2002, che, tra i provvedimenti iscrivibili, non menziona tale pronuncia.

Quanto, infine, all'eventuale **concorrenza** con altre formule di proscioglimento diverse da quelle minorili[45], la questione, come già detto per il perdono giudiziale, va risolta sulla base del ***favor rei***. In questa prospettiva, nelle **fasi processuali**, la sentenza di **improcedibilità** (artt. 425 e 529 c.p.p.), quella di **assoluzione** con le formule «il fatto non sussiste», «l'imputato non l'ha commesso», «il fatto non costituisce reato», «il fatto non è previsto dalla legge come reato», il «reato è stato commesso da persona non imputabile» (artt. 425 e 530 c.p.p.) e la dichiarazione di **estinzione del reato** (artt. 425 e 531 c.p.p.) **prevalgono, tutte**, sulla sentenza *ex* art. 27 l.m. posto che, a differenza di quest'ultima, non assumono, come premessa logica, il riconoscimento della colpevolezza dell'imputato; per le medesime ragioni, nella **fase investigativa**, il **provvedimento di archiviazione** fa premio sulla sentenza di non luogo a procedere per irrilevanza del fatto[46].

3.4. (Segue) *Il rapporto tra l'irrilevanza del fatto e gli istituti "gemelli".*

Come acutamente osservava la dottrina[47] più di vent'anni fa, la valorizzazione dell'esiguità del reato ai fini di una riduzione degli spazi occupati dalla pena «è un obiettivo aderente alla piena realizzazione dei **principi di offensività e di proporzionalità**, oltre che della **funzione rieducativa** della pena: principi, tutti, che risultano fortemente sacrificati da condanne penali per offese bagatellari realizzate da autori in concreto non bisognosi di rieducazione/risocializzazione».

Proprio in questa direzione si sono orientate, a partire dagli anni '90, una se-

---

[44] In tema di impugnazione avverso la sentenza emessa in udienza preliminare e in dibattimento e in tema di opposizione e revoca della sentenza emessa dal giudice dell'udienza preliminare, si rinvia al Cap. VI, §§ 2.4 e 2.4.1.

[45] Per il rapporto tra l'irrilevanza del fatto e le altre tecniche di *diversion*, v. *infra*, § 6.

[46] Quanto all'impossibilità, nel rito minorile, di adottare il provvedimento di archiviazione *ex* art. 411 c.p.p. con la formula «che la persona sottoposta alle indagini non è punibile ai sensi dell'art. 131-*bis* del codice penale per particolare tenuità del fatto», v. *infra*, § 3.4.

[47] M. DONINI, voce *Teoria del reato*, in *Dig. pen.*, vol. XIV, Utet, Torino, 1999, p. 275.

rie di proposte di modifica del sistema penale che sondavano la possibilità di "trapiantare" nel terreno del rito ordinario congegni modellati sulla falsariga dell'istituto minorile di cui all'art. 27 l.m., nella assoluta convinzione che le "clausole di irrilevanza" costituiscono espedienti vantaggiosi dal punto di vista dell'efficienza del sistema, perché rispondono a logiche ampiamente condivise di deflazione del carico processuale, in un quadro di rafforzamento del principio di mitezza della risposta sanzionatoria all'illecito penale.

Così, dopo un periodo di sperimentazione nel rito minorile, il congegno è stato esteso prima, come **causa di improcedibilità**, nel **procedimento dinanzi al giudice di pace** (art. 34 d.lgs. 28 agosto 2000, n. 274) e poi, come causa di non punibilità, nel **rito ordinario** (art. 131-*bis* c.p., introdotto dal d.lgs. 16 marzo 2015, n. 28).

Posto che i meccanismi in questione non sono perfettamente sovrapponibili a quello in esame, quanto a presupposti, finalità e modalità procedurali, va chiarito se il giudice minorile sia vincolato a fare uso del solo art. 27 l.m. ovvero possa "maneggiare" gli istituti "gemelli", secondo le peculiarità del caso concreto.

Per quanto concerne l'esclusione della procedibilità per particolare tenuità del fatto *ex* **art. 34 d.lgs. n. 274 del 2000**, va ricordato che l'art. 63, comma 1, d.lgs. n. 274 del 2000 stabilisce espressamente che nei casi in cui i reati attribuiti alla cognizione del giudice di pace siano giudicati da «un giudice diverso» – come, ad esempio, quello minorile –, devono osservarsi le disposizioni del titolo II – concernenti l'apparato sanzionatorio (artt. 52-62) –, nonché, «**in quanto applicabili**, le disposizioni di cui agli articoli 33, **34**, 35, 43 e 44» del medesimo decreto. L'operatività della previsione in questione è subordinata, dunque, ad una **verifica di compatibilità** con il sistema processuale minorile. Ora, considerato che tra l'art. 34 d.lgs. n. 274 del 2000 e l'art. 27 l.m. intercorre un **rapporto di specialità** – il primo è tarato sulla finalità **conciliativa** del procedimento, il secondo su quella **educativa** – va senz'altro escluso che il giudice minorile possa utilizzare la disposizione coniata per il giudice di pace.

Analogamente, deve ritenersi **inapplicabile** l'art. 131-*bis* c.p. nel circuito minorile: come evidenziato dalla Corte di cassazione[48], le peculiarità dell'istituto codicistico non risultano affatto in sintonia con il rito minorile, tutto proteso a salvaguardare la particolare condizione di **"vulnerabilità"** del giovane reo. Così, ad esempio, **l'iscrizione nel certificato del casellario giudiziale** dei provvedimenti con cui è stata dichiarata la non punibilità ai sensi dell'art. 131-*bis* c.p. (art. 3, comma 1, lett. *f*, d.P.R. n. 313 del 2002) si rivela palesemente in contrasto con il principio di de-stigmatizzazione proprio del rito minorile; analogamente, **l'efficacia vincolante** della sentenza penale irrevocabile di proscio-

---

[48] Cass., Sez. VI, 6 febbraio 2020, n. 14791.

glimento pronunciata *ex* art. 131-*bis* c.p. nel giudizio civile o amministrativo di danno, ai sensi dell'art. 651-*bis* c.p.p., si scontra con il principio scolpito nell'art. 10, comma 2, l.m., secondo cui «la sentenza penale non ha efficacia di giudicato nel giudizio civile per le restituzioni e il risarcimento del danno cagionato dal reato»; ancora, il **regime delle presunzioni** di non particolare tenuità dell'offesa e di abitualità del comportamento – delineato dai commi 2 e 3 dell'art. 131-*bis* c.p. – mal si concilia con il principio *ex* art. 1, comma 1, l.m., in forza del quale le disposizioni del codice di rito e della legge minorile devono essere applicate «in modo adeguato alla personalità e alle esigenze educative del minorenne» coinvolto in uno specifico procedimento penale.

In conclusione, per l'indagato/imputato minorenne **non sono operativi** i due congegni *ex* art. 34 d.lgs. n. 274 del 2000 e art. 131-*bis* c.p., perché essi, sganciati totalmente da finalità educative, mortificherebbero l'esigenza di protezione del minore proclamata dall'art. 27 l.m.

4. *La sospensione del processo con messa alla prova:* ratio *dell'istituto e natura giuridica.*

La disciplina della **sospensione del processo con messa alla prova** è contenuta negli **artt. 28 e 29** l.m. e nell'**art. 27 disp. att. l.m.**

L'istituto si fonda su uno **modello operativo** che può essere così sintetizzato: esercitata l'azione penale nei confronti del minorenne, il giudice, ove ritenga che il giovane imputato possa seguire con successo un percorso riabilitativo e rieducativo immediatamente attivabile, elaborato dai servizi sociali, mette in *stand by* il processo per un periodo di tempo limitato e **affida** il minore ai **servizi sociali** per lo svolgimento della prova; alla scadenza stabilita, se l'esperienza risocializzante ha avuto successo, il giudice dichiara **estinto il reato**; nell'ipotesi contraria, il processo riprende il suo ordinario corso.

Già da questo schema riassuntivo è facile cogliere la ***ratio* dell'istituto**: il minore messo alla prova ha l'occasione di evitare il prosieguo del processo e la condanna se dimostra di impegnarsi, in prima persona, nella costruzione di un progetto di sviluppo e di responsabilizzazione sociale, che riapra la speranza di una realizzazione personale.

La possibilità di attivare il meccanismo di *diversion* **prima della fase esecutiva**[49] è indice della fiducia che lo Stato ripone sul giovane reo, al quale è offer-

---

[49] Un istituto analogo è previsto, invero, in fase esecutiva, disciplinato dall'art. 4 d.lgs. 2 ottobre 2018, n. 121: in arg., v. Cap. VIII, § 4.1.

ta la possibilità di riscattarsi e di soddisfare il suo bisogno evolutivo attraverso una condotta attiva, rispettosa delle regole e dei diritti altrui, ben lontana da quella disfunzionale e deviante che lo ha catapultato nel circuito processuale.

Diversamente dal perdono giudiziale e dalla irrilevanza del fatto, la messa alla prova non assume, dunque, la fisionomia di un **atto clemenziale** che garantisce una immediata estromissione del minore dal sistema penale: è una **causa di estinzione del reato** subordinata alla condizione risolutiva del buon sito della prova.

4.1. (Segue) *I presupposti.*

I **presupposti** per la sospensione del processo con messa alla prova sono diversi: uno esplicito, gli altri impliciti.

Quelli **impliciti** sono gli stessi che consentono di disporre il perdono giudiziale o di riconoscere l'irrilevanza del fatto: innanzi tutto, l'imputato deve possedere la **capacità di intendere e di volere** nel momento della commissione del reato; in caso contrario, il giudice deve pronunciare la sentenza di proscioglimento per difetto di imputabilità.

In secondo luogo, è necessario **l'accertamento della responsabilità penale** del minore per il reato ascrittogli [50]: sarebbe ingiustificato sottoporre un innocente ad un percorso di risocializzazione che implica l'osservanza di una serie di prescrizioni, anche limitative della libertà personale.

Si potrebbe, sul punto, sostenere che il meccanismo in esame sia in rotta di collisione con il principio di **presunzione di non colpevolezza** *ex* art. 27, comma 2, Cost., giacché l'imputato verrebbe trattato come un "colpevole" sebbene manchi una sentenza definitiva che accerti la colpevolezza «al di là di ogni ragionevole dubbio».

Per screditare l'assunto possono essere utilizzati gli argomenti che il Giudice delle leggi [51] ha posto a fondamento della decisione con cui ha affermato la compatibilità costituzionale del simmetrico istituto per l'adulto *ex* art. 464-*bis* ss. c.p.p.: a parere della Corte, l'imputato, assoggettandosi volontariamente al trattamento risocializzante, al fine di ottenere l'estinzione del reato, accetta che **l'accertamento della sua responsabilità** avvenga «in via incidentale e **allo stato degli atti**», alla luce, cioè, degli elementi di conoscenza sino a quel momento acquisiti; l'accertamento definitivo è rimesso all'eventuale

[50] Cfr. Corte cost., 22 febbraio 1995, n. 125, che definisce la responsabilità penale dell'imputato «presupposto logico essenziale del provvedimento dispositivo della messa alla prova».

[51] Corte cost., 27 aprile 2018, n. 91.

prosieguo del giudizio, nel caso di esito negativo della prova.

Il **consenso** del minore deve essere considerato un ulteriore requisito implicito per accedere al beneficio: invero, nessuna strategia di recupero sociale avrebbe concrete speranze di successo se la prova fosse imposta ad un soggetto che si limitasse a subirla, senza esserne partecipe; d'altronde, l'art. 27, comma 2, lett. *b*, disp. att. l.m., individuando, tra i contenuti del progetto di prova, gli impegni specifici «che il minorenne **assume**», presuppone che, alla base del progetto, vi sia una consapevole manifestazione di volontà.

La correttezza di tale approdo pare, peraltro, confermata dalla **Corte costituzionale** per ben due volte. In una risalente pronuncia [52], pur evidenziando come il legislatore non avesse condizionato il provvedimento in questione «alla prestazione del consenso da parte del minore», il Giudice delle leggi ha sottolineato «**l'indubbio "peso"** che – in considerazione della natura e delle modalità di attuazione della misura – deve in concreto assegnarsi al **parere** del minore in ordine all'adozione del provvedimento». In un più recente *dictum* [53], precisato che il trattamento programmato non è «una sanzione penale, eseguibile coattivamente, ma dà luogo a un'attività rimessa **alla spontanea osservanza** delle prescrizioni da parte dell'imputato, il quale liberamente può farla cessare con l'unica conseguenza che il processo sospeso riprende il suo corso», ha espressamente statuito come venga «riservata alla **volontà dell'imputato** non soltanto la decisione sulla messa alla prova, ma anche la sua esecuzione».

Deve, infine, escludersi, che la **confessione** dell'imputato sia un presupposto indefettibile per accedere al beneficio.

A dire il vero, secondo la giurisprudenza di legittimità, essa è un elemento sintomatico da cui desumere il ravvedimento, necessario per formulare un giudizio prognostico positivo sulla rieducabilità del minore [54].

Si tratta di una conclusione che porge il fianco a qualche critica, scontrandosi con i diritti costituzionali di cui agli artt. 24 Cost. – nella specie, il diritto al silenzio – e 27, comma 2, Cost., considerato che la presunzione di non colpevolezza pone in capo al pubblico ministero l'onere della prova a carico.

Il **presupposto esplicito** è fissato nell'art. 28, comma 1, l.m.: il giudice può disporre la sospensione «quando ritiene di dover valutare la personalità del minorenne all'esito della prova disposta a norma del comma 2».

Dalla formulazione – non certo felice – della disposizione sembra potersi evincere che l'applicazione dell'istituto presuppone un **giudizio prognostico**

---

[52] Corte cost., 22 febbraio 1995, n. 125.

[53] Si tratta della pronuncia, già citata, afferente alla messa alla prova dell'adulto (Corte cost., 27 aprile 2018, n. 91).

[54] Cass., Sez. I, 9 maggio 2017, n. 40512.

positivo sull'evoluzione della personalità del minore. In altri termini, il giudicante potrà disporre la prova quando vi sia la probabilità che l'imputato la svolga con successo, evolvendosi verso un modello di vita socialmente adeguato; al contrario, non potrà concederla nei casi in cui il ravvedimento appaia difficile perché la scelta deviante è radicata, il contesto ambientale è disastrato, la rimeditazione critica della propria condotta e la disponibilità ad un costruttivo reinserimento sociale è assente, oppure quando, in considerazione dell'estrema gravità del delitto e per le agghiaccianti modalità esecutive, si sia creata una frattura incolmabile tra l'imputato e la società [55].

Come evidenziato dalla Cassazione [56], il giudizio di apprezzamento formulato dal giudice – **insindacabile in sede di legittimità** se sorretto da adeguata motivazione – è condotto sulla scorta di molteplici indicatori, quali il tipo di reato commesso, le sue modalità di attuazione, i motivi a delinquere, i precedenti penali, il carattere del reo e ogni altro elemento ritenuto utile. Per effettuare tale valutazione, il giudice certamente si avvarrà degli **accertamenti sulla personalità** *ex* art. 9 l.m.

4.2. (Segue) *Le cause ostative.*

Il legislatore non prevede, quali **cause ostative** alla concessione del beneficio, eventuali **precedenti penali e giudiziari** a carico del minore o l'**esito negativo** di una antecedente prova; secondo l'impostazione originaria dell'istituto, poi, il giudice poteva attivare il meccanismo in questione anche per reati **gravi** o **gravissimi** come quelli punibili, in astratto, con la pena dell'**ergastolo**.

L'assenza di precisi limiti relativi al titolo del reato commesso aveva suscitato pesanti critiche e vive preoccupazioni, delle quali si è fatto carico il nomoteta contemporaneo: il **decreto Caivano** ha innestato, nell'art. 28 l.m., il nuovo **comma 5-*bis***, che esclude, *claris verbis*, la possibilità di innescare la tecnica di *diversion* in esame nei casi in cui si proceda per delitti particolarmente gravi quali: l'**omicidio aggravato** (art. 576 c.p.), la **violenza sessuale** e la **violenza sessuale di gruppo aggravate** (art. 609-*ter* c.p.), la **rapina aggravata per procurata incapacità di volere o di agire**, **appartenenza ad associazione mafiosa o in danno di persona ultrasessantacinquenne** (art. 628, comma 3, n. 2, 3 e 3-*quinquies*, c.p.).

L'intervento correttivo – che, al pari delle interpolazioni operate in materia

---

[55] Sul punto, cfr. Cass., Sez. I, 9 aprile 2003, n. 19532.

[56] Cass., Sez. III, 9 settembre 2020, n. 28670.

di misure precautelari e cautelari [57], risponde ad una logica meramente punitiva – non persuade affatto: non solo tradisce la *ratio* originaria dell'istituto – il quale, prescindendo dalla gravità del reato commesso, si fonda su una sorta di **"fiducia" nella rieducabilità** del giovane imputato –, ma crea, altresì, **irragionevoli discriminazioni** a scapito del minore che, per aver commesso uno dei delitti annoverati nel **catalogo tassativo** del neo introdotto comma 5-*bis*, è privato *ex lege* della possibilità di innescare un congegno così importante di recupero e reinserimento sociale, adatto «più di ogni altro alle [...] finalità della giustizia minorile» [58].

Rafforzano tali perplessità gli **insegnamenti** della **Corte costituzionale**: in tema di esecuzione della pena detentiva, in una prima occasione, nel dichiarare l'illegittimità dell'art. 656, comma 9, lett. *a*, c.p.p., per violazione dell'art. 31, comma 2, Cost. – nella parte in cui non consentiva, per il minorenne, la sospensione dell'esecuzione della pena detentiva per i delitti ivi elencati –, ha bocciato quel «**rigido automatismo** che, fondato su una presunzione di pericolosità legata al titolo del reato commesso», non lasciava spazio ad una «valutazione del caso concreto e delle specifiche esigenze del minore» [59]; successivamente [60], intervenendo per la prima volta sul nuovo ordinamento penitenziario minorile, ha dichiarato illegittimo l'art. 2, comma 3, d.lgs. 2 ottobre 2018, nella parte in cui impediva "**automaticamente**" al condannato autore di alcuni specifici e gravi delitti (c.d. reati ostativi, di cui all'art. 4-*bis* della l. 26 luglio 1975, n. 354) – commessi da minorenne – l'accesso alle misure penali di comunità e agli altri benefici [61].

Le preoccupazioni messe sul tappeto sono state condivise dal giudice di merito che, dopo qualche mese dall'entrata in vigore della nuova previsione, ha sollevato una **questione di legittimità costituzionale** [62].

Attendiamo, allora, la pronuncia del Giudice delle leggi che, mantenendo la rotta sapientemente tracciata in materia dal legislatore del 1988, torni a ribadire un principio indiscutibile: la specialità dello statuto penale del minorenne non può tollerare **automatismi** fondati su mere esigenze di retribuzione e preven-

---

[57] Cfr. Cap. IV.

[58] Così, Corte cost. n. 125 del 1995.

[59] Corte cost., 22 febbraio 2017, n. 90.

[60] Corte cost., 6 dicembre 2019, n. 263.

[61] V., *infra*, Cap. VIII, § 4.

[62] Trib. minorenni Bari, G.U.P., ordinanza 25 marzo 2024, ha sollevato una questione di legittimità costituzionale dell'art. 28, comma 5-*bis*, l.m., per contrasto con l'art. 31, comma 2, l.m., nella parte in cui prevede che le disposizioni che consentono l'applicazione della sospensione del processo con messa alla prova non si possano applicare al delitto di violenza sessuale di gruppo, di cui all'art. 609-*octies* c.p., nelle ipotesi aggravate ai sensi dell'art. 609-*ter* c.p.

zione generale, ma impone, in coerenza all'art. 31 Cost., sempre **prognosi individualizzate**.

Un'altra **causa ostativa** si cela, poi, tra le maglie dell'inedito istituto di cui all'art. 27-*bis* l.m., introdotto sempre dalla novella del 2023. Come si dirà più avanti [63], il nuovo meccanismo, attivato dal pubblico ministero nella fase investigativa, consente al minore di accedere ad un **percorso rieducativo** che si fonda su un programma elaborato coi servizi minorili: secondo il comma 5 della richiamata disposizione, l'eventuale «**ingiustificata interruzione**» sarà «**valutata** nel caso di istanza di sospensione del processo con messa alla prova».

Va da subito evidenziato che il decreto Caivano aveva sbarrato totalmente la strada alla messa alla prova, innestando una **preclusione vera e propria**: secondo l'originario comma 4 dell'art. 27-*bis* l.m., «nel caso in cui il minore non **intenda accedere** o **interrompa** ingiustificatamente il percorso di reinserimento e rieducazione, è **esclusa** l'applicazione degli articoli 28 e 29» l.m.

Il legislatore, in sede di conversione del d.l., ha operato un *restyling* della previsione e, accantonata la perentoria formula varata dal Governo, ha sostituito la rigida preclusione con un obbligo di valutazione. Certo è che, **in concreto**, l'abbandono da parte del giovane indagato del **percorso rieducativo** intrapreso ai sensi dell'art. 27-*bis* l.m. è un indice sintomatico di un **improbabile ravvedimento** che, a mente dell'art. 28, comma 1, l.m., spingerà, verosimilmente, il giudice – salvo casi sporadici – a rigettare l'eventuale istanza di messa alla prova presentata dal medesimo minore rinviato a giudizio [64].

4.3. (Segue) *La decisione.*

L'istituto non può trovare applicazione nella fase delle **indagini preliminari**: solo a partire **dall'udienza preliminare** il minore può essere messo alla prova. **Tre** i **dati testuali** che confermano l'esegesi prospettata: **l'art. 28, comma 1, l.m.** usa le parole «**processo**» e «**imputato**»; **l'art. 29 l.m.** richiama, nel caso in cui il processo riprenda il suo corso per esito negativo della prova, gli artt. 32 e 33 l.m.; norme che disciplinano, appunto, l'udienza preliminare ed il dibattimento; l'art. **27 disp. att. l.m.**, stabilendo che il «presidente del **collegio**» dispone la sospensione ed esercita il potere, «delegabile ad altro componente del collegio», di controllare lo svolgimento della prova, presuppone che l'istituto non possa dispiegare la sua efficacia dinanzi ad un organo monocratico quale è il giudice per le indagini preliminari.

---

[63] Per l'analisi del nuovo istituto, cfr. *infra*, § 5.

[64] Per ulteriori approfondimenti sul punto, cfr. *infra*, § 5.

Posto che nel procedimento penale a carico dell'adulto è prevista la possibilità di attivare il simmetrico meccanismo di *diversion* anche nella fase delle **indagini preliminari** (art. 464-*ter* c.p.p.), la preclusione in parola per il minore sembrerebbe determinare **un'irragionevole disparità di trattamento**, che colliderebbe anche col principio del ***favor minoris***.

Di diverso avviso è la **Corte costituzionale**, chiamata a porre il suo occhio vigile sulla questione [65]: secondo il Giudice delle leggi [66], la messa alla prova del minore, che ha **finalità essenzialmente rieducativa** – a differenza del gemello istituto codicistico, connotato, viceversa, da innegabili tratti sanzionatori –, si fonda su delicate **valutazioni personalistiche** che solo la componente non togata del giudice **collegiale** può espletare nella piena consapevolezza di ogni aspetto rilevante; peraltro, l'opzione legislativa di fissare nell'udienza preliminare, e quindi dopo l'esercizio dell'azione penale, il primo momento utile per la messa alla prova del minore corrisponde ragionevolmente all'esigenza di assicurare che le relative valutazioni «siano esercitate su un materiale istruttorio sufficientemente definito».

La messa alla prova può essere disposta, altresì, in **dibattimento** – anche nei casi in cui si approdi a tale fase perché il pubblico ministero ha chiesto il **giudizio immediato** o ha attivato il **direttissimo** – come si evince dal richiamo, contenuto nell'ultimo inciso dell'art. 29 l.m., alla disposizione che disciplina l'udienza dibattimentale (l'art. 33 l.m.) [67].

Analogamente, nessun dubbio sorge circa la possibilità di attivare tale meccanismo laddove l'imputato abbia chiesto il **giudizio abbreviato** o il **giudizio immediato**: la Corte costituzionale, con una risalente pronuncia [68], ha, invero, cancellato la preclusione in parola fissata nell'originario art. 28, comma 4, l.m.

La decisione di sospendere il processo può essere presa dal giudice **su istanza di parte** o di **ufficio**, anche su sollecitazione di altri soggetti, come i genitori o i servizi sociali che abbiano seguito il minore nel corso del procedimento. In ogni caso, il giudice deve, preliminarmente, "**sentire le parti**", come espressamente impone l'art. 28, comma 1, l.m. L'omesso contraddittorio determina una **nullità a regime intermedio**, che compromette la partecipazione del pubblico

---

[65] L'11 marzo 2019, il Giudice per le indagini preliminari del Tribunale per i Minorenni di Firenze ha sollevato questioni di legittimità costituzionale dell'art. 28 l.m., in riferimento agli artt. 3, 27, comma 3, e 31, comma 2, Cost., «nella parte in cui non prevede che il giudice, sentite le parti, possa disporre con ordinanza la sospensione del procedimento con contestuale messa alla prova nella fase delle indagini preliminari».

[66] Corte cost., 10 giugno 2020, n. 139.

[67] Sul punto, v. *infra*.

[68] Corte cost., 14 aprile 1995, n. 125.

ministero al procedimento (art. 178, lett. *b*, c.p.p.) e l'intervento e l'assistenza difensiva dell'imputato (art. 178, lett. *c*, c.p.p.).

Verificata la sussistenza di tutti i presupposti, il giudice, con **ordinanza motivata**, dispone la **sospensione** del processo, **affida** l'imputato ai **servizi sociali** per le «opportune **attività di osservazione, trattamento e sostegno**» e **fissa il termine** per lo svolgimento della prova, che non può essere superiore a **tre anni**, quando il reato per cui si procede è astrattamente punibile con l'ergastolo o con la reclusione non inferiore nel massimo a dodici anni e ad **un anno** in tutti gli altri casi (art. 28, comma 1, l.m.). Con il medesimo provvedimento, il giudice può, altresì, «**impartire prescrizioni** dirette a riparare le conseguenze del reato e a promuovere la conciliazione del minorenne con la persona offesa», nonché – secondo l'ultimo inciso innestato dal d.lgs. 10 ottobre 2022, n. 150 – «formulare l'invito a partecipare a un **programma di giustizia riparativa**, ove ne ricorrano le condizioni» (art. 28, comma 2, l.m.)[69].

A partire da questo momento, il minore è "in prova", il **processo è sospeso** e le relative attività sono «congelate», **salvi gli atti urgenti**, le prove non rinviabili ai sensi dell'art. 392, comma 1, c.p.p. e le prove, anche rinviabili, che possano condurre al proscioglimento immediato dell'imputato; durante il periodo di prova è **sospeso il corso della prescrizione** (art. 28, comma 1, ult. periodo, l.m.).

L'ordinanza di sospensione è **ricorribile in cassazione**[70] dal pubblico ministero, dall'imputato, dal suo difensore (art. 28, comma 3, l.m.) e, in ossequio alla prescrizione di cui all'art. 34 l.m., anche dall'esercente la responsabilità genitoriale.

Va, infine, precisato che, sebbene il legislatore non lo dica espressamente, l'istituto in esame deve ritenersi **incompatibile** con la **misura cautelare in corso di esecuzione**: la decisione del giudice di far uso del meccanismo di *diversion* in questione – che presuppone un **pronostico positivo** sull'esperienza risocializzante che il giovane imputato è chiamato a svolgere – appare inconciliabile con la **prognosi di pericolosità** che sta alla base del provvedimento cautelare; invero, la sussistenza di uno (o più di uno) dei tre *pericula libertatis* (inquinamento probatorio, fuga o pericolosità sociale) è indice dell'ostilità del minore ad aderire a qualsiasi progetto di recupero e ad evolversi, dunque, verso un modello di vita improntato ai valori di solidarietà e di rispetto delle regole e dei diritti altrui. Ne deriva che il giudice procedente, qualora ritenesse sussistenti le condizioni per mettere alla prova il minore sottoposto ad un provvedimento

---

[69] Sul punto, cfr. *infra*, § 7.

[70] Il Giudice di legittimità (Cass., Sez. IV, 18 giugno 2002, n. 34169) ha avuto modo di chiarire che è ricorribile in cassazione l'ordinanza con cui venga disposta la sospensione e non anche quella che rigetti la richiesta di messa alla prova: quest'ultima può essere impugnata solo congiuntamente alla sentenza che definisce il giudizio.

cautelare, dovrebbe disporre la **revoca** della misura, ai sensi dell'art. 299 c.p.p., anche con la stessa ordinanza di sospensione del processo.

4.4. (Segue) *Il progetto e lo svolgimento della prova.*

A norma dell'art. 27, comma 1, disp. att. l.m., il giudice dispone la sospensione con messa alla prova «sulla base» di un **progetto di intervento** elaborato dai **servizi minorili** dell'amministrazione della giustizia, in collaborazione con i servizi socio-assistenziali degli enti locali.

Dalla lettura della disposizione si desume chiaramente che l'elaborazione del progetto debba **precedere** l'ordinanza del giudice: d'altronde, quest'ultimo potrà effettuare una **valutazione prognostica** circa la possibilità di un cambiamento in positivo della personalità del giovane imputato solo se ha ben chiaro il percorso rieducativo che il minore è chiamato ad intraprendere.

Sebbene il protagonista indiscusso nella redazione del progetto sia il **servizio minorile**, il giudice ha, comunque, un ruolo propulsivo: non solo, può, come già evidenziato, impartire, con l'ordinanza stessa di sospensione, **prescrizioni** dirette a riparare le conseguenze del reato e a promuovere la conciliazione con la persona offesa (art. 28, comma 2, l.m.), ma è legittimato, altresì – a dirlo è la Cassazione [71] – ad impartire **ulteriori prescrizioni**, diverse da quelle stabilite nel progetto di intervento elaborato dal servizio minorile, previa consultazione delle parti e del servizio stesso.

Il **progetto**, che certamente è tarato sulle specifiche peculiarità del minore e del suo contesto di vita, ha un **contenuto minimo**, fissato nell'art. 27, comma 2, disp. att. l.m.; in particolare, secondo la citata disposizione, il progetto deve contenere, «tra l'altro»: «a) le **modalità di coinvolgimento** del minorenne, del suo nucleo familiare e del suo ambiente di vita»; «b) **gli impegni specifici che il minorenne assume**» (come l'obbligo di svolgere attività di volontariato o di frequentare un particolare corso, ovvero il divieto di frequentare determinati luoghi o persone); «c) le **modalità di partecipazione al progetto degli operatori della giustizia** e dell'ente locale»; d) «le modalità di attuazione eventualmente dirette a **riparare le conseguenze del reato** ed a **promuovere** la **conciliazione** del minorenne con la persona offesa».

Per quanto concerne quest'ultima indicazione, la prescrizione non va letta come un mero obbligo, in capo al minore, di **risarcire il danno** derivato dal reato, bensì come una opportunità di **responsabilizzazione**, funzionale alla **riappacificazione** con la persona offesa.

---

[71] Cass., Sez. VI, 17 marzo 2009, n. 22126.

Durante la sospensione, i **servizi sociali supervisionano** l'andamento della prova, svolgono una **attività di sostegno**, collaborando con il minore al fine di garantire il successo del programma e **comunicano** periodicamente al giudice l'attività svolta, redigendo **periodiche relazioni** che trasmettono al presidente del collegio che ha disposto la sospensione, il quale ha il potere, delegabile ad altro componente del collegio, di sentire, senza formalità di procedura, gli operatori e il minorenne (art. 27, comma 4, disp. att. l.m.).

I servizi sociali possono proporre al giudice, ove lo ritengano necessario, «**modifich**e al progetto», «eventuali **abbreviazioni** di esso» – quando, evidentemente, considerano concluso positivamente il percorso di prova prima del termine fissato dal giudice – ovvero, nei casi di «**ripetute e gravi trasgressioni**», la **revoca** del provvedimento di sospensione (art. 27, comma 3, disp. att., l.m.); al contrario, non possono chiedere la **proroga della prova**, posto il silenzio del legislatore sul punto [72].

Il giudice non è tenuto ad accogliere le proposte di modifica formulate dai servizi sociali; la **revoca** del provvedimento di sospensione, invece, costituisce un **atto dovuto**: la perentoria formulazione dell'art. 28, comma 5, l.m. – secondo cui «la sospensione **è revocata** in caso di **ripetute e gravi trasgressioni delle prescrizioni imposte**» – non lascia dubbi sul punto.

A tal fine e in vista dell'udienza conclusiva, i servizi sociali presentano una **relazione** «sul comportamento del minorenne e sull'evoluzione della sua personalità» al presidente del collegio che ha disposto la sospensione e al pubblico ministero, il quale può chiedere la fissazione dell'udienza conclusiva (art. 27, comma 5, disp. att. l.m.).

Ai fini della revoca, non basta una violazione sporadica o lieve: le infrazioni devono essere **reiterate** e **significative**, nel senso che devono incidere in maniera ricorrente su aspetti qualificanti del programma di recupero. A dire il vero, la Cassazione ha superato il dato letterale e ha assunto un atteggiamento particolarmente severo, riconoscendo legittima la revoca fondata su **un'unica trasgressione** la cui qualità e gravità sia tale da escludere la possibilità di una prognosi positiva sull'evoluzione della personalità del minore [73].

Il legislatore **non impone** la revoca del provvedimento sospensivo nel caso in cui il minore **commetta un nuovo reato** durante la prova, a differenza di quanto previsto per l'adulto dall'art. 168-*quater*, punto 2, c.p.; deve ritenersi, allora, che spetti al giudice valutare **discrezionalmente**, caso per caso, se la condotta illecita dell'imputato sia un indice sintomatico del fallimento della prova ovvero un episodio estemporaneo, non particolarmente preoccupante, del

---

[72] Diversamente, Cass., Sez. III, 1° dicembre 2020, n. 4009.

[73] Cass., Sez. I, 24 settembre 2020, n. 31027.

tutto eccezionale, che non inficia il percorso educativo intrapreso; solo nella prima evenienza, l'ordinanza di sospensione andrebbe revocata.

In ogni caso, il giudice non può disporre la revoca **di ufficio**. Tre gli argomenti che militano in questa direzione: il silenzio del legislatore sul punto; l'espresso riconoscimento, contenuto nell'art. 27, comma 3, disp. att. l.m., del **potere sollecitatorio** in capo ai servizi sociali; il confronto con la simmetrica previsione di cui all'art. 464-*octioes*, comma 1, c.p.p., che, per l'adulto, espressamente consente al giudice, «anche d'ufficio», di revocare l'ordinanza di sospensione.

A differenza, poi, di quanto prescritto nel comma 3 della richiamata disposizione codicistica – secondo il quale l'ordinanza di revoca è ricorribile in cassazione per violazione di legge –, l'art. 28 l.m. tace sul punto: per il minore, dunque, il provvedimento che dispone la revoca non è **impugnabile autonomamente**, bensì unitamente alla sentenza conclusiva del giudizio [74].

4.5. (Segue) *Gli esiti della prova.*

Decorso il periodo di sospensione, il giudice fissa un'apposita **udienza** – preliminare o dibattimentale, a seconda della fase in cui il processo è stato sospeso – nella quale, tenuto conto del «**comportamento del minorenne**» e dell'«**evoluzione della sua personalità**», è chiamato a valutare l'esito della messa alla prova (art. 29 l.m.).

In particolare, **l'epilogo positivo** si realizza quando il giudice accerti che il minore, realizzando i suoi bisogni evolutivi attraverso una condotta rispettosa delle regole di convivenza civile, sia **maturato** e, dunque, abbia, con impegno, serietà e continuità, adeguatamente seguito tutte, o quasi tutte, le prescrizioni [75] imposte da quel progetto di prova "costruito" su misura.

In tale evenienza, il giudice pronuncia una **sentenza di non luogo a procedere** *ex* art. 425 c.p.p. in udienza preliminare o di **non doversi procedere** *ex* art. 531 c.p.p. in dibattimento con cui dichiara il **reato estinto** per esito positivo della prova: lo Stato rinuncia alla sua pretesa punitiva perché il minore, con la sua condotta *post delictum*, ha colmato la frattura con la società.

Come per il perdono giudiziale e per la sentenza *ex* art. 27 l.m., il provvedimento conclusivo che accerti l'esito positivo della prova, pur avendo forma proscioglitiva, in realtà contiene, come già si è detto, un'ascrizione di responsabilità penale, potendo essere definito come una sorta di "**cripto condanna**". Per tale ragione e sulla base del ***favor rei***, nel caso in cui dovessero **concorrere al-**

[74] Così, Cass., Sez. I, 24 settembre 2020, n. 31027.

[75] Come già detto, qualche trasgressione non grave e isolata è consentita.

tre formule di proscioglimento che non assumono come premessa logica l'accertamento di responsabilità (artt. 129, 425, 529, 530 c.p.p.), il giudice dovrà dare ad esse preferenza [76].

Diversamente, **l'esito negativo** della prova impone al giudice di provvedere «a norma degli artt. 32 e 33» l.m.: dunque, il processo prosegue nella fase in cui a suo tempo è stato sospeso (udienza preliminare o dibattimento); riprendono il corso della prescrizione e le attività processuali temporaneamente "congelate".

L'esito della prova deve essere oggetto di **adeguata e specifica motivazione**, che indichi puntualmente le ragioni della valutazione e gli elementi sui quali essa si fonda.

A seguito della riattivazione del processo, gli sbocchi più probabili saranno il **rinvio a giudizio** in udienza preliminare e la **condanna** in dibattimento. Nulla esclude, tuttavia, che il giudice possa pronunciare una **sentenza di non luogo a procedere** (in udienza preliminare) o di **assoluzione** (in dibattimento): se, infatti, è vero che la sospensione *illo tempore* disposta presupponeva **l'accertamento della responsabilità** penale del minore per il reato ascrittogli, è altrettanto vero che si trattava di un accertamento "precario", che può essere smentito in forza di un completamento degli elementi probatori a disposizione del giudice.

Nell'ipotesi di **condanna**, la **Corte costituzionale** [77], ponendosi sulla stessa lunghezza d'onda del giudice di legittimità [78], ha escluso **l'applicabilità** dell'**art. 657-*bis* c.p.p.**, secondo il quale, in caso di **revoca** o di **esito negativo della messa alla prova**, il pubblico ministero, nel determinare la pena da eseguire, detrae un periodo corrispondente a quello della prova eseguita: a parere della Corte, si tratta, invero, di una disposizione che trova giustificazione nella **connotazione sanzionatoria** delle prescrizioni inerenti al provvedimento di messa alla prova dell'adulto; connotazione assolutamente estranea al corrispondente istituto minorile, che – lo ribadiamo – presenta un carattere **rieducativo** e non certo sanzionatorio.

In ossequio al principio di **de-stigmatizzazione**, la sentenza che dichiara estinto il reato **non va "memorizzata" nel casellario giudiziale**, come si evince dall'art. 3 d.P.R. n. 313 del 2002, che non menziona tale pronuncia tra i provvedimenti iscrivibili [79]; in applicazione dell'art. 10, comma 2, l.m., **non ha efficacia vincolante** nel giudizio civile di danno.

---

[76] Quanto al rapporto tra la messa alla prova e le altre tecniche di *diversion*, v. *infra*, § 6.

[77] Corte cost., 20 febbraio 2019, n. 68.

[78] Cass., Sez. I, 27 maggio 2019, n. 37035.

[79] In tema di impugnazioni e sulla possibilità per il giudice delle indagini preliminari di disporre la revoca della sentenza pronunciata dal giudice dell'udienza preliminare ai sensi degli artt. 434 ss. c.p.p., cfr. Cap. VI, §§ 2.4 e 2.4.1.

4.6. (Segue) *Il rapporto tra la messa alla prova e gli istituti "gemelli".*

Come il congegno *ex* art. 27 l.m., anche la messa alla prova, dopo un fecondo periodo di sperimentazione nel rito minorile, è stata esportata nel procedimento penale ordinario: la disciplina, innestata nel codice penale (artt. 168-*bis*, *ter* e *quater* c.p.) e nel codice di procedura penale (artt. 464-*bis*/464-*novies* c.p.p.) ad opera della l. 28 aprile 2014, n. 67, non è perfettamente sovrapponibile a quella minorile, come già si è avuto modo di notare [80]. Si pone, allora, il problema di stabilire se siano possibili contaminazioni tra i due modelli. A sostegno della **soluzione negativa** possono addursi le medesime ragioni che risiedono a fondamento della prospettata inapplicabilità dell'art. 131-*bis* c.p. [81]: il d.P.R. n. 448 del 1988 è una "**legge penale speciale**" che contiene negli artt. 28, 29 l.m. e 27 disp. att. l.m. **un'autonoma e completa disciplina** della messa alla prova, **mirata** rispetto alle **finalità** del procedimento minorile e tale, perciò, da precludere *a priori*, al giudice specializzato, l'utilizzo del simmetrico congegno coniato per l'adulto.

Analogamente, va esclusa la possibilità di mettere in moto i meccanismi "affini" disciplinati nell'**art. 35 d.lgs. n. 274 del 2000** e nell'**art. 162-*ter* c.p.** – dedicati all'**estinzione del reato** conseguente a **condotte riparatorie** –, attivabili, rispettivamente, nel procedimento dinanzi al giudice di pace e in quello penale ordinario: essi, invero, appaiono difficilmente conciliabili con un sistema – come quello minorile – che sbarra la strada alla tutela della pretesa civilistica (art. 10 l.m.) e che inscrive le attività riparatorie nel più ampio obiettivo del **recupero del minore**.

Del resto, è sufficiente la lettura delle disposizioni in questione per cogliere la **differente natura vocazionale** dei due istituti: nella disciplina *ex* artt. 35 d.lgs. n. 274 del 2000 e 162-*ter* c.p., la riparazione del danno e l'eliminazione delle conseguenze del reato costituiscono il **fattore esclusivo** per la declaratoria di estinzione del reato; nella messa alla prova minorile, invece, le prescrizioni dirette a riparare le conseguenze del reato sono solo **eventuali** (art. 28, comma 2, l.m.) e, comunque, funzionali a promuovere la **conciliazione** del minorenne

---

[80] Alle divergenze di disciplina già puntualizzate nel testo, si aggiunga che l'attivazione del rito per l'adulto è subordinata all'espresso consenso dell'imputato (presupposto solo implicito per il procedimento innestato nel rito minorile) ed è presidiata da alcuni limiti: oggettivi – l'imputato può chiedere la sospensione del processo con messa alla prova solo ove si proceda per reati puniti con la pena pecuniaria o con la pena detentiva fino a sei anni nel massimo o per reati per i quali è espressamente prevista la citazione diretta a giudizio (art. 168-*bis*, comma 1, c.p.) – e soggettivi – la sospensione non può essere concessa ai delinquenti abituali, professionali o per tendenza (art. 168-*bis*, comma 5, c.p.).

[81] V. *retro*, § 3.4.

con la persona offesa. Le attività riparatorie, in altri termini, vengono in rilievo in considerazione dell'«**utilità educativa** che il minorenne prenda coscienza della lesione arrecata all'altrui diritto»[82] e costituiscono solo **uno dei possibili elementi di valutazione** che il giudice prenderà in considerazione ai fini della declaratoria di estinzione del reato.

5. *Il percorso rieducativo del minore.*

Il **decreto Caivano**, in controtendenza rispetto alla logica fortemente repressiva che sottende agli innesti operati nel d.P.R. n. 448 del 1988 in materia di coercizione *ante iudicium* e messa alla prova, ha introdotto nella legge minorile una inedita norma, collocata topograficamente tra l'irrilevanza del fatto e la messa alla prova – l'**art. 27-*bis*** –, di **stampo "rieducativo"**, come balza subito agli occhi leggendo la rubrica: «**Percorso di rieducazione del minore**».

Si tratta di una **nuova forma di definizione anticipata del procedimento penale**, per molti tratti simile alla messa alla prova, ma che, a differenza di quest'ultima, può attivarsi solo nella **fase delle indagini preliminari**. In ossequio al principio di **minima offensività**, garantisce, dunque, una fuoriuscita ancora più rapida del minorenne dal circuito processuale.

Analogamente alle altre forme di diversione procedimentale, anche l'ultima nata è subordinata alla sussistenza di una **serie di presupposti**.

Quelli **impliciti** sono i soliti: la **capacità di intendere e di volere** all'epoca del fatto, **l'accertamento della penale responsabilità** del minore per il reato ascrittogli – seppure alla luce degli elementi di conoscenza sino a quel momento acquisiti – e il **consenso** dell'indagato[83]; come per il meccanismo *ex* art. 27 l.m. attivato nella fase delle indagini preliminari, è necessario, poi, che non sussistano le condizioni per l'emissione di un **provvedimento di archiviazione**, ai sensi degli artt. 408 e 411 c.p.p.

Il **requisito esplicito** attiene alla tipologia dell'illecito commesso. A differenza della messa alla prova, che **opera per tutti i reati**, ad eccezione di alcuni delitti particolarmente gravi, tassativamente indicati, il percorso di rieducazione del minore può essere attivato dal pubblico ministero solo per i reati per i quali «la legge stabilisce una pena detentiva **non superiore nel massimo a cinque**

---

[82] *Rel. testo def.*, p. 220.

[83] V. le considerazioni fatte *retro*, § 4.1, in tema di requisiti impliciti della messa alla prova, che valgono anche per l'inedito istituto.

anni di reclusione ovvero una **pena pecuniaria**, sola o congiunta alla predetta pena detentiva» e sempre se «**i fatti non rivestono particolare gravità**» (comma 1), ossia si presentino, in concreto, scarsamente offensivi.

Al ricorrere dei presupposti di legge, il pubblico ministero che intenda dare avvio alla procedura, **notifica** al minore e all'esercente la responsabilità genitoriale [84] una «**proposta** di definizione anticipata del procedimento, subordinata alla condizione che il minore acceda a un percorso di **reinserimento e rieducazione civica e sociale**» (comma 1).

In seguito alla notifica, il minorenne, se **interessato** alla proposta dell'inquirente, dovrà contattare (presumibilmente lo farà il difensore) i servizi dell'amministrazione della giustizia, al fine di elaborare un «**programma rieducativo**», che preveda, nel rispetto della legislazione in materia di lavoro minorile, lo «svolgimento di **lavori socialmente utili** o la collaborazione a titolo gratuito con enti del Terzo settore o lo **svolgimento di altre attività** a beneficio della comunità di appartenenza» (comma 1); il programma va depositato – dall'indagato o dal suo difensore – presso la segreteria del pubblico ministero **entro sessanta giorni** dalla notifica della proposta (comma 2); tale termine sembrerebbe **ordinatorio** (art. 173 c.p.p.), in assenza di una diversa previsione sul punto.

Ricevuto il programma, il pubblico ministero lo trasmette al **giudice per le indagini preliminari**, che fissa l'**udienza** per la decisione.

Nell'udienza, che si svolge in **camera di consiglio** (comma 2), deve essere garantito il **contraddittorio**: l'uso (nel comma 3) del presente indicativo – «sentiti l'**indagato** e l'**esercente la responsabilità genitoriale**» – non lascia dubbi sul punto.

Il giudice, se ritiene "**congruo**" il percorso, stabilisce, con ordinanza – si presume **non impugnabile**, nel silenzio della legge e per il principio di tassatività *ex* art. 568 c.p.p. – la **durata** – che può oscillare da un **minimo di due** ad un **massimo di otto mesi** – e **sospende il processo** per il periodo corrispondente; da questo momento il corso della prescrizione è sospeso (comma 3) e il minore, presumibilmente, resterà affidato al controllo dei servizi sociali.

Il legislatore mette in conto che il percorso rieducativo possa **fallire**.

In particolare, prospetta due situazioni: 1) che il minore, *ab initio*, **non intenda accedere al percorso** al quale **sia stato ammesso** e, cioè, abbia un ripensamento prima ancora di iniziare a svolgere il programma redatto e portato a conoscenza del giudice; 2) che il minore **avvii il percorso** e *in itinere* lo **interrompa**. In entrambi i casi i servizi minorili dell'amministrazione della giustizia sono tenuti ad **informare il giudice**, che fissa una **nuova udienza** in camera di

[84] Non anche alla persona idonea (nei casi previsti dall'art. 12, comma 1-*bis*, l.m.) che, a mente dell'interpolato art. 7 l.m., ha diritto solo a ricevere la notifica dell'informazione di garanzia e dei decreti di fissazione delle udienze.

consiglio e, sentite le parti, «adotta i provvedimenti conseguenti» (comma 4), ossia **revoca con ordinanza la sospensione** (il legislatore non lo dice espressamente ma altro non può essere) e ordina la restituzione degli atti al pubblico ministero; quest'ultimo «**può** procedere con **richiesta di giudizio immediato** anche fuori dei casi previsti» dall'art. 453 c.p.p. (comma 5).

Già si è visto [85] che l'**ingiustificata interruzione** del percorso, poi, può essere «valutata nel caso di istanza di sospensione del processo **con messa alla prova**» (comma 5, ultimo disposto). Alle considerazioni fatte in precedenza va aggiunto, in tale sede, che la previsione, anche nella formulazione più *soft* rispetto a quella varata dal Governo, **non convince affatto**: innanzi tutto, perché è indice di una scarsa fiducia nel minore e nel suo processo di maturazione; in secondo luogo, perché introduce una **disparità di trattamento** rispetto ad altre situazioni, non meno gravi, che, diversamente, non osteggiano una eventuale successiva richiesta di messa alla prova: si pensi ad un precedente penale, ad una prova anteriormente fallita, ad un percorso rieducativo conclusosi negativamente.

Fuori dalle ipotesi in cui il percorso rieducativo fallisca, il giudice, decorso il periodo di sospensione, fissa una **nuova udienza in camera di consiglio** per esprimere la sua valutazione sul comportamento tenuto dal minore: se il giudizio è positivo, dichiara l'**estinzione del reato** con **sentenza**; altrimenti – analogamente al caso in cui l'indagato non intenda accedere al percorso rieducativo o lo interrompa senza giustificato motivo – **restituisce gli atti al pubblico ministero**, che potrà procedere, **se lo ritiene**, con la richiesta di giudizio immediato "speciale" (comma 6).

Come per la messa alla prova e per le medesime ragioni, l'istituto in esame deve ritenersi **incompatibile** con lo ***status* cautelare**: la sussistenza dei *pericula libertatis*, invero, mal si concilia con quella prognosi positiva di futura buona condotta che sta alla base della nuova tecnica di *diversion*; ne deriva che il giudice, accertata l'esistenza dei presupposti *ex* art. 27-*bis* l.m., dovrebbe **revocare**, ai sensi dell'art. 299 c.p.p., la misura cautelare in corso di esecuzione, eventualmente con la stessa ordinanza con cui sospende il procedimento e ammette il minore al percorso.

Vuoti e ambiguità si celano tra le maglie del recente meccanismo, che possiamo così sintetizzare:

1. Premesso che l'*iter* descritto nell'art. 27-*bis* l.m. si avvia solo se il minore abbia **accolto la proposta iniziale** del pubblico ministero alla definizione anticipata del procedimento, il legislatore non disciplina l'ipotesi contraria, ossia il

---

[85] Cfr. *infra*, § 4.2.

caso in cui il giovane indagato **rimanga inerte** perché, evidentemente, non interessato ad accedere al percorso rieducativo. In tale evenienza si dovrebbe ritenere che il procedimento riprenda il suo fisiologico decorso e il pubblico ministero resti libero di esercitare l'azione penale come meglio ritiene, anche con una richiesta di irrilevanza del fatto *ex* art. 27 l.m., in presenza dei relativi presupposti; potrebbe persino chiedere l'archiviazione – ad esempio, nell'ipotesi in cui intervenga, nel frattempo, una remissione di querela – ma dovrebbe essergli preclusa la possibilità di ricorrere al giudizio immediato fuori dai casi previsti dall'art. 453 c.p.p.

2. Non è ben chiaro a cosa vada parametrata la **congruità** del percorso: sembrerebbe che il giudice, come per la messa alla prova, abbia il compito di verificare se, in concreto, il programma rieducativo predisposto sia funzionale al **positivo sviluppo della personalità** del giovane indagato e, dunque, costituisca una concreta opportunità di crescita, maturazione e responsabilizzazione del minore. Certo è che le **strette tempistiche** previste dalla norma non faciliteranno la valutazione del giudice che, presumibilmente, riterrà **incongruo** il percorso qualora non disponesse di specifiche informazioni sulle caratteristiche personali del minore e del contesto familiare, sociale e ambientale in cui il giovane reo è inserito.

3. Il legislatore non specifica cosa succede se il giudice **reputi incongruo il programma predisposto**; il vuoto normativo dovrebbe colmarsi applicando analogicamente i commi 5 e 6 della norma in esame: il giudice **restituisce** gli **atti al pubblico ministero**, il quale potrà chiedere il **rinvio a giudizio** o istaurare il giudizio immediato anche fuori dai casi previsti dall'art. 453 c.p.p.

4. Non è esplicitato il momento in cui il **pubblico ministero esercita l'azione penale** e formula l'imputazione.

Prendendo spunto dall'art. 464-*ter*.1, comma 3, c.p.p. – che, per la messa alla prova dell'adulto attivata in fase investigativa, impone al pubblico ministero di formulare l'imputazione e di trasmettere gli atti al giudice per le indagini preliminari subito dopo l'adesione dell'indagato alla relativa proposta –, si dovrebbe ritenere che l'inquirente eserciti l'azione penale con la **trasmissione del programma** al giudice.

Dunque, sembrerebbe questo il momento in cui il pubblico ministero **formula l'imputazione** e trasmette il fascicolo di indagine – compresi i risultati degli accertamenti di cui all'art. 9 l.m. –, oltre alla proposta di definizione anticipata originariamente formulata.

D'altronde, non è un caso che il comma 2, primo disposto, nel disciplinare il momento antecedente al deposito del programma, identifichi il minore come un «indagato», mentre i commi 3 e 6, che afferiscono all'udienza oramai instaurata a seguito della trasmissione del programma, usino le locuzioni «**imputato**», «**processo**» e «**sentenza**», al posto di «indagato», «procedimento» e «archiviazione». Non solo. La possibilità riconosciuta all'inquirente di chiedere il giudizio immediato fuori dai casi previsti dall'art. 453 c.p.p. nell'ipotesi in cui il minore non intenda accedere al percorso di rieducazione o lo interrompa senza giustificato motivo, finalizzata ad accelerare i tempi del procedimento minorile, si giustifica proprio alla luce del fatto che è stato già instaurato il contraddittorio sull'ipotesi accusatoria, a seguito del deposito del programma rieducativo.

5. Il legislatore "dimentica" di menzionare i **servizi minorili** tra i soggetti che devono presenziare alle udienze. Si tratta di una **gravissima lacuna** che andrebbe colmata attraverso il ricorso agli artt. 6 e 12 l.m., i quali impongono, in generale, la **presenza** di tali soggetti «in ogni stato e grado del procedimento».

6. La norma non disciplina le **modalità di svolgimento dell'udienza finale**. A mente dell'art. 127 c.p.p., si dovrebbe ritenere che le parti siano sentite se compaiono e che il minore, il suo difensore, l'esercente la responsabilità genitoriale – o la persona idonea nei casi previsti dall'art. 12, comma 1-*bis*, l.m. – e il pubblico ministero debbano essere avvisati dell'udienza. Il giudice dovrebbe decidere alla luce del contraddittorio instaurato e i **servizi minorili**, così come sono obbligati ad informare il giudice in caso di interruzione o mancata adesione al percorso, analogamente, nel momento conclusivo del procedimento, sarebbero tenuti ad illustrare al giudice, tramite una **relazione**, lo svolgimento del percorso. Peraltro, solo i servizi minorili possono conoscere l'incidenza che l'espletamento del progetto ha avuto sul percorso evolutivo del minore, in relazione ai profili di crescita, maturità e responsabilizzazione. D'altronde, così è per la messa alla prova – ove è previsto **l'inoltro di una relazione conclusiva**, ai sensi dell'art. 27, comma 5, disp. att. l.m. – nonché per l'omologo meccanismo avviato in fase di indagine per l'adulto: l'art. 464-*septies* c.p.p. stabilisce che il giudice, al fine di valutare l'esito del progetto, «acquisisce la relazione conclusiva dell'ufficio di esecuzione penale esterna che ha preso in carico l'imputato».

7. L'ultima incertezza riguarda la scelta di affidare le chiavi di accensione di questa nuova forma di diversione procedimentale ad un **organo monocratico** e togato, qual è il **giudice delle indagini preliminari**: l'istituto di nuovo conio presenta una **finalità essenzialmente rieducativa** e si fonda su delicate **valutazioni personalistiche** che solo la componente **non togata** del giudice **collegiale** potrebbe espletare nella piena valutazione di ogni aspetto rilevante. Peraltro, su questo crinale interpretativo ha fatto leva la **Corte costituzionale**[86] nella pronuncia – prima citata – con cui è stata confermata la ragionevolezza della disciplina che non consente l'attivazione del meccanismo nella fase delle indagini preliminari, a differenza di quanto avviene nel rito ordinario.

Dopo qualche mese dall'entrata in vigore dell'art. 27-*bis* l.m. si auspicava

[86] Corte cost., 10 giugno 2020, n. 139.

già la sua **cancellazione**[87]: secondo il giudice di merito che ha sollevato la questione di **legittimità costituzionale** – per violazione degli artt. 3 e 31, comma 2, Cost. –, i tempi e la natura del nuovo congegno di *diversion* non appaiono affatto in sintonia con le linee di fondo del rito disegnato dal d.P.R. n. 448 del 1988.

In effetti, dalle considerazioni fatte in precedenza, non sfugge come l'istituto sembrerebbe primariamente proteso ad assicurare una **celere definizione** del procedimento penale, allo scopo di deflazionare le indagini per i fatti di modesta rilevanza piuttosto che a garantire **un'effettiva presa in carico del minore** e dei suoi bisogni educativi e di recupero relazionale e sociale.

Le perplessità evidenziate sono state in parte condivise dalla **Consulta** che, durante la correzione delle bozze del presente lavoro, si è pronunciata sulla questione di costituzionalità sollevata[88]: per la Corte costituzionale, la norma censurata «si sottrae alla richiesta di ablazione radicale, anche in ragione del fatto che il nuovo istituto, per come modificato in sede di conversione del d.l. n. 123 del 2023, non preclude ulteriori percorsi procedimentali, incluso quello della messa alla prova ordinaria», ma va dichiarata **costituzionalmente illegittima** nella parte in cui attribuisce la competenza in materia al giudice per le indagini preliminari, anziché al **giudice dell'udienza preliminare**. L'organo decidente deve, dunque, avere una **composizione pedagogicamente qualificata**, che consenta di svolgere correttamente le valutazioni personologiche imposte dalla finalità educativa dell'istituto.

6. *Il rapporto tra le varie tecniche di* diversion.

Un ultimo rilievo si impone in tema di **concorrenza tra le varie tecniche** di *diversion*.

Durante la fase delle **indagini preliminari**, gli unici meccanismi attivabili dal pubblico ministero sono **l'irrilevanza del fatto** e il **percorso di rieducazione**: quest'ultimo, implicando lo svolgimento di lavori socialmente utili e altre attività a beneficio della comunità di appartenenza, è certamente **meno favorevole** del primo che, senza imporre alcun obbligo di fare, garantisce una **immediata estromissione** del minore dal circuito processuale.

Ciò posto, nei casi in cui si proceda per un reato punito con pena detentiva non superiore nel massimo a cinque anni di reclusione ovvero con pena pecuniaria, sola o congiunta a pena detentiva, il pubblico ministero opterà per la richiesta

---

[87] Trib. minorenni Trento, G.I.P., ordinanza 6 marzo 2024.

[88] Corte cost., 10 febbraio 2025, n. 23.

di una sentenza di non luogo a procedere *ex* art. 27 l.m. quando il fatto sia **tenue** e il comportamento risulti **occasionale**; se, invece, il fatto sia tenue – *alias*, **non rivesta «particolare gravità»** – ma la condotta non sia qualificabile come **occasionale**, allora la scelta dovrà cadere sul più gravoso percorso rieducativo.

Nelle fasi processuali, seguendo l'ordine imposto dal *favor rei*, **l'irrilevanza del fatto**, usufruibile più volte, con sentenza **non memorizzabile nel casellario giudiziale**, si dovrebbe ritenere maggiormente appetibile tanto del **perdono giudiziale** – che può essere concesso solo una volta con un provvedimento "registrato" nel casellario giudiziale sino al compimento del ventunesimo anno di età – quanto della **messa alla prova**, in considerazione del preminente interesse del minore ad uscire subito dal processo.

Più problematico è il rapporto tra **perdono giudiziale** e **messa alla prova**: il primo, garantendo un'estinzione del reato immediata, non subordinata ad attività da svolgere, impegni da adempiere e controlli da subire, sembra più vantaggioso della messa alla prova; tuttavia, quest'ultima potrebbe risultare più "conveniente" al minore che non voglia lasciare traccia nel casellario giudiziale del suo "trascorso".

Dinanzi all'oggettiva difficoltà di stabilire con certezza quale tra i due benefici da accordare sia più vantaggioso [89], sarebbe opportuno che il giudice fondasse le sue valutazioni su prognosi individualizzate in ordine alle **prospettive di recupero** del minore deviante: qualora ritenga che il giovane autore del reato possa agevolmente, nel superare le ragioni d'immaturità che lo hanno indotto all'illecito, trovare in sé la forza per evitare la ricaduta, potrà – *rectius*, dovrà – ricorrere al perdono; se, al contrario, reputi la funzione ammonitrice insita nel perdono insufficiente all'"autorieducazione" del minore [90], allora dovrà operare un **tentativo di recupero** attraverso una fase sperimentale, un percorso riabilitativo e rieducativo individualizzato: la messa alla prova, appunto.

Decisione ardua, quella del giudice, che non va presa con leggerezza, perché un utilizzo improprio del perdono, come **atto di clemenza**, concesso con eccessiva e acritica benevolenza, avrebbe l'effetto di **deresponsabilizzare** il minore che, interpretando il beneficio come una forma di debolezza dello Stato se non, addirittura, come un tacito invito a delinquere, potrebbe commettere altre trasgressioni, anche più gravi.

In tal modo, il meccanismo in questione uscirebbe dai canali "fisiologici" per i quali è stato istituzionalmente previsto: l'abdicazione alla prosecuzione del procedimento penale e alla condanna, nonostante l'accertata responsabilità, si rivelerebbe più dannosa che utile al recupero del giovane reo.

---

[89] Per la dottrina prevalente l'epilogo più vantaggioso è il perdono giudiziale: cfr., per tutti, L. CARACENI, voce *Processo penale minorile*, in *Enc. dir.*, IV Agg., Giuffrè, Milano, 2000, p. 1038; sulla stessa linea, in giurisprudenza, v. Cass., Sez. V, 17 maggio 2021, n. 26522.

[90] L'espressione è della Corte cost., 19 dicembre 1986, n. 295.

7. *La mediazione e la giustizia riparativa.*

Espressione di una inedita concezione del reato, scrutato a fondo nel suo duplice volto di «torto alla società» e «violazione dei diritti individuali delle vittime» [91], la **giustizia riparativa** traccia un nuovo orizzonte per il sistema penale, non più di tipo puramente conflittuale, esclusivamente orientato sull'autore del reato (pena e recupero), bensì di **carattere dialogico e progettuale**, che valorizza il ruolo della "parte debole" della vicenda delittuosa.

Pietra angolare del modello riparativo è la **mediazione**: uno strumento dialettico di «giustizia a tre» [92], che presuppone la partecipazione consapevole, libera ed attiva dei soggetti coinvolti – offensore ed offeso – e l'intervento di un soggetto indipendente e imparziale, il **mediatore**.

La mediazione supera la logica retributiva e presuppone una consapevolezza: la strategia comunicativa può, talvolta, sortire effetti indiscutibilmente migliori della reazione punitiva.

I programmi di giustizia riparativa in genere e la mediazione penale in particolare da sempre sono stati utilizzati per il minore coinvolto in un procedimento penale, sulla base di **protocolli operativi** consolidati nel tempo, in **assenza di una autonoma disciplina** che ne tracciasse la fisionomia, ne definisse le procedure e ne fissasse le garanzie.

Con la l.d. 27 settembre 2021, n. 134 tutto cambia. Il legislatore si è fatto finalmente carico di introdurre una regolamentazione ad hoc e, rispondendo a quanto già da tempo sollecitato "dall'alto" [93], ha realizzato una sorta di "**rivoluzione copernicana**": ha **"procedimentalizzato" la giustizia riparativa**, ergendola, all'interno del sistema penale, in chiave di paradigma generale di intervento.

Così, in ossequio al provvedimento normativo richiamato – che pone la «giustizia riparativa» tra **gli obiettivi della riforma**, accanto all'«efficienza del processo penale» e alla «celere definizione dei procedimenti giudiziari» –, il legislatore delegato, nel predisporre «una disciplina organica» in materia, è stato chiamato a valorizzare la figura della "**vittima del reato**", ad elaborare uno

---

[91] Secondo la Direttiva (UE) 2012/29 del Parlamento Europeo e del Consiglio (considerando 9) «un reato è non solo un torto alla società, ma anche una violazione dei diritti individuali delle vittime».

[92] R. BARTOLI, *Il diritto penale tra vendetta e riparazione*, in *Riv. it. dir. e proc. pen.*, 2016, p. 96 ss.

[93] Cfr., in particolare, la Direttiva (UE) 2012/29, la Raccomandazione CM/Rec(2018)8 del Consiglio d'Europa e la Risoluzione del Consiglio economico e sociale delle Nazioni Unite 2002/12.

“**statuto del mediatore penale**”, a disciplinare, sotto il profilo organizzativo, **i servizi di giustizia riparativa**, nonché ad estendere ad ampio raggio il nuovo paradigma di intervento, prevedendo un “**diritto di accesso**” «in ogni stato e grado del procedimento penale e durante l’esecuzione della pena, su iniziativa dell’autorità giudiziaria competente, **senza preclusioni** in relazione alla fattispecie di reato o alla sua gravità, sulla base del **consenso** libero e informato della vittima del reato e dell’autore del reato e della positiva valutazione da parte dell’autorità giudiziaria dell’utilità del programma (…)» (art. 18, lett. *c*, l.d. n. 134 del 2021).

In attuazione della l.d. n. 134 del 2021, il d.lgs. 10 ottobre 2022, n. 150 ha introdotto nell’ordinamento la «**disciplina organica della giustizia riparativa**».

In particolare, nel capo XI, **titolo IV** (artt. 42-67) sono stati fissati i principi, le garanzie, le procedure da rispettare.

Tra i **principi**, spiccano: la partecipazione attiva e **volontaria** di autore e vittima del reato, nonché degli altri eventuali partecipanti alla gestione degli effetti pregiudizievoli causati dall’offesa; il **coinvolgimento della comunità** nei programmi di giustizia riparativa; la **riservatezza** sulle dichiarazioni e sulle attività svolte nel corso dei predetti programmi; la **ragionevolezza** e la **proporzionalità** degli eventuali esiti riparativi consensualmente raggiunti; **l’indipendenza** dei mediatori e la loro **equiprossimità** rispetto ai partecipanti; la garanzia del **tempo necessario** allo svolgimento di ciascun programma (art. 43), **l’accessibilità** a tutti, senza preclusioni in relazione alla fattispecie di reato o alla sua gravità, **in ogni tempo** (art. 44).

Tra le **garanzie**, vanno menzionate: il **diritto all’informazione** in merito alla facoltà di accedere ai programmi di giustizia riparativa e ai servizi disponibili (art. 47); il diritto **all’assistenza gratuita linguistica** al fine di prendere parte consapevolmente ai programmi (art. 49).

Lo **svolgimento** si snoda in **tre step**: **1) incontri preliminari** tra mediatore e partecipanti al programma, nel corso dei quali il primo informa i secondi della procedura, raccoglie il consenso e verifica la fattibilità dei programmi stessi (art. 54); **2) incontri** tra gli interessati finalizzati al confronto, al dialogo riparativo e ad ogni altro programma dialogico guidato da mediatori, nel rispetto delle garanzie fissate dalla legge (art. 55); **3) comunicazione** all’autorità giudiziaria della eventuale mancata effettuazione del programma, interruzione dello stesso o mancato raggiungimento di un esito riparativo ovvero **trasmissione** all’autorità giudiziaria di una **relazione** redatta dal mediatore contenente la descrizione delle attività svolte e dell’esito riparativo raggiunto (art. 57), che può essere **simbolico** (dichiarazioni o scuse formali, impegni comportamentali anche pubblici o rivolti alla comunità, accordi relativi alla frequentazione di persone o luoghi) o **materiale** (risarcimento del danno, restituzioni, condotta diretta ad elidere o ad attenuare le conseguenze dannose o pericolose del reato o ad evitare che lo stesso sia portato a conseguenze ulteriori) (art. 56).

La **sfida** della giustizia riparativa è chiaramente espressa: «promuovere il riconoscimento della **vittima del reato**, la **responsabilizzazione** della persona indicata come autore dell'offesa e la **ricostituzione** dei legami con la comunità» (art. 43, comma 2), ossia **ricucire il patto** di cittadinanza lacerato dal fatto di reato, dare un senso a ciò che è accaduto e, in qualche modo, superarlo, indagando la radice della conflittualità tra autore e vittima, riconoscendo le motivazioni dell'uno e il dolore dell'altra, incoraggiando il senso di responsabilità del primo e restituendo voce alla seconda. La frattura che deriva dall'illecito penale, sebbene incancellabile, può essere lasciata alle spalle, "restaurando" il rapporto tra agente e vittima e quello tra agente e società.

Chiari sono anche gli **effetti** della giustizia riparativa: **l'esito positivo** del programma sarà valutato da giudice «per le determinazioni di competenza», anche ai fini della quantificazione della pena, ai sensi dell'art. 133 c.p. (art. 58, comma 1); al contrario, **l'insuccesso del programma** (mancata effettuazione, interruzione o fallimento dell'esito riparativo) **non produce «effetti sfavorevoli** nei confronti della persona indicata come autore dell'offesa» (art. 58, comma 2).

Ciò premesso, l'applicabilità della giustizia riparativa al **minore** è inequivocabilmente espressa dal legislatore che, nel titolo IV, riserva a tale soggetto una intera sezione (III).

Innanzi tutto, è sancito il principio di **adeguatezza applicativa** e di **specializzazione**: nello svolgimento dei programmi di giustizia riparativa «che coinvolgono a qualsiasi titolo persone minori di età» – compreso, dunque, il minore indagato o imputato – le disposizioni del d.lgs. n. 150 del 2022, in quanto compatibili, devono essere «applicate in modo **adeguato alla personalità e alle esigenze del minorenne**, tenuto in considerazione il suo superiore interesse»; allo svolgimento di tali programmi «sono assegnati **mediatori dotati di specifiche attitudini**, avuto riguardo alla formazione e alle competenze acquisite» (art. 46, comma 1), i quali sono tenuti a dare le necessarie informazioni agli interessati «in modo adeguato all'età e alle capacità degli stessi» (art. 47, comma 5).

Regole *ad hoc* sono, poi, sancite in tema di **consenso** alla partecipazione ai programmi. In particolare, premesso che il consenso «è personale, libero, consapevole, informato ed espresso in forma scritta», «sempre revocabile anche per fatti concludenti» (art. 48, comma 1), per la persona minore d'età il legislatore effettua alcune precisazioni: se **non ha compiuto i quattordici anni**, il consenso è espresso dall'esercente la responsabilità genitoriale o, nei casi di cui all'art. 121 c.p., dal curatore speciale, previo ascolto e assenso del minore, «tenuto conto della sua capacità di discernimento» (art. 48, comma 2); per il minore che abbia **compiuto i quattordici anni**, il consenso è espresso dallo stesso e dall'esercente la responsabilità genitoriale o, nei casi di cui all'art. 121 c.p., dal curatore speciale; qualora, però, l'esercente la responsabilità genitoriale o il curatore speciale non prestino il consenso, il mediatore, sentiti i soggetti interessati e considerato l'interesse della persona minore d'età, «**valuta se procedere sulla base del solo consenso di quest'ultima**» (art. 48, comma 3).

Infine, in ossequio ai principi *ex* art. 1, comma 1, l.m. nonché al principio del ***favor minoris***, deve ritenersi applicabile l'inedito art. 129-*bis* c.p.p. – inserito dall'art. 7 del d.lgs. n. 150 del 2022 – che disciplina le **modalità di accesso** ai programmi.

Secondo la citata disposizione, «**in ogni stato e grado del procedimento**» l'autorità giudiziaria procedente, d'ufficio o su richiesta del presunto autore del reato o della vittima, può disporre, sentite le parti e i difensori nominati (e, se lo ritiene necessario, la vittima del reato), **l'invio dell'imputato e della vittima** al **Centro per la giustizia riparativa** di riferimento quando reputi che lo svolgimento di un programma di giustizia riparativa possa essere **utile per risolvere le questioni** derivanti dal reato per cui si procede e non comporti un pericolo concreto per gli interessati e per l'accertamento dei fatti. Nel caso, poi, di **reati perseguibili a querela rimettibile**, al fine di permettere lo svolgimento del programma di giustizia riparativa, il giudice, quando l'imputato ne faccia richiesta, può disporre la sospensione del processo per un tempo non superiore a centottanta giorni; anche l'indagato può richiedere la sospensione durante la fase delle indagini preliminari quando il pubblico ministero ha disposto la notifica dell'avviso *ex* art. 415-*bis* c.p.p.; in questo periodo di *stand-by* sono sospesi il corso della prescrizione, i termini di cui all'art. 344-*bis* del c.p.p., nonché i termini di durata massima della custodia cautelare. Concluso lo svolgimento del programma di giustizia riparativa, l'autorità giudiziaria acquisisce la **relazione redatta dal mediatore**.

Nel corso del procedimento penale minorile, il **luogo privilegiato** per l'innesto della mediazione penale o di altre forme di giustizia riparativa è, senza dubbio, la **messa alla prova**: abbiamo già visto come nell'ordinanza con cui viene disposta la sospensione del processo, sulla base del progetto di prova, il giudice possa «**impartire prescrizioni dirette a riparare le conseguenze del reato e a promuovere la conciliazione del minorenne con la persona offesa**» nonché – alla luce dell'ultimo inciso innestato dal d.lgs. n. 150 del 2022 – «formulare l'invito a partecipare a un **programma di giustizia riparativa**, ove ne ricorrano le condizioni» (art. 28, comma 2, l.m.).

La mediazione penale trova uno specifico collegamento anche con la tecnica di *diversion ex* **art. 27 l.m.** Nell'ambito della generale riforma del processo penale attuata con il d.lgs. n. 150 del 2022 come è noto sono stati rimodulati i confini applicativi della causa di non punibilità per particolare tenuità del fatto *ex* art. 131-*bis* c.p.; nello specifico, accanto al rafforzamento della tutela repressiva, attuata con l'ampliamento del catalogo delle presunzioni di "non tenuità" dell'offesa, si è proceduto alla mitigazione dell'intervento punitivo penale, realizzata attraverso la mutazione del prerequisito edittale – ancorato al minimo della pena (due anni) e non più al massimo (cinque anni) – e l'introduzione di un nuovo elemento di valutazione del carattere di particolare tenuità dell'offesa: la «**condotta susseguente al reato**».

Con tale locuzione, volutamente elastica, si è inteso lasciare al giudice massima discrezionalità nel valorizzare tutte le possibili **condotte *post delictum*** orientate ad eliminare o ad attenuare le conseguenze dannose o pericolose derivanti dal reato ovvero indicative di una effettiva resipiscenza dell'autore del fatto, come le restituzioni, il risarcimento del danno, le condotte riparatorie, l'accesso a programmi di giustizia riparativa.

Alla luce dell'ormai noto principio del ***favor minoris*** non dovrebbero esserci dubbi sul fatto che anche il giudice minorile sia legittimato a valorizzare questo indice-requisito di tenuità dell'offesa – e, dunque, le eventuali partecipazioni a programmi riparativi – nell'ambito di un complessivo giudizio finalizzato a valutare la sussistenza della "tenuità" del fatto che sta alla base della pronuncia di irrilevanza *ex* art. 27 l.m.

Pratiche riparative possono aprirsi, altresì, in sede di **esecuzione delle prescrizioni**: ai sensi dell'art. 20, comma 1, l.m.., il giudice può impartire al minore specifiche prescrizioni di studio o di lavoro, ovvero «**altre prescrizioni** utili per la sua educazione». La formula, volutamente ampia e generica, consente di ritenere che queste ultime riguardino anche **attività di riparazione del danno** in favore della vittima oppure la partecipazione ad un **percorso di mediazione**.

Infine, la *restorative justice* ha fatto ufficialmente ingresso anche in sede di **esecuzione penale**: come si vedrà più avanti[94], il d.lgs. n. 121 del 2018, nell'art. 1, comma 2, si preoccupa di inserire, tra le finalità cui mira l'esecuzione penitenziaria minorile, quella di «**favorire i programmi di giustizia riparativa**».

Un'ultima considerazione si impone sull'argomento. La scelta di estendere la procedura di avvio dei programmi di giustizia riparativa anche nel rito a carico del minore non può che essere condivisa: finalmente si regolamenta uno strumentario già da tempo utilizzato nella prassi e che si pone assolutamente in linea con i principi di minima offensività e di de-stigmatizzazione. Forse, però, il legislatore avrebbe dovuto essere più cauto e scrupoloso: l'aver assegnato al giudicante il compito di "**invitare**" l'indagato o l'imputato minorenne ad aderire ad un percorso di *restorative justice* stride con il canone fondamentale scolpito nel d.lgs. n. 150 del 2022, secondo cui l'accesso al programma deve basarsi sul **consenso libero** degli interessati; invero, non si può sottacere che agli oc-

---

[94] Cap. VIII, § 3.

chi di un indagato/imputato particolarmente vulnerabile e fragile, quale è il minore, l'"**invito**", formulato da colui che – non si dimentichi – detiene le chiavi delle sorti del processo penale, assume più le sembianze di un **obbligo** da non disattendere che quelle di un consiglio da vagliare.

CAPITOLO VI

IL PROCEDIMENTO: LE DEVIAZIONI RISPETTO ALL'*ITER* ORDINARIO

1. *Le peculiarità delle indagini preliminari.*

Il procedimento penale di primo grado a carico del minorenne, come quello per l'adulto, si scompone in **tre fasi**: **indagini preliminari**, **udienza preliminare** e **dibattimento**.

Il d.P.R. 22 settembre 1988, n. 448 detta, per ciascuna di esse, **disposizioni *ad hoc*** – imposte dalle particolari condizioni psicologiche del minore e dalle esigenze della sua educazione (art. 3 l.d. 16 febbraio 1987, n. 81) – che integrano le norme del codice di procedura penale, applicabili, come è noto, in ossequio ai principi di sussidiarietà e adeguatezza *ex* art. 1, comma 1, l.m. e nei limiti della compatibilità.

Più specificatamente, nella **prima fase** – nel corso della quale il pubblico ministero e la polizia giudiziaria, nel rispetto degli artt. 326-415-*ter* c.p.p., «svolgono, nell'ambito delle rispettive attribuzioni, le **indagini necessarie** per le determinazioni inerenti all'esercizio dell'azione penale» (art. 326 c.p.p.) – emergono **alcune peculiarità**.

Innanzi tutto, può sorgere un'**incertezza sulla minore età** dell'indagato: in tal caso, il giudice per le indagini preliminari dispone, anche d'ufficio, la perizia e se gli strumenti scientifici a disposizione del perito non sono sufficienti a sciogliere il dubbio, la **minore età è presunta ad ogni effetto** (art. 8 l.m.).

L'obbligo di nominare il **perito** grava sempre sul giudice **specializzato**, anche nelle ipotesi in cui l'incertezza dovesse emergere dinanzi all'autorità giudiziaria ordinaria, secondo quanto imposto dall'**art. 67 c.p.p.** [1].

In secondo luogo, già nella fase delle indagini preliminari, il pubblico ministero e il giudice sono tenuti ad acquisire **elementi** circa le condizioni e le risorse personali, familiari, sociali e ambientali del minorenne, al fine di accertarne l'imputabilità e il grado di responsabilità, valutare la rilevanza sociale del fatto e disporre le adeguate misure penali. Si tratta dei c.d. **accertamenti sulla personalità** (art. 9 l.m.) che – come più volte ribadito – sono **irrinunciabili** nel procedimento minorile, consentendo di calibrare la **risposta** processuale alle peculiarità del giovane inquisito [2].

Nel corso delle indagini preliminari, è, altresì, avvertita l'esigenza di **rafforzare l'assistenza difensiva** e quella **affettiva e psicologica** del minore.

Sotto il primo profilo, va detto che, sebbene il giovane indagato sia titolare della **capacità processuale**, la sua maturità psico-fisica ancora *in fieri* potrebbe compromettere il pieno esercizio del diritto all'autodifesa. Per tale ragione, il legislatore prevede che **l'informazione di garanzia** (art. 369 c.p.p.) e il **decreto di fissazione delle udienze** vadano notificate, a **pena di nullità**, non solo al minore in quanto persona sottoposta alle indagini, bensì anche **all'esercente la responsabilità genitoriale** o agli altri soggetti di cui agli artt. 12 e 12-*ter* l.m. (art. 7 l.m.) [3].

Sotto il secondo profilo, va ricordato che il **supporto affettivo e psicologico** dei **genitori –** o degli altri **esercenti la responsabilità genitoriale** o della **persona idonea –** e dei **servizi sociali** è garantito «in ogni stato e grado del procedimento» e, dunque, anche in fase investigativa (artt. 6 e 12 l.m.) [4]. Il giudice, poi, – e, per analogia, il pubblico ministero –, a mente dell'art. 1, comma 2, l.m., deve illustrare all'indagato il **significato delle attività processuali** che si svolgono in sua presenza, nonché il **contenuto e le ragioni anche etico-sociali delle decisioni** prese, al fine di assicurare al minorenne una corretta percezione della vicenda giudiziaria nella quale si ritrova coinvolto [5].

Infine, nella fase delle indagini preliminari, il pubblico ministero può attivare i **meccanismi di *diversion*** *ex* artt. 27 e 27-*bis* l.m. [6].

---

[1] Per un approfondimento delle questioni interpretative che ruotano attorno all'art. 8 l.m., si rinvia al Cap. III, § 1.1.

[2] Per una dettagliata analisi dell'art. 9 l.m., cfr. Cap. III, § 1.2.

[3] Sul punto, v. Cap. III, § 5.

[4] In arg., cfr. Cap. III, §§ 5 e 6.

[5] Cap. II, § 3.

[6] V. Cap. V, §§ 3-3.4 e 5.

2. *L'udienza preliminare: profili introduttivi.*

Secondo lo schema delineato dal codice di procedura penale, a conclusione dell'attività investigativa, la **richiesta di rinvio a giudizio**, depositata dal pubblico ministero presso la cancelleria del giudice per l'udienza preliminare, insieme al relativo fascicolo (art. 416 c.p.p.), segna il passaggio dalla fase delle indagini preliminari a quella successiva. La persona sottoposta alle indagini assume lo *status* di **imputato** (art. 60 c.p.p.).

Come è noto, l'udienza preliminare ha subìto nel tempo una **profonda trasformazione** che ha coinvolto i poteri di accertamento del giudice, le *chances* degli antagonisti e la qualità e quantità degli elementi valutabili per la decisione.

Nell'impostazione originaria del 1988, tale udienza aveva principalmente la funzione di garantire un controllo giurisdizionale sul corretto esercizio dell'azione penale, "**allo stato degli atti**": il giudice aveva limitati poteri e la sentenza di non luogo a procedere presupponeva che l'innocenza dell'imputato fosse **evidente**.

Con gli innesti operati prima dalla novella Carotti (l. 16 dicembre 1999, n. 479), poi dalla legge sulle Indagini difensive (l. 7 dicembre 2000, n. 397), e da ultimo, dalla **Riforma Cartabia** (d.lgs. 10 ottobre 2022, n. 150), l'udienza preliminare ha **cambiato "pelle"**: il potere del giudice di ordinare l'integrazione delle indagini ritenute «incomplete» (art. 421-*bis* c.p.p.), l'ulteriore facoltà di disporre, anche d'ufficio, l'assunzione delle prove «delle quali appare evidente la decisività ai fini della sentenza di non luogo a procedere» (art. 422 c.p.p.), la struttura reticolare delle **investigazioni difensive** ed il conseguente **ampliamento del tema decisorio**, sono stati elementi di novità che hanno portato, all'interno dell'udienza preliminare, da un lato, un **contraddittorio più esteso** rispetto al passato e, dall'altro, un **incremento degli elementi valutativi**, cui necessariamente è conseguito – quanto alla determinazione conclusiva – un apprezzamento del merito ormai **privo di quei caratteri di "sommarietà"** tipici di una delibazione tendenzialmente circoscritta allo "stato degli atti".

La **nuova *regula iuris*** posta a fondamento della sentenza *ex* art. 425 c.p.p. – introdotta dal legislatore del 2022 [7] – ha consentito di potenziare la **funzione deflattiva** dell'udienza preliminare e di **rafforzare il ruolo di "filtro"** rispetto ai dibattimenti "inutili", destinati a chiudersi con una pronuncia di proscioglimento.

---

[7] In linea con l'interpolato art. 408 c.p.p., la nuova regola di giudizio *ex* art. 425, comma 3, c.p.p. obbliga il giudice dell'udienza preliminare a pronunciare la sentenza di non luogo a procedere «quando gli elementi acquisiti non consentono di formulare una ragionevole previsione di condanna».

Ciò premesso, va detto che **l'udienza preliminare** si configura, senza dubbio, come la **sede naturale** di definizione del processo a carico del giovane imputato.

Al fine di garantire – nel rispetto dei principi di **minima offensività** e di **destigmatizzazione** – la rapida fuoriuscita del minore dal circuito penale, il legislatore del 1988, in ossequio ai criteri direttivi contenuti nell'art. 3, lett. *l*, l.d. n. 81 del 1987, ha puntato molto su questa fase. Diversamente da quella ordinaria, essa non ha solo la funzione di assicurare un **vaglio sulla fondatezza** della richiesta di rinvio a giudizio formulata dal pubblico ministero: l'attività di controllo giurisdizionale sul corretto esercizio dell'azione penale riveste un ruolo secondario rispetto alla **verifica** della praticabilità di una opzione decisoria che garantisca **un'immediata conclusione** della vicenda processuale quanto più confacente alla **personalità** e alle **esigenze educative** del minore nei confronti del quale è stata esercitata l'azione penale.

La particolare configurazione dell'udienza preliminare minorile – ove, generalmente, il giudice adotta provvedimenti che postulano complesse valutazioni sulla **personalità** del giovane imputato – si riflette sulla **composizione dell'organo giudicante**; diversamente da quanto avviene nel rito ordinario, il giudice non è monocratico, bensì **collegiale**: come già evidenziato, accanto al **magistrato togato** siedono **due giudici onorari esperti** (art. 50-*bis*, comma 2, ord. giud.), scelti fra i **cultori** di biologia, psichiatria, antropologia criminale, pedagogia, psicologia, che abbiano compiuto il **trentesimo anno di età** (art. 6 R.d.l. 20 luglio 1934, n. 1404)[8].

2.1. (Segue) *Le norme in tema di atti introduttivi e svolgimento.*

Lo **svolgimento dell'udienza preliminare** è disciplinato dall'**art. 31 l.m.** e da alcune norme del codice di procedura penale.

Dell'udienza è dato avviso almeno dieci giorni prima (art. 419, comma 4, c.p.p.), non solo all'imputato, al suo difensore, alla persona offesa e al pubblico ministero (art. 419, comma 1 e 2, c.p.p.), bensì anche **all'esercente la responsabilità genitoriale** e ai **servizi minorili** che hanno svolto attività per il minorenne (art. 31, comma 3, l.m.): il primo è chiamato a rafforzare l'assistenza difensiva del giovane imputato, nonché a garantire il necessario supporto affettivo e psicologico (art. 12, comma 1, l.m.); i secondi, oltre ad assicurare analoga assistenza (art. 12, comma 2, l.m.), riferiranno al giudice – in qualità di organi ausiliari (art. 6 l.m.) – tutte le notizie afferenti alla personalità e alle esigenze

---

[8] In arg., v., *amplius*, Cap. III, § 2.

educative del minore, acquisite attraverso le indagini espletate *ex* art. 9 l.m. Nell'ipotesi in cui nessun servizio si sia occupato del minorenne prima dell'udienza preliminare, l'avviso dovrebbe essere indirizzato ai servizi statali, che hanno la facoltà di delegare gli organi periferici a presenziare all'udienza.

Con particolare riferimento all'**esercente la responsabilità genitoriale**, alla luce dell'interpolato [9] art. 7 l.m., deve ritenersi che, ove ricorrano le circostanze delineate dall'art. 12, comma 1-*bis*, l.m. [10], l'avviso debba essere dato alla **persona idonea** indicata dal minore o designata dall'autorità giudiziaria [11], la quale subentrerà, dunque, all'esercente [12].

Nel caso di mancata o intempestiva comunicazione ai soggetti indicati nell'art. 419 c.p.p., scatta una **nullità speciale** (art. 419, comma 7, c.p.p.): relativa, per la persona offesa; a regime intermedio, per il difensore e il pubblico ministero, rispettivamente, per violazione del diritto all'assistenza (art. 178, lett. *c*, c.p.p.) e del potere di partecipare al procedimento (art. 178, lett. *b* e art. 180 c.p.p.); assoluta per l'imputato (art. 179, comma 1, c.p.p.), rappresentando, l'avviso dell'udienza, «l'aspetto sostanziale e contenutistico di una citazione, essendo finalizzato a consentire la partecipazione della parte personalmente all'udienza con la possibilità di esplicare la propria difesa» [13].

Per **l'esercente la responsabilità genitoriale** (o per la persona idonea), è possibile invocare una **nullità a regime intermedio**, alla luce della lettura combinata degli artt. 7 l.m. e 178, lett. *c*, c.p.p.: a tale soggetto, infatti – come è noto –, è attribuita la funzione di assistenza difensiva.

Diversamente, l'omesso o intempestivo avviso ai **servizi sociali** – la cui attività non è riconducibile all'assistenza "tecnica" – sembrerebbe integrare una mera **irregolarità** [14].

---

[9] Ad opera del recente d.l. 16 settembre 2024, n. 131, convertito, con modificazioni, dalla l. 14 novembre 2024, n. 166.

[10] Le situazioni sono tre: a) la partecipazione degli esercenti la responsabilità genitoriale è contraria all'interesse superiore del minorenne; b) nonostante le ricerche compiute, non è stato possibile identificare e reperire alcuno degli esercenti la responsabilità genitoriale; c) sulla base di circostanze oggettive e concrete, vi è motivo di ritenere che l'informazione o la partecipazione degli esercenti la responsabilità genitoriale comprometterebbe in modo sostanziale il procedimento penale.

[11] Per un approfondimento sul punto, v. Cap. III, § 5.

[12] Qualora l'imputato sia, nelle more, divenuto maggiorenne – e, dunque, abbia acquisito la piena capacità di agire nel processo – la presenza dell'esercente la responsabilità genitoriale non è più necessaria; pertanto, a tale soggetto, non spetterà più il relativo avviso: in questo senso, Cass., Sez. II, 6 aprile 2017, n. 23410.

[13] Cass., Sez. un., 9 luglio 2003, n. 35358.

[14] Su questa linea sembra schierarsi la giurisprudenza di legittimità più risalente (Cass., Sez. V, 13 dicembre 2005, n. 203; Cass., Sez. II, 15 maggio 2008, n. 23662, per le quali l'omessa no-

Nell'udienza – che si svolge **in camera di consiglio** (art. 420, comma 1, c.p.p.) – solo la presenza del pubblico ministero e del difensore dell'imputato è **obbligatoria** (art. 420, comma 1, c.p.p.); per gli altri soggetti, la partecipazione è gestita dal collegio, secondo le regole dettate dall'art. 31 l.m. Vediamo in dettaglio.

Se il **minorenne è presente**, il giudice può disporne, «sentite le parti», **l'allontanamento**, «**nel suo esclusivo interesse**, durante l'assunzione di dichiarazioni e la discussione in ordine a fatti e circostanze inerenti alla sua personalità» (art. 31, comma 2, l.m.). Chiara la *ratio* della norma: la serenità e l'equilibrio psicologico del giovane imputato potrebbero essere compromesse dai giudizi espressi sul suo conto dai soggetti che rendono dichiarazioni o partecipano alla discussione; dunque, le **esigenze pedagogiche** vanno assolutamente salvaguardate e prevalgano sull'interesse del minore a partecipare all'udienza ai fini autodifensivi.

Quando il minore non compare in udienza, il giudice può ordinare **l'accompagnamento coattivo** (art. 31, comma 1, l.m.). In assenza di precise indicazioni normative utili ad orientare la decisione del collegio, è plausibile ritenere che quest'ultimo imporrà la presenza dell'imputato quando la ritenga necessaria per valutare la sua personalità *ex* art. 9 l.m.

Si tratta di una previsione che va coordinata con le disposizioni *ex* artt. 420-*bis* ss. c.p.p., che hanno subìto nel tempo due rilevanti maneggiamenti: la l. 28 aprile 2014, n. 67, nell'ottica di rafforzare il diritto dell'imputato ad essere presente in udienza, ha sostituito il processo contumaciale con quello ***in absentia***; poi, il d.lgs. n. 150 del 2022, in linea con i *dicta* della Corte Europea dei diritti dell'uomo e con la Direttiva (UE) 2016/343 in tema di conoscenza effettiva del processo, è intervenuto sul sistema delle **notificazioni** che, alla luce dell'antesignana novella del 2014, continuava ad essere basato su una serie di presunzioni legali di conoscenza.

Che le richiamate disposizioni siano applicabili in sede minorile non è in dubbio: l'art. 420-*bis* c.p.p. – che enumera i casi in cui il giudice **procede in assenza** dell'imputato, libero o detenuto – e l'art. 420-*ter* c.p.p. – che si occupa del **legittimo impedimento** a comparire dell'imputato o del suo difensore – sono menzionati espressamente nell'*incipit* dell'art. 31, comma 1, l.m.; gli artt. 420-*quater*, 420-*quinquies* e 420-*sexies* c.p.p. – che disciplinano, rispettivamente, la sentenza di non doversi procedere emessa per mancata conoscenza

---

tifica del decreto di fissazione dell'udienza ai servizi minorili non determina alcuna nullità, non essendovi una previsione normativa in tal senso e stante il principio di tassatività delle nullità); *contra*, più recentemente, Cass., Sez. II, 13 gennaio 2011, n. 6472 e Cass., Sez. II, 14 luglio 2016, n. 30958, secondo le quali l'omesso avviso del decreto di citazione a giudizio al responsabile dei servizi sociali integra una nullità a regime intermedio.

della pendenza del processo da parte dell'imputato, gli atti urgenti e i casi di revoca della pronuncia in questione – vanno osservati ai sensi dell'art. 1, comma 1, l.m., nonché alla stregua del principio del ***favor minoris***, in virtù del quale – ormai è chiaro – tutte le norme favorevoli predisposte per l'adulto devono estendersi al minorenne [15].

Dal coordinamento delle menzionate disposizioni si desume che, ove siano integrati i presupposti per la prosecuzione del processo *in absentia ex* art. 420-*bis* c.p.p. – e, quindi, sia stata effettuata con successo la notifica dell'avviso –, il giudice potrà comunque disporre **l'accompagnamento coattivo** del minore ai sensi dell'art. 31, comma 1, l.m.; a questo punto, la presenza dell'imputato impone la revoca dell'ordinanza che dichiara l'assenza, come previsto dall'art. 420-*bis*, comma 6, c.p.p. Qualora, invece, manchino le condizioni per dichiarare l'assenza o non sussista un legittimo impedimento dell'imputato (art. 420-*ter* c.p.p.), il giudice pronuncerà la **sentenza inappellabile di non doversi procedere** (art. 420-*quater* c.p.p.), per la mancata conoscenza della pendenza del processo da parte del minore, salvo il compimento degli atti urgenti nei casi indicati dall'art. 420-*quinquies* e la revoca della sentenza, una volta rintracciato l'imputato (art. 420-*sexies* c.p.p.).

Quanto all'**esercente la responsabilità genitoriale**, se è presente in udienza, il giudice può disporre, in qualunque momento, nell'interesse del minore o per inderogabili esigenze processuali, il suo **allontanamento** (art. 31, comma 4, l.m. che richiama l'art. 12, comma 3, l.m.); se non compare senza addurre un legittimo impedimento, il giudice lo può **condannare al pagamento**, a favore della cassa delle ammende, di una somma da 25 a 516 euro (art. 31, comma 4, l.m.).

Nel corso dell'udienza, il giudice può ritenere opportuno instaurare un **contraddittorio allargato**, assumendo informazioni – ai fini indicati dall'art. 9 l.m. – non solo dai **servizi sociali**, bensì anche da tutte le altre persone citate o convocate (art. 31, comma 5, l.m.). La **persona offesa**, in particolare – che, secondo l'art. 10 della Direttiva (UE) 2012/29, ha il diritto di essere sentita nel processo – può rivelarsi estremamente utile per la ricostruzione del fatto e, soprattutto, per sondare la praticabilità di un **percorso di mediazione** ovvero l'attivazione di una delle tecniche di *diversion* ammesse in tale fase (perdono giudiziale, irrilevanza del fatto, messa alla prova).

Obbligatorio è **l'ascolto** dell'imputato presente (art. 31, comma 5, l.m.).

Sebbene il legislatore utilizzi il termine atecnico «**è sentito**», deve ritenersi che, fermo restando il diritto dell'imputato di rendere dichiarazioni spontanee in qualsiasi momento (art. 421, comma 2, seconda parte, c.p.p.), le sollecitazio-

---

[15] Sul principio, v. *amplius*, Capp. II, § 2 e IV, § 3.

ni del giudice mediante precise domande debbano seguire le regole dell'**interrogatorio "garantito"** ai sensi degli artt. 64 e 65 c.p.p. (art. 421, comma 2, c.p.p.). Tuttavia, il giudice, più che ad una formale contestazione dell'accusa, deve mirare all'instaurazione di un **dialogo costruttivo**, che gli consenta di comprendere le particolari condizioni personali, ambientali, sociali del minore, così da individuare la formula terminativa dell'udienza più adeguata. Il **diritto del minorenne di essere ascoltato** e di esprimere la propria opinione nel processo – e, dunque, anche in udienza preliminare – è una garanzia riconosciuta espressamente dall'art. 16, comma 1, **Direttiva (UE) 2016/800**.

2.2. (Segue) *Gli epiloghi: la lunga evoluzione dell'art. 32 l.m. e il consenso dell'imputato.*

La **conclusione dell'udienza preliminare** è regolamentata dall'**art. 32 l.m.**, il cui attuale assetto è il risultato di una serie di interpolazioni legislative e dichiarazioni di illegittimità costituzionali.

Procedendo con ordine, nella **formulazione originaria**, l'art. 32 l.m. prevedeva un ampio spettro di **opzioni decisorie** a disposizione del collegio: **sentenza di non luogo a procedere** «nei casi previsti dall'**articolo 425**» **c.p.p.** o per concessione del **perdono giudiziale**, dell'**irrilevanza del fatto** e della **messa alla prova** (art. 32, comma 1, l.m.) e sentenza di **condanna a pena pecuniaria o sanzione sostitutiva**, eventualmente diminuita sino alla metà rispetto al minimo edittale (art. 32, comma 2, l.m.).

Pubblico ministero, imputato e difensore munito di procura speciale potevano proporre **opposizione** [16] avverso tutti i provvedimenti menzionati nell'art. 32 l.m. (art. 32, comma 3, l.m.).

Con l'approvazione del d.lgs. 14 gennaio 1991, n. 12 [17], la **sospensione del processo con messa alla prova** veniva espunta dall'art. 32, comma 1, l.m.; la facoltà di proporre **opposizione**, **sottratta al pubblico ministero**, restava limitata alle sole **sentenze di condanna**; si innestava, poi, un inedito art. 32-*bis*, recante la disciplina sul procedimento di **opposizione**.

Il **Giudice delle leggi**, due anni dopo [18], denunciava l'irrazionalità dell'art. 32 l.m. nella parte in cui non consentiva di proporre **opposizione** anche avverso

---

[16] Attraverso l'opposizione della sentenza emessa dal giudice dell'udienza preliminare, il minorenne chiede di essere giudicato dinanzi al collegio dibattimentale. Su tale istituto, cfr., *amplius*, § 2.4.1.

[17] Contenente *Disposizioni integrative e correttive della disciplina processuale penale e delle norme ad essa collegate*.

[18] Corte cost., 11 marzo 1993, n. 77.

le sentenze nelle quali la **responsabilità dell'imputato** fosse stata «ontologicamente presupposta» – come nel perdono giudiziale e nell'irrilevanza del fatto – o «logicamente postulata», come per la sentenza di non luogo a procedere per difetto di imputabilità a norma dell'art. 98 c.p. [19].

Il delicato **equilibrio** raggiunto dalla disposizione in esame tra l'esigenza di assicurare una rapida fuoruscita del minorenne dal circuito processuale e quella di garantire al giovane imputato le più complete opportunità difensive, nella pienezza del contraddittorio dibattimentale, in tutti i casi in cui fosse stata pronunciata una condanna o una "**cripto-condanna**", è stato alterato dall'introduzione del **nuovo art. 111 Cost.**: reso il **contraddittorio** il *diapason* della giurisdizione penale (comma 4), derogabile esclusivamente per **consenso dell'imputato**, per accertata impossibilità di natura oggettiva o per effetto di provata condotta illecita (comma 5), era necessario porre un **correttivo** alla disciplina dell'art. 32 l.m., dal momento che le decisioni del giudice dell'udienza preliminare – salvo le sentenze pienamente assolutorie tra quelle previste nell'art. 425 c.p.p. – postulavano un **accertamento di responsabilità "allo stato degli atti"** e, dunque, l'impiego, a fini probatori, di atti di indagine sottratti al contraddittorio.

Il correttivo è intervenuto con la **l. 1° marzo 2001, n. 63**, di attuazione del **Giusto processo**, che si è preoccupata di maneggiare la norma in questione: ai sensi dell'interpolato comma 1 dell'art. 32 l.m., prima che inizi la **discussione**, «il giudice chiede all'imputato **se consente** alla definizione del processo in quella stessa fase, salvo che il consenso sia stato validamente prestato in precedenza. **Se il consenso è stato prestato**, il giudice, al termine della discussione, pronuncia sentenza di non luogo a procedere nei casi previsti dall'articolo 425 del codice di procedura penale o per concessione del perdono giudiziale o per irrilevanza del fatto» [20].

A ben vedere, il legislatore del 2001, cucendo il presupposto del consenso sul tessuto dell'art. 32, **comma 1**, l.m. senza distinguere tra epiloghi ampiamente assolutori ed epiloghi implicativi di responsabilità, aveva operato un riassetto normativo che, lungi dal costituire una esatta trasposizione del principio sancito

---

[19] Ad avviso del Giudice delle leggi, posto che il legislatore delegante (art. 3, lett. *l*, l.d. n. 81 del 1987) individua la "specificità" dell'udienza preliminare minorile «nell'ampliamento dei poteri decisori e nella correlativa possibilità di adottare pronunce altrimenti da riservare all'organo del dibattimento» e considerato che «la scelta di anticipare siffatti poteri è funzionale al soddisfacimento delle particolari esigenze di tutela della condizione minorile, il diritto alla opposizione, costituendo espressione del più generale diritto di difesa», non può essere circoscritto alla sola ipotesi della sentenza di condanna ma «deve essere riconosciuto in tutti i casi in cui è proprio quella "anticipazione di poteri" a generare l'effetto di impedire la celebrazione del dibattimento».

[20] Sul punto, cfr. anche Cap. V, § 3.2.

nell'art. 111, comma 5, Cost., denotava **un'evidente irrazionalità** difficilmente superabile in via esegetica – stante la rigidità del dato testuale –: dal tenore letterale della norma sembrava evincersi che, in mancanza del consenso dell'imputato, il giudice non avrebbe potuto pronunciare neanche una sentenza a carattere pienamente assolutorio *ex* art. 425 c.p.p., dovendo unicamente disporre il rinvio a giudizio.

Di qui **l'intervento correttivo** ad opera della **Corte costituzionale**[21] che, nel dichiarare parzialmente illegittimo il testo riformato dell'art. 32, comma 1, l.m., ha precisato come fosse possibile e necessario prescindere dal consenso dell'imputato nei soli casi di sentenza di non luogo a procedere adottata con **formula ampiamente liberatoria** o, comunque, tale da non postulare alcun accertamento di responsabilità dell'imputato, così implicitamente prospettando la necessità del consenso per le altre decisioni di non luogo a procedere (*id est* irrilevanza del fatto e perdono giudiziale)[22].

L'assetto normativo dell'art. 32 l.m. presentava, ancora, un indubbio **profilo di criticità e incoerenza**: la **sentenza di condanna** a pena pecuniaria e sanzione sostituiva, disciplinata nel **comma 2**, sembrava "inspiegabilmente" sottratta alla condizione della prestazione preventiva del consenso, innestata nel comma 1.

Dell'aporia si è fatta carico ancora una volta la **Corte costituzionale**[23] che, nel dichiarare inammissibile la questione di legittimità posta sul punto, ha precisato come, anche in caso di **condanna** a pena pecuniaria e sanzione sostituiva, il **consenso dell'imputato fosse indefettibilmente richiesto**: secondo la Corte, «il tenore testuale del primo periodo del comma 1 dell'art. 32 del d.P.R. n. 448 del 1988, unitamente alla *ratio* della norma, indubbiamente finalizzata a riconoscere al minorenne la facoltà di non prestare il consenso alla pronuncia in udienza preliminare di sentenze che comunque presuppongono un accertamento di responsabilità [...], permetterebbe di ritenere [...] che il consenso vada riferito in via generale alla possibilità di **definire il processo nell'udienza preliminare** e non ad uno specifico esito dell'udienza stessa».

In questa prospettiva, appare evidente che, nel possibile conflitto tra l'interesse ad una **sollecita conclusione** della vicenda processuale – di sicura maggiore valenza quando si tratti di minorenne – e il **diritto dell'imputato al «giusto processo»** – nel particolare aspetto dell'assunzione delle prove nel contrad-

---

[21] Corte cost., 16 maggio 2002, n. 195.

[22] Con la citata pronuncia, la Corte costituzionale ha dichiarato incostituzionale l'art. 32 comma 1, l.m., come modificato dall'art. 22 l. 1° marzo 2001, n. 63, «nella parte in cui in mancanza del consenso dell'imputato, preclude al giudice di pronunciare sentenza di non luogo a procedere che non presuppone un accertamento di responsabilità».

[23] Corte cost., 11 giugno 2003, n. 208.

dittorio dibattimentale – debba prevalere quest'ultimo, «**non potendo essere imposta** all'imputato una decisione che presupponga una affermazione di responsabilità **senza il suo consenso** all'utilizzazione degli atti assunti unilateralmente dal pubblico ministero» [24].

Quanto alle **forme** attraverso le quali l'imputato manifesta la sua volontà di definire il processo in udienza preliminare, dal tenore letterale del comma 1 dell'art. 32 l.m. si ricava che è necessaria una **dichiarazione espressa** ed inequivoca; si tratta di un **atto personalissimo** e, come tale, il consenso va prestato dall'**imputato**, **personalmente** o tramite **procuratore speciale** [25]: dunque, l'eventuale **assenza del minore**, ostando al suo interpello, **ne impone il rinvio a giudizio** [26], salvo che vi siano i presupposti per adottare una decisione interamente liberatoria [27] e sempre che il consenso non sia stato **prestato in precedenza** (ad esempio, durante le indagini), come espressamente consentito dal comma 1 dell'art. 32 l.m.

Fuori da quest'ultima ipotesi, il consenso va acquisito dal giudice subito dopo l'accertamento relativo alla regola costituzione delle parti e **prima che abbia inizio la discussione** (art. 32, comma 1, l.m.). Impregiudicata resta la possibilità per il giudice di disporre l'accompagnamento coattivo dell'imputato assente – ai sensi dell'art. 31, comma 1, l.m. – al fine di verificare la validità del consenso eventualmente prestato prima dell'udienza.

2.3. (Segue) *Le decisioni.*

Venendo all'analisi del variegato catalogo delle **opzioni decisorie** a disposizione del collegio minorile, si è già accennato al fatto che l'art. 32 l.m. menzioni, accanto alla **sentenza di non luogo a procedere** – nei casi previsti dall'**art. 425** c.p.p. o per concessione del **perdono giudiziale** o per **irrilevanza** del fatto – (comma 1), la sentenza di **condanna a pena affievolita** (comma 2).

La possibilità per il giudice dell'udienza preliminare di irrogare pene **pecuniarie e sanzioni sostitutive ridotte sino alla metà del limite edittale –** in linea con il criterio direttivo di cui all'art. 3, lett. *l*, l.d. n. 81 del 1987 – si giustifica in considerazione dell'opportunità di garantire al minorenne un **trattamento non deteriore** rispetto all'adulto che, nei casi in cui venga attivato dall'in-

---

[24] Corte cost., 14 febbraio 2013, n. 24. Per i rapporti tra consenso e opposizione, cfr. *infra*, § 2.4.1.

[25] Cass., Sez. I, 22 ottobre 2010, n. 43093.

[26] V. Corte cost., 11 giugno 2003, n. 208; Corte cost., 2 aprile 2004, n. 110.

[27] Cass., Sez. II, 20 maggio 2004, n. 26325.

quirente il procedimento per decreto, può usufruire della riduzione di pena prevista dall'art. 459 c.p.p. [28].

La condanna è subordinata ad una **richiesta** in tal senso da parte del **pubblico ministero**. Qualora il giudice proceda d'**ufficio**, si dovrebbe prospettare una **nullità assoluta**, per violazione della competenza funzionale del giudice e per inosservanza delle prerogative del pubblico ministero (art. 178, lett. *a* e *b*, c.p.p.).

Come si dirà più avanti [29], le interpolazioni operate sull'art. 30 l.m. ad opera del d.lgs. n. 150 del 2022 hanno sortito l'effetto di **dilatare i confini operativi** delle sanzioni sostitutive – definite, ora, **pene** sostitutive (semilibertà, detenzione domiciliare, lavoro di pubblica utilità, pena pecuniaria) –, in perfetta sintonia coi principi di **minima offensività** ed ***extrema ratio*** **della detenzione**: invero, su un fronte, sono aumentate le *chances* di estromettere il minore dal circuito processuale in udienza preliminare; sull'altro fronte, si sono ridotte le possibilità di sottoporre il giovane imputato ad una pena detentiva.

Alle pronunce menzionate nell'art. 32 l.m. si aggiungono: 1) la sentenza di non luogo a procedere per **difetto di imputabilità**; 2) **l'ordinanza di sospensione** del processo con **messa alla prova**.

Che il giudice dell'udienza preliminare possa emettere tali provvedimenti si evince implicitamente da altre disposizioni del d.P.R. n. 448 del 1988: per la prima, **l'art. 26 l.m.**, nell'ipotesi di reato commesso dall'infraquattordicenne (art. 97 c.p.), impone l'immediata declaratoria di non luogo a procedere **in ogni stato e grado del procedimento** e, dunque, anche in udienza preliminare; l'art. 37 l.m., poi, contempla espressamente l'applicazione di misure di sicurezza, in via provvisoria, quando si dichiari il **difetto di imputabilità** ***ex*** **artt. 97 e 98 c.p.** «con la sentenza di non luogo a procedere», tacitamente ammettendo che, a conclusione dell'udienza, il minore possa essere dichiarato non imputabile in entrambi i casi previsti dagli artt. 97 e 98 c.p., a prescindere dal fatto che debba essere applicata una misura di sicurezza [30].

Quanto alla **messa alla prova**, l'art. 29 l.m., nell'ultimo inciso, contiene un esplicito richiamo all'art. 32 l.m.

L'unica pronuncia non consentita al giudice di tale fase è, dunque, la **sentenza di condanna a pena detentiva**: per essa è necessaria la celebrazione del dibattimento, nella pienezza del contraddittorio, considerate le possibili conseguenze sull'imputato in termini di sacrificio della libertà personale.

---

[28] Sul punto, cfr. *Relazione al progetto preliminare del d.P.R. n. 448 del 1988.*

[29] V. Cap. VII, § 3.1.

[30] Si tratta di una esegesi in linea con il criterio direttivo *ex* art. 3, lett. *l*, l.d. n. 81 del 1987, che fa riferimento, tra l'altro, al potere del giudice dell'udienza preliminare di «prosciogliere anche per la non imputabilità, ai sensi dell'articolo 98 del codice penale».

Nell'ipotesi – alquanto remota – in cui il procedimento non venga definito all'udienza preliminare, il giudice emetterà il **decreto che dispone il giudizio** e procederà alla **formazione del fascicolo** per il dibattimento, nel contraddittorio tra le parti (art. 431 c.p.p.).

Va, infine, evidenziato che il giudice, ove ne ravvisi un'**urgente necessità**, può adottare, con separato decreto, **provvedimenti civili temporanei** a protezione del minore. Essi, analogamente a quelli previsti dagli artt. 330-333 c.c., sono **immediatamente esecutivi** e cessano di avere efficacia dopo **trenta giorni** dalla loro emissione (art. 32, comma 4, l.m.).

2.4. (Segue) *I rimedi: impugnazioni, revoca ...*

Il d.P.R. n. 448 del 1988 non detta regole in tema di **impugnazione** dei provvedimenti del giudice dell'udienza preliminare. In ossequio ai principi *ex* art. 1, comma 1, l.m., trova, dunque, applicazione la disciplina generale tratteggiata dall'art. 428 c.p.p. – che si occupa dell'**impugnazione della sentenza di non luogo a procedere** – la quale ha subìto rilevanti modifiche nel corso degli anni, che si riflettono anche sull'apparato minorile.

In particolare, a seguito dei ritocchi operati prima della l. 20 febbraio 2006, n. 46 – che prevedeva il **ricorso per cassazione** quale **unico rimedio** esperibile –, poi della l. 23 giugno 2017, n. 103 – che aveva **ripristinato l'appello** in presenza di particolari circostanze – e, da ultimo, dal d.lgs. n. 150 del 2022 – che ha sancito **l'inappellabilità** delle sentenze relative a reati puniti con la sola pena pecuniaria o con pena alternativa –, il regime delle impugnazioni, allo stato attuale, può così sintetizzarsi: **sono appellabili** dal **pubblico ministero** (nello specifico, dal procuratore della Repubblica e, nei casi di cui all'art. 593-*bis*, comma 2, c.p.p., dal procuratore generale) e dall'**imputato** (art. 428, comma 1, lett. *a* e *b*, c.p.p.) **tutte le sentenze di non luogo a procedere**, incluse quelle di proscioglimento che postulano la responsabilità dell'imputato, salvo le sentenze relative a reati puniti con la sola pena pecuniaria o con pena alternativa (art. 428, comma 3-*quater*, c.p.p.) e, per l'imputato, quelle ampiamente liberatorie (che si esprimono con le formule «il fatto non sussiste» o «l'imputato non l'ha commesso»). Titolari del potere di proporre appello sono, altresì, la **persona offesa** – solo nelle ipotesi di nullità *ex* art. 419, comma 7, c.p.p. (art. 428, comma 2, c.p.p.) – e **l'esercente la responsabilità genitoriale**, in virtù della legittimazione "generale" contemplata nell'art. 34 l.m.

Sull'impugnazione, la sezione della Corte d'appello competente decide in camera di consiglio, con le forme previste dall'art. 127 c.p.p. Contro la sentenza di non luogo a procedere pronunciata in grado di appello possono **ricorrere per cassazione** l'imputato – e l'esercente la responsabilità genitoriale *ex* art. 34

l.m. – e il procuratore generale, solo per i motivi di cui all'art. 606, comma 1, lett. *a*, *b* e *c*, c.p.p. (art. 428, comma 3-*bis*, c.p.p.).

Infine, dovrebbe escludersi la possibilità di proporre il **ricorso per *saltum***, posto che l'attuale versione dell'art. 428 c.p.p., a differenza del testo previgente, non contiene più alcun riferimento a tale istituto.

Resta da interrogarsi sulla possibilità di **revocare** la sentenza di non luogo a procedere (artt. 434-437 c.p.p.), una volta divenuta esecutiva (arg. art. 650, comma 2, c.p.p.). Posto che, ai sensi dell'art. 434 c.p.p., la riapertura del processo presuppone la sussistenza di nuove fonti di prova, idonee – da sole o insieme a quelle già acquisite – a determinare il rinvio a giudizio, **l'istituto sembrerebbe ontologicamente incompatibile** con le pronunce di non luogo a procedere che "celano" una condanna (le "cripto-condanne") le quali, presupponendo la colpevolezza del minore, postulano già risolto in senso positivo il dubbio sulla responsabilità.

Tuttavia, va verificato se sia comunque ammissibile la revoca nelle ipotesi in cui le nuove fonti di prova, piuttosto che incidere sul profilo della responsabilità, attestino **l'insussistenza dei presupposti** della pronuncia: si pensi, ad esempio, al caso in cui, dopo la sentenza *ex* **art. 27 l.m.**, un nuovo apporto probatorio dimostri che **il fatto non sia tenue** o che la **condotta non sia occasionale**; oppure, a seguito della pronuncia di estinzione del reato per **perdono giudiziale**, le inedite fonti di prova attestino che il giudice, per il fatto oggetto dell'imputazione, avrebbe dovuto applicare una pena superiore ai due anni di detenzione; o, ancora, dopo la sentenza che abbia dichiaro estinto il reato per esito positivo della **messa alla prova**, emerga che il fatto per cui si è proceduto rientri tra quelli ostativi *ex* art. 28, comma 5-*bis*, l.m.

Sembra **difficile** optare per la soluzione positiva: perché la "reviviscenza" della pretesa punitiva nei confronti del minore – che verrebbe catapultato nuovamente nel circuito giudiziario per il medesimo fatto – potrebbe compromettere gravemente l'***iter* evolutivo** della sua personalità.

Le difficoltà applicative si infittiscono per la **messa alla prova**: un'eventuale revoca della sentenza che certifichi l'estinzione del reato per **esito positivo della prova** determinerebbe un inevitabile e catastrofico **effetto destabilizzante** sul minore, il quale si ritroverebbe incagliato nella rete della giustizia penale per quello stesso reato che era riuscito a "dissolvere" attraverso una condotta rispettosa delle regole di convivenza civile.

2.4.1. (Segue) … *e opposizione.*

Accanto alle impugnazioni si colloca, quale ulteriore mezzo di doglianza, l'**opposizione**.

Costruito sulla falsariga dell'omologo istituto disciplinato dall'art. 461 c.p.p.

– esperibile nel rito ordinario avverso il decreto penale di condanna –, tale strumento consente all'imputato di ottenere dal T.P.M.F. un **esame del merito *ex novo***, nella pienezza delle garanzie che solo il dibattimento può assicurare. Con l'opposizione, dunque, l'imputato rinuncia alla pronuncia emessa dal giudice dell'udienza preliminare e chiede il giudizio dibattimentale.

Dal complesso delle disposizioni contenute negli artt. 32, comma 3 e 3-*bis* e 32-*bis* l.m. [31], si ricava la disciplina: l'oggetto, le forme, i termini, la legittimazione, gli effetti e il procedimento.

Per quanto concerne **l'oggetto**, si è già visto [32] come l'opposizione possa essere proposta contro la **sentenza di condanna** a pena pecuniaria o sanzione (pena) sostituiva (art. 32, comma 3, l.m.), nonché – secondo quanto chiarito dalla Corte costituzionale [33] – avverso **tutte le sentenze** per le quali la **responsabilità dell'imputato** è «ontologicamente presupposta» (è il caso della sentenza che accorda il perdono giudiziale o dichiara l'irrilevanza del fatto ovvero l'estinzione del reato per messa alla prova) o «logicamente postulata» (come la sentenza di non luogo a procedere per difetto di imputabilità *ex* art. 98 c.p.).

L'opposizione si propone, con atto depositato presso la cancelleria del giudice che ha emesso la sentenza, entro **cinque giorni** dalla pronuncia o, nei casi di assenza dell'imputato, dalla notificazione dell'estratto (art. 32, comma 3, l.m.).

Non è stabilito un **contenuto minimo**: dunque, è sufficiente una mera richiesta di dibattimento.

Possono proporre opposizione l'**imputato** e il **difensore munito di procura speciale** (art. 32, comma 3, l.m.); applicando analogicamente l'art. 34 l.m., anche l'**esercente la responsabilità genitoriale** che, peraltro, è menzionato dall'art. 3, lett. *l*, l.d. n. 81 del 1987 tra i soggetti legittimati, nella veste di genitore o tutore.

Il **procedimento** si divide in **due fasi**: la prima è affidata al **giudice che ha emesso il provvedimento** oggetto di opposizione, ossia al giudice dell'udienza preliminare, cui è attribuito il compito di controllare l'**ammissibilità** dell'istanza; nel caso di **difetto di legittimazione** o **mancato rispetto del termine**, il collegio dichiara l'**inammissibilità** con **ordinanza**, ricorribile per cassazione dall'opponente (art. 32-*bis*, comma 2, l.m.); ove sia decorso inutilmente il termine per proporre opposizione o per impugnare l'ordinanza che la dichiara inammissibile, la **sentenza diviene irrevocabile** (art. 32, comma 3, l.m.).

Superato il vaglio di ammissibilità, il giudice dell'udienza preliminare forma

---

[31] Quanto alle interpolazioni subite dagli artt. 32, comma 3 e 3-*bis*, l.m. ad opera prima del legislatore e poi della Corte costituzionale, v. *retro*, § 2.2.

[32] § 2.2.

[33] Corte cost., 11 marzo 1993, n. 77: sulla pronuncia, v. *retro*, § 2.2.

il fascicolo per il dibattimento *ex* art. 431 c.p.p. e lo trasmette, insieme all'opposizione, al T.P.M.F. competente per il giudizio (art. 32-*bis*, comma 3, l.m.), dinanzi al quale, dunque, si apre la **seconda fase**.

Il T.P.M.F. **revoca** la sentenza (art. 32-*bis*, comma 4, l.m.) e decide "liberamente", senza, cioè, essere vincolato al divieto della *reformatio in peius*: il collegio, dunque, può applicare in ogni caso una pena diversa e anche più grave di quella irrogata dal giudice dell'udienza preliminare e può revocare i benefici già concessi (art. 32-*bis*, comma 5, l.m.).

Una disciplina *ad hoc* è prevista per il **processo cumulativo** che veda coinvolti più minorenni imputati dello stesso reato **condannati** in udienza preliminare: qualora solo **alcuni di essi propongano opposizione**, l'esecuzione della sentenza di condanna **rimane sospesa** per i non opponenti fino a quando il giudizio conseguente all'opposizione non sia definito con pronuncia irrevocabile (art. 32, comma 3-*bis*, l.m.); nel caso in cui l'opponente sia assolto «perché il fatto non sussiste, non è previsto dalla legge come reato ovvero è commesso in presenza di una causa di giustificazione» – ovvero con una formula **che esclude ogni possibile rilevanza penale del fatto contestato** – il T.P.M.F. sarà tenuto a **revocare la sentenza di condanna** anche nei confronti dei non opponenti (art. 32-*bis*, comma 6, l.m.).

Un ultimo rilievo si impone.

Dopo che la Corte costituzionale ha dilatato l'originario perimetro applicativo dell'opposizione – includendovi, accanto alla pronuncia di condanna a pena pecuniaria e sanzione (pena) sostitutiva, le sentenze di non luogo a procedere che presuppongono o postulano la responsabilità dell'imputato (le "cripto-condanne") –, sarebbe stato opportuno un intervento di chirurgia normativa sui commi 4, 5 e 6 dell'art. 32-*bis*, l.m., che, a tutt'oggi, afferiscono "formalmente" alla sola pronuncia di condanna.

L'inerzia del legislatore ha schiuso la via ad un **dubbio ermeneutico** che spetta all'interprete sciogliere: va chiarito se i menzionati commi possano estendersi **analogicamente** ai casi in cui l'antecedente decisorio sia una "**cripto-condanna**".

Nessun dubbio per il **comma 4**: nel giudizio conseguente all'opposizione, il T.P.M.F. è tenuto a **revocare** la relativa sentenza; al contrario, va esclusa l'estensione analogica del **comma 5**: le "cripto-condanne" **non applicano pene** che si si prestino ad eventuali modifiche nel *quantum* o nel *quomodo*; infine, nulla osta all'utilizzo del **comma 6**, trattandosi di un'estensione ***in bonam partem***: dunque, anche i coimputati destinatari di una "cripto-condanna" non opponenti hanno il diritto di beneficiare del **proscioglimento pieno** – ottenuto dall'imputato opponente – che abbia escluso ogni possibile rilevanza penale del fatto contestato.

Un'altra aporia interpretativa ruota attorno alla mancata legittimazione del

pubblico ministero (art. 32, comma 3, l.m.). La limitazione aveva un senso quando l'opposizione era proponibile avverso le sole sentenze di condanna: invero, sarebbe caduto in contraddizione un pubblico ministero che si fosse opposto ad una pronuncia emessa su sua richiesta; con l'estensione dell'istituto alle "cripto-condanne" – che il giudice può pronunciare a prescindere dalla richiesta in tal senso da parte dell'inquirente – l'esclusione in questione ha perso la sua plausibilità logica. Peraltro, l'art. 3, lett. *l*, l.d. n. 81 del 1987 menziona il pubblico ministero, accanto al difensore, all'imputato, ad uno dei genitori o al tutore, tra i soggetti legittimati a proporre opposizione «contro i provvedimenti adottati nell'udienza preliminare».

Resta da chiarire il **rapporto tra consenso e opposizione**.

Sul punto, la Corte costituzionale [34] ha affermato la **piena compatibilità** tra i due istituti, che presentano **finalità e oggetti differenti**: «il consenso va riferito in via generale alla possibilità di definire il processo nell'udienza preliminare e non ad uno specifico esito dell'udienza stessa».

In definitiva, il primo si presta "al buio", all'inizio della fase dell'udienza preliminare: lungi dal costituire un'adesione ad un particolare epilogo decisorio, è una sorta di **rinuncia generica alle garanzie del contraddittorio**, un'autorizzazione all'utilizzo di prove non formate dialetticamente; la seconda, invece, ha come oggetto la **specifica pronuncia** del giudice che, evidentemente, ha deluso le aspettative dell'imputato: così, a quest'ultimo è data la possibilità di "tornare indietro sui suoi passi", al fine di esercitare le facoltà difensive nella pienezza del contraddittorio dibattimentale.

3. *I giudizi speciali*: *quelli esclusi ...*

Come nel procedimento penale a carico dell'adulto, anche in quello minorile possono essere attivati i **riti speciali**, finalizzati – come è noto – ad assicurare una **celere definizione** del processo, attraverso la contrazione di uno o più segmenti della sequenza ordinaria.

In particolare, il legislatore, attento alle ontologiche peculiarità del rito minorile, ha tratteggiato l'ambito operativo dei procedimenti speciali muovendosi lungo **tre direttrici**: 1) **preclusione assoluta** del **patteggiamento** e del **procedimento per decreto penale di condanna**; 2) **ammissibilità** del **giudizio abbreviato**; 3) subordinazione del **rito direttissimo** e di quello **immediato** ad alcune **condizioni**.

---

[34] Corte cost., 3 giugno 2003, n. 208.

La norma di riferimento è **l'art. 25 l.m.**

Ai sensi del comma 1, «Nel procedimento davanti al tribunale per i minorenni **non si applicano** le disposizioni dei titoli II e V del libro VI del codice di procedura penale».

Le ragioni sistematiche che hanno indotto il legislatore ad estromettere in sede minorile il "**patteggiamento**" (artt. 444-448 c.p.p.) e il **procedimento per decreto penale di condanna** (artt. 459-464 c.p.p.) sono chiaramente enunciate nella **Relazione al progetto preliminare** del d.P.R. n. 448 del 1988, ove si legge: «pur essendo evidente l'importanza di tutti gli istituti processuali diretti a favorire una rapida uscita dal circuito penale», il **patteggiamento** «presuppone nell'imputato una capacità di valutazione e di decisione che richiedono **piena maturità e consapevolezza** di scelte» che il minore certamente non possiede, mentre «il **procedimento per decreto** non consente al giudice quella **adeguata valutazione della personalità** del minorenne prescritta dalla lett. *e* della delega e disciplinata dall'art. 9» l.m.

Quanto al **patteggiamento**, a ben vedere, le motivazioni addotte dal legislatore non convincono. Sebbene il minorenne, a mente dell'art. 98 c.p., sia un soggetto **semi-imputabile**, il d.P.R. n. 448 del 1988 attribuisce alla **volontà del giovane imputato** una **piena efficacia processuale**: all'iniziativa del minore sono, infatti, rimesse decisioni importanti, in grado di condizionare l'*iter* processuale; si pensi al **consenso** prestato in udienza preliminare (art. 32, comma 1, l.m.), all'**opposizione** proponibile avverso le pronunce del giudice di tale fase (art. 32, comma 3, l.m.) o, ancora – come si dirà più avanti [35] – al "maggior peso" della sua **impugnazione** rispetto a quella presentata dall'esercente la responsabilità genitoriale (art. 34, comma 2, l.m.).

Rebus sic stantibus, la ragione giustificatrice della soluzione adottata dal legislatore non va ricercata nella mancanza di maturità e capacità di valutazione del giovane imputato in ordine alla scelta del patteggiamento, bensì nell'**impossibilità di conciliare** tale rito con quell'**esigenza primaria** – che sorregge il processo minorile – di garantire il «**recupero**» del minorenne e «la tutela della sua **personalità**». Su questo crinale interpretativo ha fatto leva il **Giudice delle leggi** che, per ben due volte, ha avallato la preclusione in parola [36].

---

[35] Cfr. *infra*, § 5.

[36] Nella prima occasione (Corte cost., 27 aprile 1995, n. 135), nel dichiarare infondata, in riferimento all'art. 3 Cost., la questione di legittimità dell'art. 25 l.m., nella parte in cui esclude l'operatività degli artt. 444-448 c.p.p. nel rito minorile, la Corte costituzionale ha spiegato che, in tale sede, il giudice, in vista dell'esigenza primaria del recupero del minore, è legittimato ad attivare una serie di misure (perdono giudiziale, messa alla prova, sentenza di non luogo a procedere per irrilevanza del fatto, pene sostitutive) «che sarebbero invece precluse, nell'attuale configurazione, dal "patteggiamento"»; quest'ultimo, pertanto, rispetto al minore, «potrebbe

Condivisibili sono, invece, le argomentazioni espresse nella Relazione al progetto preliminare a sostegno dell'esclusione del **procedimento per decreto** nel rito minorile: trattandosi di una "**condanna senza processo**", il pubblico ministero e il giudice si troverebbero, rispettivamente, a chiedere e a pronunciare un provvedimento svincolato dagli **accertamenti** *ex* art. 9 l.m. che – lo ribadiamo – sono **obbligatori** [37].

3.1. (Segue) ... *e quelli ammessi.*

Dalla formulazione dell'art. 25 l.m. si desume agevolmente che il **giudizio abbreviato** è ammesso **senza condizioni**.

Peraltro, la sua **compatibilità** con il processo minorile non è stata mai contestata: trattandosi di un "**patteggiamento sul rito**" e non sulla pena, non reca pregiudizio alle esigenze educative del minore.

Rispetto alla disciplina tratteggiata negli **artt. 438-443 c.p.p.** emergono alcune **deviazioni**, in linea con le indicazioni del legislatore delegante che – va ricordato – subordina l'applicazione delle norme del codice di procedura penale alle «**modificazioni ed integrazioni** imposte dalle particolari condizioni psicologiche del minore, dalla sua maturità e dalle esigenze della sua educazione» (art. 3, comma 1, l.d. n. 81 del 1987).

Innanzi tutto, il procedimento si svolge davanti ad un **giudice collegiale** e non monocratico; **incompatibile** è, poi, la disposizione che autorizza la celebrazione del rito a **porte aperte** quando ne facciano richiesta tutti gli imputati (art. 441, comma 3, c.p.p.): il d.P.R. n. 448 del 1988 contempla, invero, una deroga al principio della pubblicità delle udienze **solo per il dibattimento** (art.

---

condurre a risultati incoerenti rispetto all'accennata finalità e dunque lesivi dei principi fondamentali cui si ispira la giustizia minorile». Nella seconda pronuncia (Corte cost., 12 luglio 2000, n. 272), la Corte costituzionale, chiamata a valutare la legittimità della preclusione nei confronti del soggetto minorenne all'epoca della commissione del reato, ma maggiorenne al momento del processo, ha dichiarato non fondata la questione, in riferimento all'art. 3 Cost., osservando che la ragione giustificatrice della soluzione adottata dal legislatore vada ricercata nel «ponderato bilanciamento tra le esigenze di economia processuale, che avrebbero consigliato di ammettere forme di "patteggiamento" anche nel procedimento a carico di imputati minorenni, e le peculiarità del modello di giustizia minorile adottato dall'ordinamento italiano, sorretto dalla prevalente finalità di recupero del minorenne e di tutela della sua personalità, nonché da obiettivi pedagogico-rieducativi piuttosto che retributivo-punitivi, richiamati dal preambolo dell'art. 3 della legge-delega 16 febbraio 1987, n. 81, e dagli artt. 1 e 9 del d.P.R. n. 448 del 1988».

[37] Quanto all'impossibilità di applicare l'istituto della sospensione del procedimento con messa alla prova (artt. 464-*bis*, 464-*novies* c.p.p.) – innestato, tra i riti speciali dell'adulto, dalla l. 28 aprile 2014, n. 64 –, v. *retro*, Cap. V, § 4.6.

33, comma 2, l.m.)[38]; **inapplicabile** è, altresì, la norma che disciplina la **costituzione di parte civile** (art. 441, comma 2, c.p.p.), posta l'inammissibilità dell'azione civile *ex* art. 10 l.m.; infine, non opera il divieto di accesso al rito «per i delitti puniti con la **pena dell'ergastolo**» (art. 438, comma 1-*bis*, c.p.): come puntualizzato dal **Giudice delle leggi**[39], per effetto della dichiarazione di illegittimità costituzionale degli artt. 17 e 22 c.p. «nella parte in cui non escludono l'applicazione della pena dell'ergastolo al minore imputabile»[40], «si è venuta a determinare una sostituzione generalizzata della pena perpetua con quella temporanea per la categoria dei minorenni rei. E proprio il venir meno dell'astratta possibilità di applicare la pena dell'ergastolo agli imputati minorenni è l'elemento che consente a questi ultimi di **accedere sempre** al rito abbreviato, posto che, per essi, la preclusione stabilita dall'art. 438, comma 1-*bis*, cod. proc. pen. non può operare in ragione della generale impossibilità di configurare, a loro carico, "delitti puniti con la pena dell'ergastolo"»[41].

Quanto agli **epiloghi**, come nel rito abbreviato per l'adulto, il giudice dell'udienza preliminare può pronunciare le **sentenze tipiche del dibattimento**: **assoluzione** (art. 530 c.p.p.), **non doversi procedere** (art. 529 c.p.p.), dichiarazione di **estinzione del reato** (art. 531 c.p.p.) e **condanna** (art. 533 c.p.p.); in quest'ultima ipotesi, opera la consueta **riduzione secca** della pena – **di un terzo** o della **metà**, a seconda che si tratti di un delitto o di una contravvenzione[42] –, che interverrà dopo aver «tenuto conto di tutte le **circostanze**» (art. 442, comma 2, c.p.p.), compresa, dunque, l'attenuante della **minore età** (art. 98, comma 1, c.p.). A tali formule definitorie si aggiungono quelle **tipiche dell'udienza preliminare minorile**[43], ad eccezione della **sentenza di condanna a pena affievolita *ex* art. 32, comma 2, l.m.**, che resta una prerogativa esclusiva del giudice dell'udienza preliminare minorile ordinaria[44].

---

[38] Sul punto, cfr. *infra*, § 4.

[39] Corte cost., 6 ottobre 2022, n. 207.

[40] Sul punto, cfr. Cap. VII, § 2.

[41] Sulla base di tale puntualizzazione, la Corte costituzionale, nella citata pronuncia, ha ritenuto non irragionevole la disparità di trattamento, denunciata dal giudice *a quo*, tra il seminfermo di mente *ex* art. 89 c.p., al quale non sarebbe consentito accedere al rito abbreviato nei casi in cui l'imputazione riguardasse delitti puniti con la pena dell'ergastolo e l'imputato minorenne.

[42] Ai sensi del comma 2-*bis* dell'art. 442 c.p.p., innestato dal d.lgs. n. 150 del 2022, «quando né l'imputato, né il suo difensore hanno proposto impugnazione contro la sentenza di condanna, la pena inflitta è ulteriormente ridotta di un sesto dal giudice dell'esecuzione».

[43] Sulle impugnazioni proponibili avverso le sentenze emesse in sede di giudizio abbreviato, v. *infra*, § 5.

[44] La questione non è pacifica. Secondo una parte della dottrina, il giudizio abbreviato può

Diversamente dall'abbreviato, la celebrazione nel processo minorile del **giudizio direttissimo** (artt. 449-452 c.p.p.) e di quello **immediato** (artt. 453-458-*bis* c.p.p.) è subordinata all'integrazione di **alcune condizioni**, fissate nei commi 2 e 2-*ter*, che si aggiungono ai presupposti generali delineati dal codice di procedura penale.

In particolare, il comma 2, afferente al **rito direttissimo**, consente al pubblico ministero di veicolare l'esercizio dell'azione penale in questa forma di **giudizio** «solo se è possibile compiere» gli **accertamenti** *ex* art. 9 l.m. «e assicurare al minorenne» **l'assistenza** di cui all'art. 12 l.m.; il comma 2-*ter*, (introdotto dal d.l. 23 maggio 2008, n. 92, convertito, con modificazioni, dalla l. 24 luglio 2008, n. 125), che attiene anche al **giudizio immediato**, preclude all'inquirente la messa in moto dei due riti «nei casi in cui ciò **pregiudichi gravemente le esigenze educative del minore**».

Sul punto si impone una riflessione.

Le condizioni di cui al comma 2 sottendono, presumibilmente, una chiara preoccupazione del legislatore: il pubblico ministero e il giudice, considerati i **serrati tempi** del direttissimo, potrebbero essere indotti ad adottare frettolose decisioni senza garantire gli **accertamenti sulla personalità** del minore e l'assistenza **affettiva e psicologica** del giovane protagonista.

A ben vedere, si tratta di **puntualizzazioni *ad abundantiam***, che consentono di **ribadire** qualcosa che difficilmente può essere messo in discussione, stante la portata generale delle previsioni contenute nei richiamati artt. 9 e 12 l.m.: in particolare, gli **accertamenti sulla personalità** orientano – come più volte ribadito – **tutte le decisioni** del giudice e del pubblico ministero, comprese, quindi, quelle in questione; **l'assistenza affettiva e psicologica** dei genitori, degli altri esercenti la responsabilità genitoriale o della persona idonea e dei servizi sociali è imposta dall'art. 12 l.m., espressamente, «**in ogni stato e grado del procedimento**» e, dunque, anche in sede di giudizio direttissimo.

Certamente, con particolare riferimento alla fattispecie di cui al comma 1 dell'art. 449 c.p.p., non sfugge l'oggettiva difficoltà per il pubblico ministero di espletare gli accertamenti *ex* art. 9 l.m. nel brevissimo termine – **quarantotto ore** dall'arresto – entro il quale egli è tenuto a presentare l'imputato davanti al giudice del dibattimento; in tale evenienza, allora, il direttissimo potrebbe essere attivato solo nel caso in cui ai servizi sociali siano già note le condizioni personali e socio-familiari del minorenne (perché, ad esempio, quest'ultimo è un recidivo o è stato destinatario di provvedimenti civili) ovvero quando il quadro

---

definirsi anche con una sentenza di condanna a pena pecuniaria o sanzione (pena) sostitutiva ridotte; in tal caso, la diminuzione di pena contemplata nell'art. 32, comma 2, l.m. si sommerà alla riduzione sancita dall'art. 442, comma 2, c.p.p.

conoscitivo concernente il giovane arrestato non presenti particolare complessità e sia, quindi, compatibile con le cadenze incalzanti del rito.

Anche il comma 2-*ter* appare **pleonastico**: è la connotazione funzionale del processo a carico del minorenne – in bilico tra cognizione ed educazione – ad imporre che le norme siano applicate senza **pregiudizio per le esigenze educative del minore**, ossia con modalità adeguate alle caratteristiche dell'indagato/imputato, al fine di contenere quel contraccolpo negativo che, inevitabilmente connesso alle dinamiche giudiziarie, potrebbe compromettere irrimediabilmente lo sviluppo armonico della personalità del giovane coinvolto nella spiacevole vicenda processuale.

Tuttavia, per dare un senso al comma in questione, si può ritenere che il legislatore del 2008 abbia voluto rimarcare il carattere **facoltativo** dei due giudizi in questione, in netta contrapposizione alla **tendenziale obbligatorietà** introdotta, con il medesimo provvedimento normativo, per l'adulto[45]. In definitiva, con la previsione in parola, il legislatore "ricorda" all'inquirente che il direttissimo e l'immediato, per il minorenne, vanno avviati *cum grano salis*, solo quando non vi siano rilevanti "controindicazioni pedagogiche".

Resta da chiedersi quali siano le ragioni per le quali il legislatore non abbia esteso al giudizio immediato l'operatività del comma 2: posto che il lasso di tempo per l'attivazione del rito in questione è più ampio rispetto a quello previsto per il direttissimo – nell'ipotesi tradizionale, **novanta giorni** dall'iscrizione della notizia di reato nell'apposito registro (art. 453, comma 1, c.p.p.) e in quella custodiale[46], **centottanta giorni** dall'esecuzione della misura (art. 453, comma 1-*bis* c.p.p.) – presumibilmente meno forte era il timore che potessero essere compromesse le garanzie di cui agli artt. 9 e 12 l.m. È pur vero, tuttavia, che, alla luce delle considerazioni fatte poc'anzi a proposito della portata generale delle menzionate disposizioni, anche l'immediato – al pari del direttissimo – potrà essere avviato solo se è possibile compiere gli **accertamenti *ex* art. 9 l.m. e assicurare al minorenne l'assistenza** imposta dall'art. 12 l.m.

In conclusione, i due riti acceleratori del dibattimento sono, nella sostanza, subordinati alle medesime condizioni.

---

[45] Con il d.l. n. 92 del 2008, conv. nella l. n. 125 del 2008, è stato modificato l'art. 449, commi 4 e 5, c.p.p.: in particolare, la sostituzione della locuzione «può procedere» con l'indicativo presente «procede», ha imposto all'inquirente, nel caso di confessione o nell'ipotesi in cui l'arresto in flagranza sia stato già convalidato, di avviare il procedimento "per direttissima", salvo che ciò pregiudichi gravemente le indagini; con il medesimo provvedimento normativo, è stato interpolato l'art. 453, comma 1, c.p.p., con la sostituzione della locuzione «può chiedere» con l'indicativo presente «chiede»: dunque, il pubblico ministero, nel caso di evidenza della prova, è tenuto ad avviare il giudizio immediato, salvo che ciò pregiudichi gravemente le indagini.

[46] Introdotta dal menzionato d.l. n. 92 del 2008 convertito, con modificazioni, dalla l. n. 125 del 2008.

Vanno, infine, fatte altre precisazioni.

1) Il **direttissimo** è attivabile non solo in caso di **arresto in flagranza** o **confessione**, bensì anche nell'ipotesi di **accompagnamento** a seguito di flagranza (comma 2-*bis*).

2) Una volta emesso il decreto che dispone il **giudizio immediato**, l'imputato, in applicazione delle ordinarie regole *ex* art. 458 c.p.p., può chiedere il **giudizio abbreviato**. Sul punto, va precisato che il d.lgs. 10 ottobre 2022, n. 149, nel modificare l'art. 50-*bis* ord. giud., risolve *per tabulas* la questione interpretativa sorta sotto la vigenza della disciplina precedente a proposito dell'individuazione del giudice competente a celebrare tale **rito**: allineandosi all'orientamento privilegiato dal Supremo collegio[47] e avallato dalla Corte costituzionale[48], il menzionato articolo dispone che, nel «giudizio abbreviato richiesto dall'imputato in seguito a un decreto di giudizio immediato, la sezione distrettuale del tribunale per le persone, per i minorenni e per le famiglie giudica composta da un magistrato e da due giudici onorari esperti della stessa sezione»; dunque, la competenza appartiene al **giudice collegiale dell'udienza preliminare** e non a quello monocratico delle indagini preliminari. Resta, poi, inapplicabile l'art. 458-*bis* c.p.p. – introdotto dalla Riforma Cartabia – che consente la **conversione del giudizio immediato in patteggiamento**, su richiesta dell'imputato, stante l'assoluta **incompatibilità** di tale rito con il processo minorile.

3) Il **decreto Caivano** ha innestato nel procedimento minorile un **nuovo modello di giudizio immediato**, connesso alla tecnica di *diversion ex* art. 27-*bis* l.m.: nei casi in cui il minore, *ab initio*, non intenda accedere al **percorso di rieducazione** al quale è stato ammesso oppure lo interrompi *in itinere* senza giustificato motivo, i servizi minorili dell'amministrazione della giustizia informano il giudice, che fissa una nuova udienza in camera di consiglio e, sentite le parti, «adotta i provvedimenti conseguenti» (comma 4), ossia revoca con ordinanza la sospensione e ordina la restituzione degli atti al pubblico ministero, il quale **potrà** procedere **con richiesta di giudizio immediato «anche fuori dei casi previsti» dall'art. 453 c.p.p.** (commi 4 e 5). In alternativa, chiederà il rinvio a giudizio. Dall'espressione utilizzata – «**anche fuori dei casi previsti**» dall'art. 453 c.p.p. – si evince chiaramente che il legislatore consenta all'inquirente di disporre il giudizio immediato a prescindere dalle situazioni di evidenza probatoria tipizzate nell'art. 453 c.p.p. La disposizione è finalizzata ad **accelerare i tempi** del procedimento minorile[49].

4) Come avviene anche per l'adulto, il giudizio immediato può attivarsi su

---

[47] Cass., Sez. un., 27 febbraio 2014, n. 18292.

[48] Corte cost., 22 gennaio 2015, n. 1.

[49] In arg. cfr. Cap. V, § 5.

richiesta dell'imputato: in tal caso, una volta approdati in dibattimento, resta ferma la possibilità per il giudice di disporre la **sospensione del processo con messa alla prova**; invero, l'originaria preclusione contenuta nell'art. 28, comma 4 l.m. – insieme a quella per il rito abbreviato – è stata definitivamente elisa dalla Corte costituzionale [50].

4. *Le peculiarità del dibattimento ...*

Se l'udienza preliminare costituisce il **baricentro** del processo penale minorile, il **dibattimento** rappresenta **un'eventualità del tutto residuale**: a tale fase si approderà, verosimilmente – a parte i casi in cui si attivi il giudizio per direttissima o l'immediato –, solo in presenza di **reati particolarmente gravi**, per i quali si prospetti una **condanna a pena detentiva**.

Al dibattimento è dedicata una sola disposizione del d.P.R. n. 448 del 1988 – l'**art. 33 l.m.** – che detta **quattro regole**; per il resto, si applicano le norme del codice di procedura penale, in ossequio ai principi *ex* art. 1, comma 1, l.m.

La **prima regola** rappresenta un'**eccezione** per il dibattimento ordinario (art. 472 c.p.p.): l'udienza dinanzi al T.P.M.F. si celebra a **porte chiuse** (comma 1).

L'assenza di pubblicità, imposta dall'art. 3, lett. *c*, l.d. n. 81 del 1987, trae origine dal **principio di de-stigmatizzazione**: se l'udienza dibattimentale fosse pubblica alto sarebbe il rischio che il contesto sociale "etichetti" il minore come un "delinquente" e che il minore abbia una simile percezione e ciò potrebbe compromettere irreparabilmente i percorsi educativi in atto. Dunque, la scelta di campo è stata quella di ritenere **prevalente l'interesse educativo del minorenne**, tutelato dall'art. 31, comma 2 Cost., rispetto a quello conoscitivo dell'opinione pubblica, in linea con le indicazioni **internazionali** [51].

Posto che le norme del d.P.R. n. 448 del 1988 si applicano senza differenziazioni in funzione dell'età raggiunta dall'imputato al momento della celebrazione del processo, deve ritenersi che la regola *ex* art. 33 l.m. operi anche nei casi in cui l'imputato giunga in dibattimento ormai maggiorenne.

La generale assenza di pubblicità è confermata dalle previsioni contenute negli artt. 13, comma 1, l.m. e 147, comma 4, disp. att. c.p.p.: la prima vieta la **pubblicazione e la divulgazione**, con qualsiasi mezzo, di notizie o immagini

---

[50] Corte cost., 5 aprile 1995, n. 125.

[51] Tra i documenti internazionali, cfr. l'art. 6 § 1 della Convenzione europea dei diritti dell'uomo e delle libertà fondamentali, l'art. 14 § 1 del Patto internazionale dei diritti civili e politici e l'art. 47 § 2 della Carta dei diritti fondamentali dell'Unione europea.

idonee a consentire l'identificazione del minorenne comunque coinvolto nel procedimento; la seconda **vieta la ripresa delle immagini e la trasmissione dei dibattimenti** celebrati a porte chiuse.

La regola fissata nel comma 1 della norma in esame **è derogabile** quando l'imputato sia **ultrasedicenne**; in particolare, se quest'ultimo chiede la pubblica udienza, il T.P.M.F., valutata la fondatezza della richiesta e l'opportunità di procedere "a porte aperte", «decide **nell'esclusivo interesse**» del minore; il Tribunale, tuttavia, non potrà mai accogliere la richiesta se vi siano **coimputati minori di sedici anni**, oppure coimputati ultrasedicenni che non consentano alla pubblicità (comma 2) o, infine, quando, nei procedimenti per **reati a sfondo sessuale**, sia minorenne anche la persona offesa: l'art. 472, comma 3-*bis*, c.p.p. impone, in tale evenienza, di **procedere sempre a porte chiuse**. Quando il dibattimento è pubblico, **cade il divieto** *ex* art. 13, comma 1, l.m. (art. 13, comma 2, l.m.).

La **seconda regola** dettata dall'art. 33 l.m. **non ammette deroghe** e riguarda **l'esame dell'imputato**: la conduzione, diversamente da quanto accade nel rito ordinario, e in linea con quanto prescritto dall'art. 3, lett. *m*, l.d. n. 81 del 1987, **è affidata al presidente**, al quale il pubblico ministero e il difensore possono proporre le domande o le contestazioni da rivolgere all'imputato (comma 3).

Anche in questo caso è chiara la *ratio* della previsione: il filtro presidenziale consente di proteggere il minore, scongiurando il rischio di eventuali **turbamenti e suggestioni** che potrebbero derivare dall'impetuoso incedere della *cross examination* affidata ad accusa e difesa. Così, il giudice, tenuto conto delle caratteristiche personologiche del minore e prestando particolare attenzione alla sua fragilità, è chiamato a "tradurre" le domande del pubblico ministero e del difensore, utilizzando toni pacati e un linguaggio semplice, scevro da eventuali espressioni che potrebbero traumatizzare il giovane imputato più di quanto già lo sia nella sua veste di esaminando.

Le **ultime regole** sono sancite indirettamente attraverso il richiamo di due norme dettate per l'udienza preliminare: nel dibattimento si applica l'art. 31 l.m., relativo agli **atti introduttivi** e l'art. 32, comma 4, l.m., afferente alla possibilità per il giudice di adottare **provvedimenti civili temporanei** a protezione del minore [52].

Quanto, infine, ai possibili **epiloghi**, il giudice – anche in sede di **giudizio immediato o direttissimo** –, oltre alle sentenze previste per il dibattimento **ordinario – non doversi procedere** (art. 529 c.p.p.), **assoluzione** (art. 530 c.p.p.), dichiarazione di **estinzione del reato** (art. 531 c.p.p.) e **condanna** (art. 533 c.p.p.), anche **a pena detentiva** –, può, altresì, adottare i provvedimenti **tipici**

[52] Sul punto, v. *retro*, §§ 2.1 e 2.3.

minorili – concessione del **perdono giudiziale** ai sensi dell'art. 169 c.p., sentenza di non luogo a procedere per **irrilevanza del fatto** *ex* art. 27 l.m., sospensione del processo per **messa alla prova** di cui all'art. 28 l.m. ed eventuale sentenza di estinzione del reato *ex* art. 29 l.m. – ad eccezione della sentenza di **condanna a pena affievolita** *ex* art. 32, comma 2, l.m., che resta una prerogativa esclusiva del giudice dell'udienza preliminare.

5. ... *e delle impugnazioni.*

Rinviando a quanto già detto in tema di impugnazione dei provvedimenti limitativi della libertà personale [53] e delle pronunce del giudice dell'udienza preliminare [54], preme evidenziare in questa sede che il d.P.R. n. 448 del 1988 dedica alle **impugnazioni** solo tre disposizioni, tutte di portata generale: il più volte richiamato **art. 34** l.m. disciplina la **legittimazione dell'esercente la responsabilità genitoriale**; l'**art. 35** l.m. si occupa del **giudizio di appello** e l'**art. 41** l.m. concerne **l'appello** dei provvedimenti emessi dal **magistrato di sorveglianza**.

L'art. 34 l.m. attribuisce all'esercente la responsabilità genitoriale il **diritto di proporre** l'impugnazione che spetta all'imputato minorenne. Si tratta, dunque, di una **legittimazione concorrente** e non alternativa a quella del minore.

Come già evidenziato in altra sede [55], tale diritto rientra, in maniera peculiare, nell'ambito dell'**attività di assistenza difensiva** del giovane imputato: quest'ultimo, sebbene sia titolare della capacità processuale, presenta una maturità psico-fisica ancora *in fieri* e, dunque, non è in grado di esercitare appieno il **diritto all'autodifesa**.

L'esercente, quindi, fornisce un importante **supporto** nella gestione della posizione difensiva del minore, agendo anche come intermediario con gli altri soggetti del processo, *in primis* col difensore.

La *potestas impugnandi* delineata dall'art. 34 l.m. incontra **tre limiti**: innanzi tutto, all'esercente è negato esplicitamente il diritto di **ricevere la notificazione** del provvedimento da impugnare.

La previsione suscita qualche **perplessità**: nei casi in cui i termini per impugnare decorrano dalla notificazione dell'avviso di deposito del relativo provvedimento (art. 585, comma 2, lett. *a* e *c*, c.p.p.), all'esercente verrebbe, di fatto,

---

[53] Cap. IV, § 7.

[54] V. *retro*, § 2.4.

[55] Cap. III, § 5.

negata la possibilità di effettuare una tempestiva impugnazione. Né, per superare le critiche prospettate, si può fare appello al principio generale di cui all'**art. 128 c.p.p.**, che annovera, tra i destinatari della notificazione dell'avviso di deposito dei provvedimenti impugnabili, «tutti coloro cui la legge attribuisce il diritto di impugnazione» e, dunque, in virtù dell'art. 34, comma 1, l.m., anche l'esercente la responsabilità genitoriale: l'art. 34 l.m. – che è una norma **speciale** – prevale, infatti, sull'art. 128 c.p.p., che è di carattere **generale**. D'altronde, il principio di sussidiarietà scolpito nell'art. 1, comma 1, l.m. non lascia spazio a differenti soluzioni: le norme del codice di procedura penale si applicano solo «per quanto non previsto» dal d.P.R. n. 448 del 1988.

Il secondo limite scatta nel momento in cui tanto l'imputato quanto l'esercente propongano **due atti di impugnazione «in contraddizione»**: in tale evenienza «si tiene conto, a ogni effetto, soltanto dell'impugnazione proposta dall'imputato» (art. 34, comma 2, primo disposto, l.m.). La previsione conferma che la *potestas impugnandi* dell'esercente non incide affatto sulla capacità processuale del minore.

In ossequio al principio del *favor impugnationis*, il legislatore fissa un'altra regola: quando tra i due atti non vi sia contraddizione ma uno dei due sia **irregolare**, «**la regolarità di una impugnazione sana l'irregolarità dell'altra**, anche in relazione ai motivi» (art. 34, comma 2, secondo disposto, l.m.).

Il terzo limite – che non è esplicitato dal legislatore nell'articolo in esame ma è desumibile dal sistema e sul quale si è pronunciata anche la Cassazione [56] – opera nell'ipotesi in cui l'imputato, minore degli anni diciotto al momento della commissione del fatto, **divenga maggiorenne alla data della pronuncia**: in tale evenienza, la sentenza non può essere impugnata dall'esercente, atteso che tale potestà cessa, ai sensi dell'art. 316 c.c., **al compimento del diciottesimo anno**. Dunque, venuta meno la figura dell'esercente, decade, di conseguenza, in capo a quest'ultimo, qualsiasi potere decisionale funzionalmente collegato alla tutela del minore, compreso quello di impugnare.

Passando all'analisi delle due residue disposizioni in materia di impugnazione, va subito evidenziato che le scarne indicazioni in esse contenute si rivelano del tutto **pleonastiche**, non aggiungendo nulla a quanto si sarebbe comunque ricavato dal codice di procedura penale, alla luce dei principi *ex* art. 1, comma 1, l.m.

Nello specifico, l'art. 35 l.m., stabilendo che, nel procedimento di appello «si osservano in quanto applicabili le **disposizioni riguardanti il procedimento davanti al tribunale per i minorenni**», non fa altro che replicare la regola siglata dall'art. 598 c.p.p., che estende al giudizio d'appello le disposizioni sul giudizio di primo grado, in quanto applicabili.

---

[56] Cass., Sez. IV, 4 giugno 1998, n. 8835.

Quanto all'art. 41 l.m., la disciplina ricalca le regole dell'art. 680 c.p.p., in tema di **appello** dei provvedimenti relativi alle **misure di sicurezza**, aggiungendo, tra i legittimati, **l'esercente la responsabilità genitoriale**; certamente, tale legittimazione si sarebbe comunque ricavata dall'art. 34 l.m. [57].

Per tutto ciò che non è disciplinato dal d.P.R. n. 448 del 1988, si applicano le disposizioni del codice di procedura penale. Dunque, i mezzi di impugnazione proponibili dal minorenne sono gli stessi previsti per l'adulto.

Così, le sentenze emesse nel **giudizio abbreviato** sono **appellabili** nei **limiti previsti dall'art. 443 c.p.p.**; quelle pronunciate in **dibattimento** sono soggette alle ordinarie regole dettate dagli artt. 568 ss. c.p.p.

Vanno fatte alcune puntualizzazioni per le **impugnazioni** proposte avverso le **"cripto-condanne"**.

1) Secondo la Cassazione, la decisione del giudice che abbia concesso il **perdono giudiziale** è **incensurabile in sede di legittimità**, purché sia data adeguata motivazione sulla futura buona condotta dell'imputato minorenne, desunta dalle circostanze indicate nell'art. 133 c.p. [58];

2) la **sentenza di non luogo a procedere per irrilevanza del fatto** emessa nel corso delle indagini preliminari è sempre **appellabile** dal **minore** e dal **procuratore generale** presso la Corte d'appello; il procedimento è camerale *ex* art. 127 c.p.p. e il giudice d'appello, se non conferma la sentenza, dispone la restituzione degli atti al pubblico ministero (art. 27, comma 3, l.m.);

3) l'ordinanza di **sospensione del processo e messa alla prova** è **ricorribile per cassazione** (art. 28, comma 3, l.m.) e la decisione sulla valutazione prognostica effettuata dal giudice circa la possibilità di rieducazione e di inserimento del minore nella vita sociale è **insindacabile in sede di legittimità** se sorretta da **adeguata motivazione** [59]; l'ordinanza con cui venga rigettata la richiesta di messa alla prova può essere impugnata solo **congiuntamente alla sentenza** che definisce il giudizio [60].

Un'ultima considerazione si impone in riferimento alla possibilità di applicare nel rito minorile l'**art. 616** c.p.p. La giurisprudenza di legittimità [61] opta per la **soluzione negativa**: il minore che abbia proposto ricorso per cassazione **non può essere condannato**, in caso di rigetto o dichiarazione di inammissibilità dell'impugnazione, al **pagamento delle spese processuali** e della **sanzione**

---

[57] In arg., cfr. Cap. VII, § 5.1.

[58] Cass., Sez. I, 16 giugno 1983, n. 7024.

[59] Cass., Sez. III, 9 settembre 2020, n. 28670.

[60] Cass., Sez. IV, 18 giugno 2002, n. 34169.

[61] Cass., Sez. un., 31 maggio 2000, n. 15.

pecuniaria in favore della cassa delle ammende (neppure se, nel frattempo, sia divenuto maggiorenne); a fondamento di tale approdo interpretativo vi è la convinzione che l'art. 29 disp. att. l.m. – ai sensi del quale la sentenza di **condanna** nei confronti di persona minore degli anni diciotto al momento in cui ha commesso il fatto **non comporta l'obbligo del pagamento delle spese processuali** e di quelle per il suo mantenimento in carcere – non abbia carattere eccezionale ma presenti una **portata generale** e, dunque, afferisce non solo alla **sentenza di condanna**, bensì anche a quella che **rigetta o dichiara inammissibile** il ricorso per cassazione.

6. *Il collegamento tra intervento penale e azioni civili a tutela del minore.*

L'art. 4 l.m. detta una particolare disciplina in tema di **collegamento** tra l'intervento penale e le altre azioni di **carattere civile** a tutela del minore: nel caso in cui il T.P.M.F. dinanzi al quale è stato avviato il procedimento penale non coincida con quello nella cui circoscrizione il giovane **abitualmente dimora** – presso il quale si radica la competenza territoriale ad **adottare provvedimenti civili a protezione del minore** –, l'autorità giudiziaria procedente è tenuta a comunicare **l'inizio e l'esito del procedimento penale al procuratore della Repubblica** presso il T.P.M.F. nella cui circoscrizione il minore abitualmente dimora.

Appare chiara la *ratio* della previsione: consentire all'autorità giudiziaria competente in materia civile di **adottare tempestivamente** gli opportuni provvedimenti di sostegno e di recupero del minore, il cui coinvolgimento in un procedimento penale potrebbe essere la spia del suo **disagio esistenziale**.

Con particolare riferimento al possibile **contenuto della segnalazione**, verosimilmente, «**dell'inizio**» del procedimento penale, darà notizia il **pubblico ministero incaricato delle indagini**, subito dopo **l'iscrizione della notizia di reato**. Quanto all'«**esito**» del procedimento penale, attenendosi alla **lettera della norma**, l'obbligo – che dovrebbe configurarsi in riferimento al **provvedimento irrevocabile** che **definisce** il procedimento –, graverebbe solo sul **giudice** che abbia emesso la **sentenza passata in giudicato**. A bene vedere, valorizzando la ***ratio legis***, l'informativa dovrebbe riguardare ogni provvedimento che definisca **una fase o un grado del procedimento**: dunque, alla segnalazione sarà tenuto il giudice delle indagini preliminari che abbia emesso il **provvedimento di archiviazione** o il giudice dell'udienza preliminare che abbia adottato una **sentenza** nelle forme ordinarie o tipiche del rito minorile, ovvero il Tribunale o la Sezione d'appello minorile che abbiano pronunciato la sentenza di **proscioglimento** o di **condanna**. Peraltro, se rilevasse solo la **pronuncia**

passata in giudicato, posto che essa interviene normalmente dopo molti mesi, se non anni e, nel frattempo, l'imputato potrebbe anche essere divenuto maggiorenne, la comunicazione dell'«esito del procedimento» si tradurrebbe in un **mero adempimento formale** di scarsa utilità per il pubblico ministero destinato a riceverla.

Per agevolare l'acquisizione delle informazioni utili al fine perseguito dalla norma, sarebbe opportuno, nell'ottica di un **"dovere di collaborazione" fra le autorità giudiziarie**, che il giudice o il pubblico ministero procedente trasmettessero al procuratore della Repubblica competente non solo i provvedimenti che segnano **l'inizio e la conclusione del procedimento penale**, bensì anche ogni altro elemento che **possa rivelarsi utile** al fine di decidere se e quale misura civile disporre a sostegno del minore, come, ad esempio, gli esiti degli accertamenti sulla personalità, le relazioni dei servizi sociali, i provvedimenti civili temporanei adottati per ragioni d'urgenza. Così procedendo, innanzi tutto, si eviterebbe di sottoporre il minore a **doppie indagini** e, quindi, ad un doppio stress[62]; in secondo luogo, si scongiurerebbe il pericolo di adottare **provvedimenti civili "inconciliabili"**; pericolo, quest'ultimo, che sarebbe concreto nel caso in cui il giudice penale, ad esempio, disponesse un'ordinanza cautelare o mettesse alla prova il minore *ex* art. 28 l.m. e il Tribunale nella cui circoscrizione l'imputato abitualmente dimora ritenesse necessario applicare una misura di protezione che, in concreto, si riveli incompatibile con l'atto adottato in sede penale. E, allora, solo il "**dovere di collaborazione**" nel senso prima indicato, sebbene non imposto da alcuna norma giuridica, consentirebbe alle due autorità giudiziarie di stabilire, caso per caso, se sia preferibile la misura civile o quella penale: valutazione che andrà fatta ponderando tutte le esigenze in gioco, *in primis*, quelle «di non interrompere i processi educativi in atto» (art. 19, comma 1, l.m.) e di favorire l'evoluzione della personalità del minore (art. 29 l.m.).

---

[62] Si pensi al caso in cui le due autorità giudiziarie, per acquisire informazioni sulle condizioni di vita personale, familiare, ambientale e sociale del minore, si rivolgessero l'una al servizio territoriale e l'altra a quello ministeriale.

CAPITOLO VII

PENE E MISURE DI SICUREZZA: IL DOPPIO BINARIO PER I MINORI

1. *Premessa.*

Il **sistema sanzionatorio** contemplato per il minorenne, analogamente a quello ordinario, si articola in un **doppio binario**; è caratterizzato, cioè, dalla presenza di **due categorie di sanzioni**, distinte per funzioni, presupposti e disciplina: le **pene** e le **misure di sicurezza**.

Come è noto, le **pene** mirano alla punizione di colui che ha commesso il reato: hanno, quindi, una preminente **funzione retributiva**, sebbene siano connotate, altresì, da una finalità deterrente, di natura **general-preventiva**; ai sensi dell'art. 27, comma 3, Cost., poi, «non possono consistere in trattamenti contrari al senso di umanità e devono tendere alla **rieducazione** del condannato». Le **misure di sicurezza**, invece, sono finalizzate ad impedire la commissione di altri reati e si applicano al soggetto "**socialmente pericoloso**", ossia a colui che ha commesso un reato ed è **probabile** che ne esegua degli altri (art. 203 c.p.); assolvono, dunque, ad una **funzione special-preventiva**, di recupero sociale dell'individuo.

Le pene sono **determinate nel *quantum*** e i parametri di riferimento sono due (art. 133 c.p.): la **gravità del fatto** – desunta dalla natura, dalla specie, dai mezzi, dall'oggetto, dal tempo, dal luogo e da ogni altra modalità dell'azione; dalla gravità del danno o del pericolo cagionato alla persona offesa dal reato; dalla intensità del dolo o dal grado della colpa (art. 133, comma 1, c.p.) – e la **capacità a delinquere**, dedotta dai motivi a delinquere e dal carattere del reo; dai precedenti penali e giudiziari e, in genere, dalla condotta e dalla vita del reo, antecedenti al reato; dalla condotta contemporanea o susseguente al reato; dalle condizioni di vita individuale, familiare e sociale del reo (art. 133, comma 2, c.p.).

A differenza delle pene, le misure di sicurezza hanno una durata **indeterminata**: cessano solo quando viene meno la **pericolosità sociale**.

In linea generale, si può affermare che le **pene** si applicano al **minore imputabile** quando venga accertata la **responsabilità** in ordine al reato ascrittogli e sempre se lo Stato non **rinunci** alla sua pretesa punitiva attraverso la messa in moto dei **meccanismi di *diversion***; le **misure di sicurezza** si applicano al minore, **anche non imputabile**, ritenuto **socialmente pericoloso**.

Dunque, nei confronti di un minore imputabile e, allo stesso tempo, socialmente pericoloso, può scattare **l'applicazione congiunta** delle due sanzioni.

Giova, infine, rammentare che al minore autore di un reato appartenente alla cognizione del **Giudice di pace** si applicano le **pene "tipiche"** disciplinate nel titolo II del d.lgs. 28 agosto 2000, n. 274 (art. 63, comma 1, d.lgs. n. 274 del 2000) [1].

2. *Le pene: aspetti peculiari.*

Le pene applicabili al minore possono essere **pecuniarie o detentive**, come per l'adulto. Vi sono, però, **due differenze**.

La prima incide sul ***quantum***: ai sensi dell'art. 98, comma 1, c.p., la pena «**è diminuita**». Si tratta di una **circostanza attenuante** ad effetto comune – che opera, quindi, a prescindere dal reato commesso – dalla quale deriva, ai sensi dell'art. 65, n. 3, c.p., una riduzione **non eccedente un terzo** della pena in concreto irrogabile. La *ratio* della previsione è facilmente decifrabile: l'imputabilità del minore, **semipiena**, non è equiparabile a quella dell'adulto.

La seconda è di **carattere qualitativo**: il minorenne **non può mai essere condannato alla pena perpetua**. È stato il Giudice delle leggi [2] a sentenziarlo con la pronuncia con cui ha dichiarato **l'illegittimità costituzionale** degli artt. **17** [3] e **22** [4] **c.p.** nella parte in cui non escludono *per tabulas* l'applicazione dell'ergastolo al minore: secondo la Corte, per l'infradiciottenne, la **funzione rieducativa della pena** *ex* art. 27, comma 3, Cost. «è da considerarsi, se non

---

[1] Sul punto, v. *retro*, Cap. II, § 2.

[2] Corte cost., 27 aprile 1994, n. 168.

[3] Che menziona l'ergastolo tra le pene principali stabilite per i delitti.

[4] Che definisce tale pena come «perpetua».

esclusiva, certamente **preminente**», posta la peculiare attenzione che, a mente dell'art. 31, comma 2, Cost., va riservata ai problemi educativi dei giovani; la «particolare condizione minorile» esige, dunque, «di **diversificare il più possibile il trattamento del minore** dalla disciplina punitiva generale» [5]; e, al contrario, la previsione dell'ergastolo per l'infradiciottenne «accomuna, per tale [...] istituto di indubbia gravità, nel medesimo contesto punitivo, tutti i soggetti [...]» [6].

3. *Le sanzioni sostitutive: profili storici.*

La pena detentiva – soprattutto se di **breve durata** e irrogata all'individuo che, lontano da contesti criminali, per la prima volta commetta un reato di non particolare allarme sociale – può produrre un **effetto desocializzante**: lungi dal **rieducare** il condannato, rischia di sortire una reazione contraria, orientando il reo verso scelte di vita delinquenziali.

Al fine di arginare tale contraccolpo, il legislatore, da oltre quarant'anni, contempla, nella l. 24 novembre **1981, n. 689**, un'articolata disciplina in materia di **sanzioni sostitutive** delle pene detentive brevi (capo III, sez. I, artt. 53-76).

Secondo le **originarie disposizioni**, «il giudice, nel pronunciare la sentenza di condanna, quando ritiene di dovere determinare la durata della pena detentiva entro il limite dei **sei mesi**, può sostituire tale pena con quella della **semidetenzione**; quando ritiene di doverla determinare entro il limite dei **tre mesi**, può sostituirla anche con la **libertà controllata**; quando ritiene di doverla determi-

---

[5] Come aveva già sottolineato la Corte costituzionale in una precedente occasione, ove si auspicava un intervento del legislatore sul punto: Corte cost., 1° aprile 1993, n. 140.

[6] Il Giudice delle leggi, con la citata pronuncia, al fine di evitare che la dichiarazione di incostituzionalità degli artt. 17 e 22 c.p. risultasse, in concreto, inoperante – atteso il nesso inscindibile intercorrente con altre disposizioni in tema di determinazione della pena applicabile in concreto al minorenne – ha dichiarato, altresì, l'illegittimità parziale degli artt. 69, comma 4 e 73, comma 2, c.p.: il primo, «nella parte in cui prevede che nei confronti del minore imputabile sia applicabile la disposizione del primo comma dello stesso articolo 69 in caso di concorso tra la circostanza attenuante di cui all'art. 98 del codice penale e una o più circostanze aggravanti che comportano la pena dell'ergastolo, nonché nella parte in cui prevede che nei confronti del minore stesso siano applicabili le disposizioni del primo e del terzo comma del citato art. 69, in caso di concorso tra la circostanza attenuante di cui all'art. 98 del codice penale e una o più circostanze aggravanti che accedono ad un reato per il quale è prevista la pena base dell'ergastolo»; il secondo, «nella parte in cui, in caso di concorso di più delitti commessi da minore imputabile, per ciascuno dei quali deve infliggersi la pena della reclusione non inferiore a ventiquattro anni, prevede la pena dell'ergastolo».

nare entro il limite di **un mese**, può sostituirla altresì con la **pena pecuniaria** della specie corrispondente» (art. 53 l. n. 689 del 1981).

La **semidetenzione** consiste nell'obbligo di trascorrere almeno **dieci ore al giorno** nell'istituto penitenziario (art. 55 l. n. 689 del 1981); la **libertà controllata** implica, tra l'altro, il divieto di allontanarsi dal comune di residenza, l'obbligo di presentarsi alla polizia giudiziaria almeno una volta al giorno, la sospensione della patente di guida e il ritiro del passaporto (art. 56 l. n. 689 del 1981); la **pena pecuniaria** – **multa o ammenda**, a seconda che venga commesso, rispettivamente, un delitto o una contravvenzione – si traduce nel pagamento allo Stato di una somma di denaro (artt. 24 e 26 c.p.).

Il giudice, nel prendere la decisione, deve attenersi ai criteri *ex* art. 133 c.p. e scegliere la sanzione ritenuta più idonea al reinserimento sociale del condannato. La sostituzione è **discrezionale** ma è vietata quando possa presumersi che le prescrizioni non saranno adempiute dal condannato. In ogni caso, devono essere indicati i motivi che giustificavano la scelta del tipo di pena erogata (art. 58 l. n. 689 del 1981). Sono previste, poi, delle **preclusioni**, **soggettive** (art. 59 l. n. 689 del 1981) e **oggettive** (art. 60 l. n. 689 del 1981).

Per il **condannato minorenne**, il legislatore del 1988, sicuro del fatto che l'esigenza di ridurre l'esperienza carceraria fosse ancora più pregnante – potendo sortire un effetto maggiormente traumatico e gravemente disgregante dei legami sociali –, ha avvertito da subito il bisogno di affiancare alla disciplina generale contenuta nella l. n. 689 del 1981 una **regolamentazione *ad hoc***, più favorevole e particolarmente attenta alla **fragilità caratteriale** del giovane reo: **l'art. 30, comma 1, l.m.** stabilisce – secondo la primigenia formulazione – che il giudice può sostituire la pena detentiva irrogata in concreto non superiore ai **due anni** con la **semidetenzione** o la **libertà controllata**, «tenuto conto della personalità, delle esigenze di lavoro o di studio nonché delle condizioni familiari, sociali e ambientali del minorenne».

Lampanti le **differenze** rispetto alla disciplina ordinaria *ex* art. 53 l. n. 689 del 1981: le **pene pecuniarie** non sono contemplate tra le sanzioni sostitutive; semidetenzione e libertà controllata sono in un rapporto di **perfetta alternatività**, nel senso che il giudice è **libero di scegliere** tra le due sanzioni quella da applicare in sostituzione della pena detentiva non superiore in concreto ai **due anni**; la decisione, poi, sottende una valutazione prognostica della condotta del giovane reo: il giudice, solo quando, alla luce delle informazioni reperite ai sensi dell'art. 9 l.m., ritenga che il minore sarà ben integrato nella famiglia, nella scuola, nella società, potrà procedere alla sostituzione.

Quanto alla mancata menzione della **pena pecuniaria**, era pacifico che non si trattasse di una dimenticanza del legislatore; anzi, era il risultato di una precisa scelta: posto che è difficilmente ipotizzabile una autonomia patrimoniale in capo al minorenne, tale da poter consentire a quest'ultimo di pagare personalmente la somma di denaro, simile sanzione sarebbe stata, se non priva, sicuramente di dubbia valenza educativa. Tuttavia, al fine di evitare un **trattamento sanzionatorio deteriore** per il minore rispetto all'adulto, la giurisprudenza di legittimità [7] era unanime nel senso di ritenere che al giovane reo fosse comunque irrogabile la pena sostitutiva pecuniaria, sia pure nei ristretti limiti di cui all'art. 53 l. n. 689 del 1981 e, dunque, in sostituzione di una pena detentiva non superiore, in concreto, ai **sei mesi**.

Restava indiscutibile l'estensione dell'art. 58 l. n. 689 del 1981 – sui **limiti del potere discrezionale** del giudice –, mentre le incertezze interpretative che ruotavano attorno all'applicabilità delle **preclusioni soggettive** *ex* art. 59 l. n. 689 del 1981 [8] hanno imposto un intervento risolutivo della **Corte costituzionale**, la quale non tardò a dichiarare **l'illegittimità** della predetta disposizione [9] nella parte in cui non escludeva che simili preclusioni si estendessero al minorenne; per la Corte, il **rigido automatismo** *ex* art. 59 l. n. 689 del 1981, inibendo ogni valutazione del caso concreto, ostacolava, di fatto, «la realizzazione della specifica **funzione rieducativa** perseguita dalle sanzioni sostitutive» e, dunque, violava l'**art. 31 Cost.** – che protegge la gioventù –, nel suo collegamento con la preminente finalità di **reinserimento sociale** del giovane condannato, di cui all'art. **27, comma 3, Cost.**; in secondo luogo, ad essere vulnerato era, altresì, l'**art. 3 Cost.**, sotto il profilo dell'**irragionevolezza di un sistema** che, operando in una chiave di «**assoluta parificazione**» tra adulto e minore, rischiava «di confliggere con le esigenze di specifica individualizzazione e di flessibilità di trattamento che devono caratterizzare la disciplina minorile».

---

[7] Cfr., tra le altre, Cass., Sez. V, 14 giugno 2005, n. 24894.

[8] Secondo tale disposizione, la pena detentiva non può essere sostituita:

«a) nei confronti di chi ha commesso il reato per cui si procede entro tre anni dalla revoca della semilibertà, della detenzione domiciliare o del lavoro di pubblica utilità ai sensi dell'articolo 66, ovvero nei confronti di chi ha commesso un delitto non colposo durante l'esecuzione delle medesime pene sostitutive; è fatta comunque salva la possibilità di applicare una pena sostitutiva di specie più grave di quella revocata;

b) con la pena pecuniaria, nei confronti di chi, nei cinque anni precedenti, è stato condannato a pena pecuniaria, anche sostitutiva, e non l'ha pagata, salvi i casi di conversione per insolvibilità ai sensi degli articoli 71 e 103;

c) nei confronti dell'imputato a cui deve essere applicata una misura di sicurezza personale, salvo i casi di parziale incapacità di intendere e di volere;

d) nei confronti dell'imputato di uno dei reati di cui all'articolo 4-*bis* della legge 26 luglio 1975, n. 354, salvo che sia stata riconosciuta la circostanza attenuante di cui all'articolo 323-*bis*, secondo comma, del codice penale».

[9] Corte cost., 12 febbraio 1998, n. 16.

3.1. (Segue) *Il graduale ampliamento del perimetro applicativo delle "sanzioni" sostitutive.*

L'orbita applicativa delle sanzioni sostitutive è stata **progressivamente estesa** attraverso **due interventi** di chirurgia normativa: prima, la l. 12 giugno 2003, n. 134 ha corretto la disciplina generale; poi, il d.lgs. 10 ottobre 2022, n. 150 (**Riforma Cartabia**), oltre a maneggiare in maniera significativa la l. n. 689 del 1981, ha ritoccato, altresì, parallelamente, l'art. 30 l.m.

La novella del 2003, innanzi tutto, ha **modificato l'art. 53 l. n. 689 del 1981**, consentendo il ricorso alla sostituzione della pena detentiva per un maggior numero di reati. In particolare – secondo la formulazione di allora – la **semidetenzione** poteva sostituire la pena detentiva di durata non superiore ai **due anni** (e non più di un anno); la **libertà controllata** poteva sostituire la pena detentiva di durata non superiore ad **un anno** (e non più sei mesi); la **pena pecuniaria** poteva sostituire la pena detentiva di durata **non superiore a sei mesi** (e non più di tre mesi). Col medesimo provvedimento normativo sono state, altresì, eliminate le originarie **preclusioni oggettive** (art. 60 l. n. 689 del 1981).

A ben vedere, malgrado gli apportati emendamenti, le sanzioni sostitutive hanno avuto poco *appeal*, verosimilmente perché l'area della pena sostituibile era rimasta sovrapposta a quella della pena sospendibile [10].

Nel contesto di un più ampio disegno volto all'efficienza del sistema penale, il Governo, sul delega del Parlamento, con il d.lgs. n. 150 del 2022, ha **rivitalizzato le sanzioni sostitutive**, concepite, nell'interpolato **art. 53** l. n. 689 del 1981, sin dal *nomen iuris*, come vere e proprie "**pene**", funzionali alla **rieducazione** del condannato e al raggiungimento di **obiettivi di prevenzione generale e speciale**.

Per prima cosa, si è allineato il limite massimo della pena sostituibile – che passa da due a **quattro anni** – a quello che consente, in sede di esecuzione, al Tribunale di sorveglianza di applicare una **misura alternativa alla detenzione** [11].

Da tale modifica discendono **due effetti positivi** sul sistema: viene meno l'integrale coincidenza tra le due aree di pena sospendibile e sostituibile e si abilita il **giudice di cognizione** ad applicare **immediatamente** – con la condanna definitiva – la pena diversa da quella detentiva (art. 545-*bis* c.p.p.), senza dover attendere il provvedimento "sostitutivo" del Tribunale di sorveglianza, spesso a distanza di molto tempo dalla condanna stessa.

La valorizzazione delle pene sostitutive all'interno del sistema sanzionatorio

---

[10] Sulla sospensione della pena, cfr. *infra*, § 4.

[11] Sul tema, cfr. Cap. VIII, § 4.1.

penale ha reso opportuno l'innesto nel **codice penale** di una norma di **raccordo** con l'articolata disciplina in materia. Si tratta dell'**art. 20-*bis* c.p.** – inserito nel libro I, titolo II, capo I –, rubricato «**Pene sostitutive delle pene detentive brevi**». La disposizione puntualizza che la regolamentazione di settore resta in seno alla l. n. 698 del 1981 e individua **quattro pene sostitutive**: la **semilibertà**, la **detenzione domiciliare**, il **lavoro di pubblica utilità** e la **pena pecuniaria**. In particolare, la **semilibertà sostitutiva** – che comporta l'obbligo di trascorrere almeno otto ore al giorno in un istituto di pena – e la **detenzione domiciliare sostitutiva** – da cui deriva il dovere di rimanere nella propria abitazione per non meno di dodici ore al giorno, salva la possibilità di lasciare il domicilio per almeno quattro ore al giorno, anche non continuative, per provvedere alle indispensabili esigenze di vita – possono essere applicate in caso di condanna alla reclusione o all'arresto **non superiori a quattro anni**; il **lavoro di pubblica utilità sostitutivo** – che implica lo svolgimento di attività non retribuita a favore della collettività (non meno di sei ore e non più di quindici ore di lavoro settimanale) – può essere disposto quando la condanna alla reclusione o all'arresto **non superi i tre anni**; la **pena pecuniaria sostitutiva** può essere utilizzata in caso di condanna alla reclusione o all'arresto non superiore ad **un anno**.

Si è ritenuto opportuno aggiungere l'aggettivo "**sostitutivo/a**" al fine di rendere immediatamente distinguibili le menzionate pene da istituti analoghi che, nell'ordinamento, hanno una differente natura giuridica e disciplina [12].

La novella del 2022 ha **limitato**, altresì, la **discrezionalità del giudice**: dalla inedita previsione trapiantata nel comma 2 dell'art. 58 l. n. 689 del 1981 – secondo cui «tra le pene sostitutive il giudice sceglie quella **più idonea** alla rieducazione e al reinserimento sociale del condannato con il minor sacrificio della libertà personale, indicando i motivi che giustificano l'applicazione della pena sostitutiva e la scelta del tipo» – si evince la necessità di prestare maggiore attenzione al "vissuto" del reo. Il giudice, poi, ai sensi del comma 2 dell'art. 545-*bis* c.p.p., nel prendere la sua decisione in materia (sostituire o meno la pena detentiva, scegliere la pena sostitutiva, determinare gli obblighi e le prescrizioni annesse), può acquisire dall'Ufficio di esecuzione penale esterna (U.E.P.E.) le informazioni necessarie sulle «condizioni di vita personale, familiare, sociale, economica e patrimoniale dell'imputato» e richiedere, altresì, al medesimo Ufficio il programma di trattamento a corredo della pena sostitutiva prescelta.

---

[12] Ad esempio, la pena pecuniaria (multa e ammenda) è contemplata come pena principale (multa/ammenda); la semilibertà e la detenzione domiciliare sono misure alternative alla detenzione/ misure penali di comunità applicabili all'adulto/al minorenne; il lavoro di pubblica utilità è previsto come pena principale irrogabile dal Giudice di pace o utilizzabile nell'ambito della sospensione condizionale della pena o della sospensione del procedimento con messa alla prova dell'imputato adulto.

Il nomoteta contemporaneo, preoccupandosi di coordinare il **processo penale a carico del minorenne** con la nuova disciplina delle sanzioni sostitutive, è intervenuto anche sull'**art. 75** l. n. 689 del 1981.

In particolare, la richiamata norma sancisce l'applicabilità al giovane reo delle disposizioni del capo III della l. 698 del 1981, «**in quanto compatibili**», ferma restando l'operatività dell'art. **30 l.m.**; norma, quest'ultima, che, simmetricamente, è stata **aggiornata** – al fine di scongiurare il rischio di irragionevoli disparità di trattamento a danno del condannato minorenne –, come imposto dalla l.d. n. 134 del 2021 (art. 1, comma 17, lett. *a* e *b*, che prevede l'abolizione della semidetenzione e della libertà controllata e la modifica delle disposizioni di legge, «ovunque previste, che si riferiscono alle sanzioni sostitutive delle pene detentive brevi»).

Così, nel ritoccato **art. 30 l.m.**:

1) si **aggiorna la rubrica**: «**Pene sostitutive**» sostituisce «Sanzioni sostitutive»;

2) si iniettano le tre nuove misure: **semilibertà**, **detenzione domiciliare** e **lavoro di pubblica utilità**; quest'ultimo necessita del **consenso del minore** non più soggetto all'**obbligo di istruzione** (quindi, deve trattarsi di un minore che abbia compiuto i sedici anni);

2) viene **soppressa** la **semidetenzione** e la **libertà controllata**;

3) si **recupera la pena pecuniaria**, fugando, in tal modo, ogni dubbio circa la possibilità di ricorrere ad essa in sostituzione della pena detentiva;

4) si **estendono i confini operativi** della detenzione sostituibile, in armonia con le previsioni dell'art. 20-*bis* c.p. In particolare, la **semilibertà** e la **detenzione domiciliare** sono applicabili per la condanna alla reclusione o all'arresto non superiori a **quattro anni**; il **lavoro di pubblica utilità** può essere disposto per la condanna alla reclusione o all'arresto non superiore a **tre anni**; la **pena pecuniaria** è utilizzabile in caso di condanna alla reclusione o all'arresto non superiore ad **un anno**.

Le menzionate modifiche normative, oltre ad essere in linea col principio di ***extrema ratio* della detenzione**, si rivelano in sintonia col d.lgs. 2 ottobre 2018, n. 121, che – come si vedrà più avanti [13]– contempla «**misure penali di comunità**» applicabili in **sede esecutiva** quando la pena da eseguire – inflitta in concreto o residuo di maggiore pena – non superi i tre o i quattro anni di reclusione. In tal modo, come l'adulto, anche il minorenne potrà essere sottoposto immediatamente, con la condanna definitiva, ad una pena diversa da quella detentiva, senza dover attendere che vi provveda successivamente il Tribunale in veste di giudice di sorveglianza.

---

[13] Cfr., *infra*, Cap. VIII, § 4.1.

L'art. 30 l.m., poi:

1) conserva (nel comma 1, ultimo disposto) l'originaria regola che limita l'esercizio del **potere discrezionale del giudice**: quest'ultimo, nel decidere se e quale pena sostitutiva applicare, deve tenere conto della personalità, delle esigenze di lavoro o di studio nonché delle condizioni familiari, sociali e ambientali del minorenne;

2) richiama (nel comma 3) la disciplina del capo III della l. n. 689 del 1981, «in quanto compatibile», ad eccezione dell'art. 59 l. n. 689 del 1981, in tema di **preclusioni soggettive**; esclusione sulla quale – come prima evidenziato – si era già pronunciata la Corte costituzionale [14];

3) attribuisce (sempre nel comma 3) ai **servizi minorili** dell'amministrazione della giustizia le funzioni affidate dalla l. n. 689 del 1981 all'Ufficio di esecuzione penale esterna (U.E.P.E.);

4) disciplina **l'esecuzione** (comma 2): il pubblico ministero competente trasmette l'estratto della sentenza al magistrato di sorveglianza per i minorenni del luogo di abituale dimora del condannato; quest'ultimo convoca, entro tre giorni dalla comunicazione, il minorenne, l'esercente la responsabilità genitoriale, l'eventuale affidatario e i servizi minorili dell'amministrazione della giustizia e provvede in ordine alla esecuzione della pena sostitutiva a norma delle leggi vigenti, tenuto conto anche delle esigenze educative del minorenne;

5) stabilisce (nel comma 4) che, al compimento del **venticinquesimo anno di età**, «se è in corso l'esecuzione di una pena sostitutiva, il magistrato di sorveglianza per i minorenni trasmette gli atti al magistrato di sorveglianza ordinario per la prosecuzione della pena, **ove ne ricorrano le condizioni**, con le modalità previste dalla legge 24 novembre 1981, n. 689».

Quest'ultima previsione impone una precisazione. Il legislatore si è preoccupato di regolamentare il caso in cui l'esecuzione della pena sostitutiva prosegua dopo il compimento della **maggiore età**: la competenza in materia resta affidata al **magistrato di sorveglianza minorile** fino a quando il condannato non raggiunga i **venticinque anni**. La regola, tuttavia – come si dirà meglio più avanti [15] – soffre di un'**eccezione**, contemplata nell'art. 24, comma 1, disp. att. l.m.: ove «ricorrano **particolari ragioni di sicurezza** valutate dal giudice competente, tenuto conto altresì delle finalità rieducative ovvero quando le predette finalità non risultano in alcun modo perseguibili a causa della **mancata adesione al trattamento** in atto», nei confronti del **giovane adulto**, le **pene** [16] **sostitu-**

---

[14] Corte cost., 12 febbraio 1998, n. 16.

[15] Cap. VIII, § 2.

[16] È stata la Riforma Cartabia ad effettuare il dovuto aggiornamento terminologico (da «sanzioni» sostitutive a «pene» sostitutive). Analoga revisione ha coinvolto l'art. 11 d.lgs. n. 272 del 1989, che disciplina l'organizzazione degli istituti ove si esegue la pena sostitutiva.

tive – come anche le misure cautelari, le misure penali di comunità, le misure alternative, le pene detentive e le misure di sicurezza – devono essere applicate **secondo le norme e con le modalità previste per l'adulto** (art. 24, comma 1, d.lgs. 28 luglio 1989, n. 272).

4. *Le pene accessorie, la sospensione condizionale della pena e il casellario giudiziale per il minore.*

Al minore condannato possono essere applicate le **pene accessorie**. La disciplina è contenuta nell'**art. 98, comma 2, c.p.**

Dall'analisi della disposizione risulta chiaramente che il legislatore, in ossequio al principio di **minima offensività**, ha voluto **restringere l'ambito operativo** di tali sanzioni: innanzi tutto, in deroga alla regola generale fissata nell'art. 20 c.p. – secondo cui, le pene accessorie conseguono di diritto a **tutte le condanne** –, fissa un divieto applicativo nei casi di condanna a **pena pecuniaria** o a pena detentiva **inferiore a cinque anni**; in secondo luogo, estrapola dall'ampio catalogo contenuto nell'art. 19 c.p. solo **due** pene accessorie: **l'interdizione dai pubblici uffici** – che può essere disposta per una **durata non superiore a cinque anni** – e la **sospensione dall'esercizio della responsabilità genitoriale**, applicabile nei casi stabiliti dalla legge.

Sempre nell'ottica di garantire al minorenne un trattamento **più favorevole** di quello riservato all'adulto, il legislatore ha allargato le maglie della **sospensione condizionale della pena**: tale causa di **estinzione del reato** – che opera quando, decorsi **cinque anni**, se la condanna è per delitto e **due anni**, se la condanna è per contravvenzione, l'imputato non commetta un reato della stessa indole e adempia agli obblighi impostigli dal giudice (art. 167 c.p.) –, presuppone, per l'adulto, una condanna ad una **pena detentiva** non superiore a **due anni** ovvero ad una **pena pecuniaria** che, sola o congiunta alla pena detentiva e ragguagliata a norma dell'art. 135 c.p., sia equivalente ad una pena privativa della libertà personale per un tempo non superiore, nel complesso, a **due anni** (art. 163, comma 1, c.p.); per il minorenne, il limite temporale della pena sospendibile passa da due a **tre anni** (art. 163, comma 2, c.p.), mentre è di **due anni e sei mesi** per colui che abbia un'età superiore agli anni diciotto ma inferiore agli anni ventuno (art. 163, comma 3, c.p.) [17].

Regole *ad hoc* sono dettate, altresì, in materia di **casellario giudiziale**. L'o-

---

[17] Sui rapporti tra sospensione condizionale della pena e perdono giudiziale, v. Cap. V, § 2.3.

biettivo, in particolare, è quello di salvaguardare il principio di **de-stigmatizzazione**, riducendo, quanto più possibile la conoscenza – e, dunque, la pubblicità – dei procedimenti penali a carico del minorenne.

Prima dell'entrata in vigore del d.P.R. 14 novembre 2002, n. 313 – c.d. **T.U.** sul **Casellario Giudiziale** – la disciplina era contenuta negli artt. 14 e 15 l.m.

L'**art. 14 l.m.** stabiliva che presso ciascun Tribunale per i Minorenni dovesse essere istituito un **apposito ufficio** con il compito di raccogliere e conservare, sotto la vigilanza del procuratore della Repubblica minorile, i provvedimenti e le annotazioni riguardanti gli imputati minorenni; le certificazioni relative alle predette iscrizioni potevano essere rilasciate soltanto alla persona alla quale si riferivano o alla autorità giudiziaria; i provvedimenti iscrivibili erano elencati nell'art. 686 c.p.p. (art. 14 l.m.). L'**art. 15 l.m.** si occupava delle **cancellazioni**. Tutte le iscrizioni erano eliminate al compimento del **diciottesimo anno di età**, salve **due eccezioni**: 1) le iscrizioni relative ai provvedimenti di **condanna a pena detentiva**, anche se condizionalmente sospesa, andavano trasmesse all'ufficio del casellario giudiziale per gli adulti al compimento del **diciottesimo anno** della persona alla quale si riferivano; 2) le iscrizioni relative alla concessione del **perdono giudiziale** restavano conservate sino al compimento del **ventunesimo anno** di età (della persona alla quale si riferivano).

Il successivo d.P.R. n. 313 del 2002 ha abrogato gli artt. 14 e 15 l.m. e ha creato per adulti e minori **una sola banca dati** ed un **unico ufficio istituito** presso il Ministero della giustizia. Il legislatore, pur rinunciando all'idea di una gestione differenziata, ha confermato, però, il **regime agevolato delle cancellazioni** e la **rigorosa disciplina** in tema di **rilascio** delle certificazioni.

Nello specifico, l'art. 5 d.P.R. n. 313 del 2002, che si occupa delle **cancellazioni**, replica, per il minorenne, il contenuto del previgente art. 15 l.m.

Quanto al **rilascio delle certificazioni**, il d.P.R. n. 313 del 2002, in linea con quanto statuito dall'abrogato art. 14 l.m., ha **escluso** perentoriamente la possibilità per le **pubbliche amministrazioni** e i **gestori di pubblici servizi** di ottenere i certificati del casellario giudiziale e dei carichi pendenti relativi al minore – quando essi siano necessari per l'esercizio delle loro funzioni –, limitando il diritto in questione alle iscrizioni relative al maggiorenne (art. 28 d.P.R. n. 313 del 2002); ha confermato la possibilità per gli uffici che esercitano la giurisdizione penale e per quelli del pubblico ministero di acquisire, per **ragioni di giustizia**, il certificato di tutte le iscrizioni riferite al minorenne (art. 21 d.P.R. n. 313 del 2002); quest'ultimo, poi, analogamente al maggiorenne, ha il diritto di ottenere il certificato di tutte le iscrizioni che lo riguardano, senza motivare la richiesta (art. 24 d.P.R. n. 313 del 2002).

Va, infine, precisato che nel catalogo dei provvedimenti iscrivibili nel casellario giudiziale, contenuto nell'art. 3, comma 1, d.P.R. n. 313 del 2002, il legislatore, certamente ispirato al **principio di de-stigmatizzazione**, non ha riservato alcun spazio alle "**cripto-condanne**" di cui agli artt. 27, 27-*bis* e 29 l.m.: dunque, la sentenza di non luogo a procedere per **irrilevanza del fatto** e quelle che dichiarano l'estinzione del reato per buon esito del **percorso di rieducazione** o della **prova** non restano "memorizzate" nell'archivio. Un discorso a parte va fatto per il **perdono giudiziale**: la relativa sentenza, pur non presente nell'elenco *ex* art. 3, comma 1, d.P.R. n. 313 del 2002, va certamente iscritta, come si evince implicitamente dall'art. 5, comma 4, d.P.R. n. 313 del 2002 che – come già detto – riserva ad essa un regime *ad hoc* in tema di cancellazione. La ragione per la quale il provvedimento *ex* art. 169 c.p. debba essere "memorizzato" è evidente: il perdono può essere concesso **solo una volta** e, dunque, la relativa sentenza deve "lasciare traccia", così da permettere al giudice, nel caso concreto, un corretto uso dell'istituto.

5. *Le misure di sicurezza applicabili al minore.*

L'art. 3 l.d. 16 febbraio 1987, n. 81 non fissa alcun criterio direttivo in tema di **misure di sicurezza**. Il legislatore del 1988 ha, comunque, avvertito l'esigenza di **rimodulare** per il minorenne il **procedimento applicativo** contemplato per l'adulto, apportando quelle «modificazioni e integrazioni imposte dalle particolari condizioni psicologiche del minore, dalla sua maturità e dalle esigenze della sua educazione» (art. 3, prima parte, l.d. n. 81 del 1987).

Ne deriva una **disciplina articolata**, composta da disposizioni disseminate nel codice penale, nel codice di procedura penale e nel d.P.R. n. 448 del 1988; quest'ultimo, in particolare, riserva all'istituto in esame un rilevante spazio: cinque articoli (36-41), racchiusi nell'ultimo **capo** – il **IV** –, intitolato «Procedimento per l'applicazione delle misure di sicurezza», ai quali si aggiunge l'**art. 24 disp. att. l.m.**

Il d.P.R. n. 448 del 1988 menziona solo **due** delle misure di sicurezza personali elencate nell'art. 215 c.p.: la **libertà vigilata** e il **riformatorio giudiziario**.

La **libertà vigilata** va «eseguita nelle **forme** previste dagli articoli 20 e 21» l.m. (art. 36, comma 1, l.m.), mentre il **riformatorio giudiziario**, «nelle **forme** dell'art. 22» l.m. (art. 36, comma 2, l.m.).

Dunque, il legislatore ha stabilito per le due misure di sicurezza le medesime **modalità esecutive** prescritte per le **misure cautelari** diverse dalla custodia in carcere.

In particolare, la **libertà vigilata** – che ha una durata di almeno **un anno** (art. 228, comma 5, c.p.) – si esegue nelle forme delle **prescrizioni** o della **permanenza in casa** [18]. Sebbene la norma non detti alcun criterio che possa

[18] Quanto al loro contenuto e al ruolo dei servizi sociali, si rinvia a quanto detto nel Cap. IV, § 5.

guidare il giudice nella scelta tra le due modalità operative, il vuoto legislativo può essere colmato utilizzando i parametri indicati nell'art. 37, comma 2, l.m.: il giudice, tenuto conto delle «specifiche **modalità** e **circostanze del fatto**», nonché della «**personalità del minore**», opterà per la misura che si riveli più idonea a garantire un efficace **trattamento educativo** del giovane reo.

Il **riformatorio giudiziario** – che, come la libertà vigilata, non può avere una durata inferiore ad **un anno** (art. 223, comma 1, c.p.) – si esegue nelle forme del **collocamento in comunità**.

Le modalità previste per il minorenne si applicano anche a colui che nel corso dell'esecuzione abbia compiuto il diciottesimo ma non il **venticinquesimo anno di età**, nonché nei casi in cui l'esecuzione abbia inizio **dopo il compimento del diciottesimo anno di età**, salvo che ricorrano «particolari ragioni di sicurezza» ovvero quando le finalità rieducative non risultino «in alcun modo perseguibili a causa della **mancata adesione al trattamento** in atto» (art. 24 disp. att. l.m.) [19]. Il **riformatorio giudiziario**, poi, quando deve essere, in tutto o in parte, applicato o eseguito dopo che il minore abbia compiuto gli **anni ventuno**, è sostituito con la libertà vigilata, salvo che il giudice non ritenga di ordinare l'assegnazione a una colonia agricola o a una casa di lavoro (art. 223, comma 2, c.p.).

Il **riformatorio giudiziario**, a seguito della pronuncia con cui la **Corte costituzionale** [20] ha cancellato il comma 2 dell'art. 224 c.p. [21], è una misura di sicurezza **facoltativa** e, come si desume dell'ultimo disposto dell'art. 36, comma 2, l.m., assume un **ruolo residuale**: può essere adottato soltanto in relazione ai delitti indicati nell'**art. 23, comma 1, l.m.**, ossia i delitti **non colposi** puniti con la pena dell'ergastolo o della reclusione non inferiore nel massimo a sei anni, i delitti, consumati o tentati, previsti dall'art. 380, comma 2, lett. *e*, *e-bis*, *g*, c.p.p. (furto aggravato, furto in abitazione e con strappo, vendita di armi), nonché i delitti consumati o tentati di cui agli artt. 336 e 337 c.p. (violenza, minaccia e resistenza ad un pubblico ufficiale) e di cui all'art. 73 d.P.R. 9 ottobre 1990, n. 309 (spaccio di sostanze stupefacenti).

La **libertà vigilata** costituisce, pertanto, la **misura di sicurezza ordinaria**, utilizzabile anche nel caso in cui il minore abbia commesso uno dei delitti di cui all'art. 23, comma 1, l.m., rispetto ai quali **concorrerà** con il riformatorio

---

[19] In arg., si rinvia al Cap. VIII, § 2.

[20] Corte cost., 20 gennaio 1971, n. 1.

[21] Con la citata pronuncia, la Corte costituzionale ha dichiarato costituzionalmente illegittimo il menzionato comma nella parte in cui rendeva obbligatorio ed automatico, per il minore di quattordici anni, il ricovero, per almeno tre anni, in riformatorio giudiziario in tutti i casi in cui la legge prevedesse, per i delitti non colposi, l'ergastolo o la reclusione non inferiore nel minimo a tre anni.

giudiziario. In quest'ultima ipotesi, il giudice, tenuto conto «della gravità del fatto e delle condizioni morali della famiglia in cui il minore è vissuto» (criteri indicati negli artt. 224, comma 1 e 225, comma 1, c.p.), sceglierà la misura **più utile alle finalità rieducative** e, se entrambe si mostreranno idonee al raggiungimento dello scopo, certamente dovrà privilegiare la libertà vigilata, in quanto meno afflittiva.

Nel caso di **gravi e ripetute violazioni delle prescrizioni** imposte con la misura di sicurezza non è applicabile la disciplina dell'**aggravamento progressivo** *ex* artt. 20, comma 3, 21, comma 5 e 22, comma 4, l.m.[22]: invero, il rinvio contenuto nell'art. 36 l.m. non investe *in toto* gli artt. 20, 21, e 22 l.m. ma attiene esclusivamente alle **modalità esecutive** delle relative misure; peraltro, una disciplina ad hoc è prevista nell'**art. 231 c.p.**, che si occupa, in generale, della trasgressione agli obblighi imposti con le misure di sicurezza e, con specifico riferimento al minore, stabilisce che, avuto riguardo «alla particolare gravità della trasgressione o al ripetersi della medesima [...], il giudice **può** sostituire alla libertà vigilata [...] il ricovero in un riformatorio giudiziario».

Posto che l'art. 36 l.m. menziona solo la libertà vigilata e il riformatorio giudiziario, al minore **non possono essere applicate** le altre misure di sicurezza disciplinate nel codice penale: il riferimento è tanto a quelle **personali, detentive** – l'assegnazione a una colonia agricola o ad una casa di lavoro e il ricovero in una casa di cura e di custodia – e **non detentive** – il divieto di soggiorno in uno o più Comuni, o in una o più Province, il divieto di frequentare osterie e pubblici spacci di bevande alcooliche, l'espulsione dello straniero dallo Stato –, quanto a quelle **patrimoniali**, quali la cauzione di buona condotta e la confisca.

Un discorso a parte va fatto per il «**manicomio giudiziario**».

Il comma 4 dell'art. 222 c.p., nell'originaria formulazione, estendeva espressamente il raggio applicativo di tale misura anche al minorenne. In seguito, la **Corte costituzionale**[23], ribadendo un principio elaborato in altre occasioni – in forza del quale «il trattamento penale dei minori deve essere improntato, sia per quanto riguarda le misure adottabili, sia per quanto riguarda la fase esecutiva, alle specifiche esigenze proprie dell'età minorile» – ha **dichiarato illegittimo il menzionato comma** – insieme all'**art. 206 c.p.**, che si occupa dell'applicazione **provvisoria** delle misure di sicurezza – nella parte in cui permettevano, appunto, di disporre il ricovero in questione del minorenne prosciolto per ragioni d'età e, al contempo, ritenuto incapace di intendere e di volere per infermità psichica o per intossicazione da alcool o da sostanze stupefacenti o per sordo-

---

[22] Sul punto v. Cap. IV, § 5.

[23] Corte cost., 14 luglio 1998, n. 324.

mutismo. Secondo la Corte, una misura detentiva e così segregante «prevista e disciplinata in modo uniforme per adulti e minori» **non è compatibile con le peculiari esigenze di tutela** del giovane reo, imposte sia dai princìpi costituzionali (artt. 2, 3, 27 e 31 Cost.) sia da norme internazionali, come le Regole di Pechino e l'art. 40 della Convenzione di New York.

La Corte costituzionale, con la citata pronuncia, ha, altresì, affidato al legislatore il compito di «colmare con previsioni adeguate, anche in ordine all'apprestamento delle conseguenti misure organizzative e strutturali, il **vuoto normativo**» venutosi a creare «con l'eliminazione, relativamente ai minori, della misura di sicurezza oggi specificamente diretta a far fronte alla situazione di persone, giudicate pericolose, che abbiano commesso fatti di reato ma siano affette da infermità psichica che le renda non imputabili».

Dopo oltre venticinque anni, il legislatore non ha ancora ottemperato all'invito rivolto dal Giudice delle leggi [24].

Per completezza va precisato, che, con l'approvazione della riforma penitenziaria – l. 26 luglio 1975, n. 354 (art. 62) – alla locuzione "manicomio giudiziario" è stata sostituita quella di "**ospedale psichiatrico giudiziario**" (**O.P.G.**); poi, dal 1° aprile 2015, col d.l. 22 dicembre 2011, n. 211, convertito, con modificazioni, dalla l. 17 febbraio 2012, n. 9 (art. 3-*ter*) – finalizzato al contrasto del sovraffollamento carcerario –, tali strutture hanno abbandonato il nome di **"ospedali psichiatrici giudiziari"** per acquisire quello di **"residenze per l'esecuzione delle misure di sicurezza" (R.E.M.S.)**.

5.1. (Segue) *I presupposti e il procedimento applicativo ed esecutivo.*

Libertà vigilata e riformatorio giudiziario possono essere applicate al minore

---

[24] Per la Cassazione (Cass., Sez. I, 19 maggio 1999, n. 3710), in attesa che il legislatore ponga fine alla sua inerzia, al minore pericoloso autore di reato commesso in uno stato di infermità che lo renda non imputabile può essere applicata la misura del riformatorio giudiziario (nelle forme del collocamento in comunità), prevista dall'art. 224, comma 3, c.p. per chi, avendo compiuto al momento del reato gli anni quattordici ma non ancora i diciotto, versi in analoga situazione essendo stato però riconosciuto non imputabile a norma dell'art. 98 c.p. Secondo il Collegio, «se è vero che l'infermità psichica di cui all'art. 88 c.p. e l'immaturità che comporta l'esclusione dell'imputabilità ai sensi dell'art. 98 sono cause ontologicamente diverse e tra di loro indipendenti, l'ampia formulazione dell'art. 98, cui l'art. 224 comma 3 fa richiamo, rende tale disposizione in sé idonea a ricomprendere tutti i casi in cui il minore manchi della capacità di intendere e di volere e quindi anche le ipotesi di vizio totale di mente. Queste ultime non restano così del tutto prive di disciplina, anche se la misura del collocamento in comunità può risultare non pienamente adeguata alle particolari esigenze che tale condizione del soggetto comporta, una volta che quella che era stata per esse appositamente apprestata è venuta meno».

– non imputabile (art. 97 c.p.) o imputabile (art. 98 c.p.) – autore di **delitto**, che sia ritenuto "**socialmente pericoloso**" (artt. 224 e 225 c.p.).

La legge minorile fornisce una **nozione di "pericolosità sociale" più pregnante** e, allo stesso tempo, **più restrittiva** di quella comune *ex* art. 203 c.p.

In particolare, ai sensi di quest'ultima disposizione, è **socialmente pericolosa** la persona che ha commesso un **reato** – delitto o contravvenzione – o un **quasi-reato** (espressione, quest'ultima, comprendente le ipotesi del reato impossibile, istigazione o accordo a commettere un reato, non seguito dalla commissione dello stesso), «quando **è probabile** che commetta nuovi fatti preveduti dalla legge come reati» (comma 1); per valutare la qualità di "persona socialmente pericolosa", il giudice deve attenersi ai **parametri fissati nell'art. 133 c.p.** (art. 203, comma 2, c.p.) e, dunque, deve tenere conto della **gravità del fatto** (comma 1) – i cui indici sintomatici sono la natura, la specie, i mezzi, l'oggetto, il tempo, il luogo e ogni altra modalità dell'azione, la gravità del danno o del pericolo cagionato alla persona offesa, l'intensità del dolo o il grado della colpa – e della **capacità a delinquere del colpevole** (comma 2), che si evince dai motivi, dal carattere, dai precedenti penali e giudiziari e, in genere, dalla condotta e dalla vita, antecedenti al reato, dalla condotta contemporanea o susseguente al reato, dalle condizioni di vita individuale, familiare e sociale del reo.

Ai sensi dell'art. 37, comma 2, l.m., la **pericolosità sociale** è integrata quando il minore abbia commesso un **delitto** – non basta una contravvenzione – e sussista un **concreto pericolo** – non è sufficiente la **probabilità** –, che lo stesso commetta, non un qualsiasi altro reato, bensì uno dei **delitti** tassativamente indicati, cioè, delitti con uso di armi o di altri mezzi di violenza personale o diretti contro la sicurezza collettiva o l'ordine costituzionale, ovvero gravi delitti di criminalità organizzata.

Quanto ai **criteri per l'accertamento della pericolosità**, vengono espressamente richiamate le **specifiche modalità** e le **circostanze del fatto**, la **personalità dell'imputato** nonché le condizioni previste dall'art. 224 c.p., ossia la **gravità del fatto** e le **condizioni morali del nucleo familiare convivente**; locuzione, quest'ultima, che impone al giudice di valutare la **complessiva condizione personale** del minore, che emergerà dalle indagini dei servizi sociali e, in particolar modo, dagli accertamenti *ex* art. 9 l.m.

Del **procedimento** si occupano gli artt. 37-41 l.m.

Innanzi tutto, la misura di sicurezza può essere applicata, **su richiesta del pubblico ministero**, dal **giudice dell'udienza preliminare**, **in via provvisoria**, con la **sentenza di non luogo a procedere** emessa per **difetto di imputabilità**: o perché il minore, al momento del fatto, non aveva compiuto ancora quattordici anni (art. 97 c.p.) o perché, pur avendoli compiuti, è stato riconosciuto incapace di intendere e di volere (art. 98 c.p.). Va precisato che la **Corte**

costituzionale ha confermato la legittimità delle disposizioni che consentono di applicare la misura di sicurezza al minore infraquattordicenne, «senza previsione di **alcun limite minimo d'età**» [25].

Il procedimento, scomponibile in **tre step**, si può instaurare, altresì, durante il rito **abbreviato** – e, in questo caso, il giudice può procedere anche di **ufficio** (art. 37, comma 4, l.m.) – o nel **giudizio di secondo grado**, dinanzi alla sezione di Corte d'appello (art. 312 c.p.p.). Legittimato all'applicazione provvisoria della misura dovrebbe ritenersi, altresì, il **giudice delle indagini preliminari**, qualora abbia pronunciato la sentenza di non imputabilità ai sensi dell'art. 26 l.m. [26].

Nel **primo step**, il giudice procedente, accolta o rigettata la richiesta del pubblico ministero, è tenuto a disporre la **trasmissione degli atti al T.P.M.F. –** individuato ai sensi dell'art. 677, comma 2, c.p.p. – al quale compete la **decisione finale** in materia. Il procedimento dinanzi al Tribunale deve avere inizio entro **trenta giorni** dalla pronuncia del giudice, pena la **perdita di efficacia** della misura provvisoriamente applicata (art. 37, comma 3, l.m.).

Nel **secondo step**, il Tribunale procede al **giudizio sulla pericolosità** nelle forme previste dall'art. 678 c.p.p. (art. 38, comma 1, l.m.): il procedimento – nel corso del quale il giudice può **modificare** o **revocare** la misura provvisoriamente disposta, oppure può **applicarla** in via provvisoria, nei casi in cui abbia rigettato la richiesta dell'inquirente (art. 38, comma 1, l.m.) – si svolge in **camera di consiglio** – salvo che l'interessato non abbia chiesto la pubblica udienza (art. 678, comma 3.1, c.p.p.) –, con la partecipazione necessaria del pubblico ministero e del difensore (art. 666, comma 4, c.p.p.), sentiti il minore, l'esercente la responsabilità genitoriale, l'eventuale affidatario e i servizi minorili dell'amministrazione della giustizia (art. 38, comma 1, l.m.).

Nel **terzo step**, il T.P.M.F., che decide con **sentenza**, applica **in via definitiva** la misura di sicurezza se sussistono le condizioni di pericolosità sociale *ex*

---

[25] L'ordinanza (Corte cost., 20 aprile 2009, n. 117) è stata di manifesta inammissibilità: a parere della Corte, premesso che il giudice rimettente avrebbe formulato un *petitum* in forma discorsiva – «privo dei caratteri di specificità e univocità cui deve essere improntato un quesito di costituzionalità» –, ove dovesse ritenersi che «il giudice *a quo* intenda ottenere, tramite la denuncia di incostituzionalità, quanto al profilo di diritto penale sostanziale, anche o soltanto l'introduzione nell'ordinamento di un limite minimo di età per l'applicazione delle misure di sicurezza ai non imputabili, si sarebbe evidentemente di fronte alla richiesta di un intervento additivo di innovazione normativa che esorbita dai poteri di questa Corte, in quanto implica scelte discrezionali rientranti nella esclusiva competenza del legislatore».

[26] A conforto dell'impostazione prospettata, cfr. Cass., Sez. I, 7 dicembre 2022, n. 49747, che ha ritenuto autonomamente impugnabile il provvedimento del giudice per le indagini preliminari del Tribunale per i Minorenni che, ai sensi dell'art. 37 l.m., ha disposto l'applicazione di una misura di sicurezza provvisoria al minore prosciolto per difetto di imputabilità.

art. 37, comma 2, l.m., (art. 38, comma 2, l.m.). Qualora la misura non venga irrogata definitivamente, il periodo «di applicazione provvisoria» si **computa nell'eventuale pena detentiva da eseguirsi** (art. 657, comma 1, c.p.p.).

Il Tribunale è legittimato ad applicare la misura di sicurezza non solo quando venga "sollecitato" dal pubblico ministero, secondo l'*iter* sopra descritto, bensì anche nei casi in cui, all'esito del dibattimento, pronunci la **sentenza di condanna** o quella di **proscioglimento** per **difetto di imputabilità** *ex* artt. 97 o 98 c.p. e sempre se ricorrano le condizioni di **pericolosità sociale** delineate dall'art. 37, comma 2, l.m. (art. 39 l.m.). Certamente, nell'ipotesi di condanna a pena detentiva, il **minore socialmente pericoloso** potrà essere ricoverato nel riformatorio giudiziario o essere posto in libertà vigilata **solo dopo l'espiazione della pena** (art. 225, comma 1, c.p. e art. 211, comma 1, c.p.).

Posto il silenzio del d.P.R. n. 448 del 1988 sul regime delle **impugnazioni**, trova applicazione – ai sensi dell'art. 1, comma 1, l.m. – la **disciplina generale** contenuta nell'art. 579 c.p.p.[27]. Dunque, se l'impugnazione è proposta contro le **sole disposizioni** della sentenza che riguardano le **misure di sicurezza**, il pubblico ministero, l'interessato e il difensore – nonché **l'esercente la responsabilità genitoriale** *ex* art. 34, comma 1, l.m. – possono proporre **appello**, sul quale deciderà il **Tribunale di sorveglianza** (artt. 579, comma 2, c.p.p., che richiama l'art. 680, comma 2, c.p.p.) Considerato che, nel processo penale minorile, il T.P.M.F. svolge anche le funzioni di sorveglianza (artt. 3, comma 2, l.m. e 79, comma 2, ord. penit.)[28], il giudizio di secondo grado sarà affidato allo stesso organo che ha pronunciato la sentenza impugnata. Allora, per non incorrere nell'**incompatibilità** fissata nell'art. 34, comma 1, c.p.p., il Tribunale, in fase d'appello, deciderà, certamente, con **una diversa composizione**.

Qualora l'impugnazione abbia ad oggetto anche un altro capo della sentenza (non riguardante esclusivamente gli interessi civili), il **mezzo di gravame** esperibile è quello **ordinario**, ossia l'appello davanti alla sezione minorile (art. 579, comma 1, c.p.p.).

La competenza per l'**esecuzione** della misura di sicurezza – applicata in via provvisoria o definitiva – è attribuita al **magistrato di sorveglianza** per i minorenni del «**luogo dove la misura stessa deve essere eseguita**» (art. 40, comma 1, l.m.). Il legislatore, quindi, non ha confermato il criterio *ex* art. 677 c.p.p. in tema di competenza territoriale del magistrato di sorveglianza[29], nell'intento di agevolare i contatti dell'autorità giudiziaria che cura l'esecuzione con il minore

---

[27] Rubricato «Impugnazione delle sentenze che dispongono misure di sicurezza».

[28] Sul punto, cfr. Cap. VIII, § 2.

[29] In arg., cfr. Cap. VIII, § 2.

sottoposto alla misura. La competenza di tale organo cessa al compimento del **venticinquesimo anno di età** (art. 3, comma 2, l.m.).

Il magistrato di sorveglianza impartisce le disposizioni concernenti le **modalità di esecuzione** della misura, sulla quale **vigila costantemente**, anche mediante **frequenti contatti**, senza alcuna formalità, con il minorenne, l'esercente la responsabilità genitoriale, l'eventuale affidatario e i servizi minorili; tali contatti aiuteranno il magistrato a "monitorare" la pericolosità sociale del giovane sottoposto alla misura di sicurezza, anche in vista del suo **riesame**: la misura, invero, potrà essere **modificata** – *in melius* o *in peius* – o anche **revocata**, se il minore ha «cessato di essere socialmente pericoloso» (art. 207, comma 1, c.p.); in quest'ultimo caso, il magistrato di sorveglianza ne darà comunicazione al Procuratore della Repubblica presso il T.P.M.F. per l'eventuale adozione dei **provvedimenti civili** (art. 40 l.m.).

Quanto all'**impugnazione** dei provvedimenti del giudice di sorveglianza, la disciplina – come già si è avuto modo di precisare [30]– ricalca le regole dell'art. 680 c.p.p., aggiungendo, tra i legittimati, **l'esercente la responsabilità genitoriale**. Dunque, si osservano le disposizioni generali delle impugnazioni, ma l'appello **non ha effetto sospensivo**, salva diversa disposizione del T.P.M.F. (art. 41 l.m.).

---

[30] Cap. VI, § 5.

CAPITOLO VIII

LA DISCIPLINA PENITENZIARIA

SOMMARIO: 1. La riforma penitenziaria del 2018. – 2. La competenza della magistratura di sorveglianza. – 3. Regole e finalità dell'esecuzione. – 4. L'esecuzione penale esterna: profili generali. – 4.1. (*Segue*) Le singole misure penali di comunità. – 4.2. (*Segue*) Il procedimento: adozione, sostituzione, revoca ... – 4.2.1. (*Segue*) ... ed esecuzione. – 5. L'esecuzione penale *intra moenia*. – 6. I vuoti normativi del d.lgs. n. 121 del 2018, il *favor minoris* e gli altri benefici applicabili.

1. *La riforma penitenziaria del 2018.*

Dopo oltre quarant'anni dall'introduzione della legge sull'**ordinamento penitenziario** (l. 26 luglio 1975, n. 354) – che, nell'art. 79, comma 1, estendeva al minorenne la normativa ivi prevista per l'adulto, in attesa di una specifica regolamentazione – e dopo oltre venticinque anni dalla sentenza-monito della **Corte costituzionale** [1] – che, in linea con le indicazioni provenienti "dall'alto" [2], sollecitava il legislatore ad intervenire **tempestivamente** in materia, a salvaguardia della specifica esigenza di «**individualizzazione** e **flessibilità** del trattamento» del giovane condannato [3] –, è finalmente venuta alla luce la **riforma penitenziaria minorile**.

---

[1] Corte cost., 16 marzo 1992, n. 125.

[2] Ci si riferisce alle Carte internazionali (in particolare, Regole di Pechino, Convenzione ONU sui diritti dell'infanzia e dell'adolescenza, Patto internazionale dei diritti civili e politici, solo per citarne alcune), che invitano i Paesi firmatari a prestare particolare attenzione, anche nella fase esecutiva, alla "specificità" della condizione minorile.

[3] Giova precisare che la Corte costituzionale, preso atto dell'inerzia legislativa, aveva cercato meritevolmente di supplire alla situazione di stallo, andando a colpire singole disposizioni della l. n. 354 del 1975, costruite "su misura" del condannato adulto, al fine di adattarle alle peculiarità del giovane condannato. Tra le tante, cfr. Corte cost., 17 dicembre 1997, n. 403 e Corte cost., 30 dicembre 1998, n. 450, in tema di permessi premio; Corte cost., 9 aprile 1997, n. 109, in tema di affidamento in prova al servizio sociale e ammissione alla semilibertà; Corte cost., 28 aprile 2017, n. 90, in tema di sospensione dell'ordine di esecuzione *ex* art. 656, comma 9, c.p.p.

Si tratta del **d.lgs. 2 ottobre 2018, n. 121**, contenente la «Disciplina dell'esecuzione delle pene nei confronti dei condannati minorenni», emanato in attuazione della l.d. 23 giugno 2017, n. 103, sulla scorta dei seguenti **criteri direttivi** (art. 1, comma 85, lett. *p*, l.d.):

1. giurisdizione specializzata affidata al Tribunale per i Minorenni (T.P.M.F.), «fatte salve le disposizioni sulla incompatibilità del giudice di sorveglianza che abbia svolto funzioni giudicanti in fase di cognizione»;
2. previsione di disposizioni sull'organizzazione degli istituti penali minorili «nell'ottica della **responsabilizzazione**, **socializzazione e promozione della persona**»;
3. estensione della disciplina al **giovane adulto**, «nel rispetto dei processi educativi in atto»;
4. «previsione di **misure alternative alla detenzione** conformi alle istanze educative del condannato minorenne»;
5. «**ampliamento dei criteri per l'accesso** alle misure alternative alla detenzione», con particolare riferimento ai requisiti per l'ammissione del minore all'affidamento in prova al servizio sociale ed alla semilibertà;
6. «**eliminazione di ogni automatismo** e preclusione per la revoca o per la concessione dei benefici penitenziari, in contrasto con la funzione rieducativa della pena e con il principio dell'individuazione del trattamento»;
7. «**rafforzamento dell'istruzione** e della formazione professionale quali elementi centrali del trattamento» del detenuto minorenne;
8. «rafforzamento dei contatti con **il mondo esterno** quale **criterio guida** nell'attività trattamentale in funzione del reinserimento sociale».

Come si legge nella Relazione tecnica [4], per comprendere l'esigenza sottesa alla riforma deve essere «richiamato l'assetto dell'ordinamento penitenziario dettato per gli adulti, che pur basandosi sui principi di legalità e di tutela giurisdizionale delle posizioni soggettive, del rispetto del principio di umanità della pena, della separazione dei detenuti e della tutela dei diritti compatibili con lo stato di detenzione, [...] mal si concilia nella sostanza con le finalità e gli istituti dettati per i minorenni».

La novella, così, prestando particolare attenzione alla **personalità** e alle **esigenze educative** del giovane condannato, garantisce un **trattamento penitenziario *ad hoc***, attraverso un **sistema autonomo** – anche se, come si dirà, non del tutto autosufficiente –, **in linea** con il modello di **cognizione** elaborato dal d.P.R. 22 settembre 1988, n. 448 che, costruito "su misura" del giovane indaga-

---

[4] *Relazione tecnica allo schema di decreto legislativo recante disciplina dell'esecuzione delle pene nei confronti dei condannati minorenni*, p. 1.

to/imputato, si rivela particolarmente attento ai bisogni e alle esigenze della personalità fragile e *in fieri* del piccolo protagonista.

Il decreto legislativo si compone di **ventisei articoli**, suddivisi in **quattro capi**: il primo detta le **disposizioni generali** (un unico articolo), il secondo disciplina le **misure penali di comunità** (artt. 2-8), il terzo si occupa del **procedimento esecutivo** (artt. 9-13) e il quarto del **trattamento *intra moenia*** (artt. 14-24; gli artt. 25 e 26 attengono agli impegni finanziari per l'attuazione della riforma).

2. *La competenza della magistratura di sorveglianza.*

Preliminarmente, va chiarito qual è il **giudice competente** nel settore.

L'esecuzione penitenziaria nei confronti di colui che ha commesso il reato quando era **minorenne** è affidata ai **magistrati di sorveglianza**. Nello specifico, le relative funzioni sono distribuite tra la **sezione distrettuale** del T.P.M.F. e il **magistrato di sorveglianza** per i minorenni, che è un giudice della sezione distrettuale (art. 3, comma 2, l.m. e art. 79, comma 2, ord. penit.) e per il quale **non opera il divieto** fissato nell'art. 68, comma 4, ord. penit.

Dunque, rispetto alla magistratura di sorveglianza ordinaria, emergono **due rilevanti differenze**: innanzi tutto, la competenza è attribuita allo **stesso Tribunale** che decide nel processo di cognizione, mentre, per il condannato adulto, è contemplato un organo *ad hoc* (il Tribunale di sorveglianza). Appare chiara la *ratio* della previsione: il legislatore vuole consentire al Tribunale specializzato di seguire l'intera vicenda del minore catapultato nel circuito giudiziario così che, alla luce del patrimonio conoscitivo acquisito in fase cognitiva, possa tracciare, in sede esecutiva, il percorso più adatto al reinserimento sociale del giovane condannato.

In secondo luogo, il magistrato di sorveglianza minorile, diversamente da quello ordinario, **può essere adibito ad altre funzioni** giudiziarie (art. 79, comma 3, ord. penit.) e, di conseguenza, è legittimato ad operare anche in sede di cognizione. La regola sembrerebbe dettata per tutelare **esigenze di razionalizzazione** delle risorse, essendo particolarmente esiguo il numero dei minori sottoposti ad una esecuzione della pena *intra moenia*.

La magistratura di sorveglianza minorile esercita le sue funzioni anche nei confronti del **maggiorenne** che abbia commesso il reato quando era minore degli anni diciotto (art. 79, comma 2, ord. penit.), fino al compimento del **venticinquesimo anno di età** (art. 3, comma 2, l.m.): con la fissazione di tale limite anagrafico, il legislatore, per un verso, garantisce che il percorso positivo di reinserimento in atto prosegua, preservando i risultati eventualmente conseguiti e valorizzando l'impegno del giovane ormai maggiorenne; per altro verso, scongiura il rischio che il condannato ad una pena detentiva di lunga durata – irrogata, evidentemente, per aver commesso un grave delitto da minorenne – rimanga sottoposto alla giurisdizione specializzata sino ad età piuttosto avanzata.

L'art. 3, comma 2, l.m. va posto in correlazione con **l'art. 24 disp. att. l.m.** che, in materia di **esecuzione** dei **provvedimenti limitativi della libertà personale** – misure cautelari, misure penali di comunità, misure alternative, pene sostitutive, pene detentive e misure di sicurezza – **estende** le norme e le modalità previste per il minorenne anche a colui che, **nel corso dell'esecuzione** – o prima (comma 2) –, abbia compiuto il **diciottesimo** ma **non il venticinquesimo anno** di età, «sempre che non ricorrano **particolari ragioni di sicurezza** valutate dal giudice competente, tenuto conto altresì delle finalità rieducative, ovvero quando le predette finalità non risultano in alcun modo perseguibili a causa della **mancata adesione al trattamento** in atto» (comma 1).

Dunque, in tali evenienze, il giudice, **in deroga** alla regola fissata nell'art. 3, comma 2, l.m., dovrà applicare al maggiorenne infraventicinquenne la disciplina contemplata per l'adulto.

Giova precisare che la formulazione attuale della disposizione in esame è il risultato di incisive interpolazioni operate dall'art. 9 d.lgs. n. 121 del 2018: oltre ad essere menzionati, tra i provvedimenti limitativi della libertà personale, le inedite **misure penali di comunità**, di cui di dirà più avanti[5], sono stati **ampliati** i **casi eccezionali** che consentono il passaggio del giovane adulto al circuito detentivo ordinario: per un verso, alla preesistente deroga «per ragioni di sicurezza» è stata affiancata quella connessa all'impossibilità di perseguire le finalità rieducative per la «**mancata adesione** al trattamento in atto»; per altro verso, è stata imposta al giudice, in presenza di una delle due indicate situazioni, l'applicazione della disciplina ordinaria sin dal compimento del **diciottesimo anno di età** e non più dal ventunesimo anno, come era sancito prima della modifica.

Il d.lgs. n. 121 del 2018 si è preoccupato, altresì, di indicare la disciplina applicabile nel caso in cui siano in esecuzione **pene concorrenti per fatti commessi da minorenne e da maggiorenne**.

Nel sistema previgente, tale situazione non era regolamentata e, pertanto, si ricorreva all'art. 665, comma 4, c.p.p., secondo cui la competenza del giudice va individuata in base alla sentenza divenuta irrevocabile per ultima.

A dire il vero, la questione, sino all'entrata in vigore della riforma penitenziaria minorile, non aveva grande rilievo, posto che al condannato minorenne si applicava la stessa disciplina prevista per l'adulto.

Con l'introduzione di una normativa speciale, contrassegnata da regole più

---

[5] V. *Infra*, §§. 4-4.2.1.

favorevoli – specialmente in materia di accesso alle misure penali di comunità –, si è avvertita l'esigenza di fissare **criteri oggettivi**, che consentissero di individuare la disciplina da adottare nel caso in questione. In assenza di una specifica previsione, si sarebbe, infatti, corso il rischio di far dipendere l'applicazione del regime più favorevole *ex* d.lgs. n. 121 del 2018 da **fattori puramente casuali** (il momento in cui fossero divenute irrevocabili le sentenze).

L'**art. 10** d.lgs. n. 121 del 2018, così, ha introdotto una regola ispirata al ***favor minoris***: tenuto conto del fatto che è già in corso l'esecuzione di una pena per un reato commesso da minorenne, secondo un preciso programma educativo, che potrebbe essere opportuno non interrompere nel caso di **sopravvenienza** di un'altra pena detentiva irrogata per un reato commesso da maggiorenne (si intende, infraventicinquenne), opera una ***vis attractiva*** **a favore della magistratura di sorveglianza minorile**, salvo che il condannato **abbia fatto ingresso in un istituto per adulti** a titolo di custodia cautelare – in veste di imputato – o in espiazione di una pena – come condannato – per il reato commesso da maggiorenne (comma 5).

L'*iter* è il seguente: il pubblico ministero emette l'ordine di esecuzione, lo **sospende**, secondo quanto prescritto dall'art. 656 c.p.p. – ossia quando sono soddisfatti i requisiti di cui ai commi 5, 7 e 9 [6] – e trasmette gli atti al magistrato di sorveglianza per i minorenni. Quest'ultimo è chiamato a valutare la sussistenza delle condizioni che consentono la **prosecuzione dell'esecuzione** secondo le più favorevoli norme dettate per il minorenne, tenuto conto dei seguenti parametri: il **percorso educativo in atto**, la **gravità dei fatti** oggetto di cumulo e le **ragioni** di cui all'art. 24 disp. att. l.m. (sicurezza o impossibilità di raggiungere le finalità educative per mancata adesione del giovane-adulto al trattamento in atto). Se l'esito è positivo, prescrive **l'estensione** al nuovo titolo; in caso contrario, dispone la **cessazione della sospensione** e restituisce gli atti all'inquirente per l'ulteriore corso dell'esecuzione secondo le norme e con le modalità previste per il maggiorenne (comma 1). Il magistrato competente procede alla restituzione degli atti anche quando l'ordine di esecuzione per il reato commesso da maggiorenne «**non può essere sospeso**» (comma 4), o meglio, non **"poteva" essere sospeso** alla luce dei limiti e delle preclusioni fissate nei commi 5, 7 e 9 dell'art. 656 c.p.p. La decisione del magistrato di sorveglianza può essere **oggetto di reclamo** *ex* art. 69-*bis* ord. penit. (comma 2).

Posto che il d.lgs. n. 121 del 2018 non detta alcun criterio per individuare la magistratura di sorveglianza minorile **territorialmente competente**, si applica, in forza del **principio di sussidiarietà** di cui all'art. 1 del predetto decre-

---

[6] Sul punto, cfr. *infra*, § 4.2.1.

to [7], l'art. 677 c.p.p.: dunque, per il **detenuto**, la competenza appartiene al Tribunale o al magistrato di sorveglianza che hanno giurisdizione sull'istituto in cui il giovane reo è **ristretto** (comma 1); per il **condannato libero**, il criterio generale è quello del luogo in cui l'interessato ha la **residenza** o il **domicilio** [8], «se la legge non dispone diversamente» (comma 2). La regola ammette, quindi, **eccezioni** per il condannato non detenuto. Ad esempio, per l'**esecuzione** delle **misure di sicurezza** e delle **misure penali di comunità**, la competenza è affidata al magistrato di sorveglianza per i minorenni del **luogo ove deve essere eseguita la misura** (cfr. artt. 40, comma 1 e 12, comma 1, d.lgs. n. 121 del 2018) [9]. Il legislatore, in tali casi, non ha confermato il criterio *ex* art. 677 c.p.p. nell'intento di agevolare i contatti dell'organo giurisdizionale che cura l'esecuzione con il minore interessato.

3. *Regole e finalità dell'esecuzione.*

L'art. 1, comma 1, d.lgs. n. 121 del 2018 fissa – in simmetria con l'art. 1, comma 1, l.m. – i **principi di specialità** e di **sussidiarietà**: nel settore dell'esecuzione penitenziaria minorile – nello specifico, «nel procedimento per **l'esecuzione della pena detentiva** e delle **misure penali di comunità** [...], nonché per **l'applicazione** di queste ultime» – si osservano le disposizioni del d.lgs. n. 121 del 2018 e, «**per quanto da esse non previsto**», quelle del codice di procedura penale, della l. n. 354 del 1975, del relativo regolamento attuativo (d.P.R. 30 giugno 2000, n. 230) e del d.P.R. n. 448 del 1988, con le annesse norme di attuazione, coordinamento e transitorie (d.lgs. 28 luglio 1989, n. 272).

Dunque, il legislatore delegato, da un lato, valorizzando la **specificità** della disciplina in materia, "ha riscritto" quelle norme dell'ordinamento penitenziario ordinario che, tarate sull'adulto, evidentemente si rivelavano incompatibili con le peculiarità di condannati fragili e "vulnerabili" quali sono il minore e il giovane adulto; dall'altro, rinviando, per tutto ciò che non è regolamentato dal d.lgs. n. 121 del 2018, ad altre fonti normative [10], ha riconosciuto, implicita-

---

[7] V. *infra*, § 3.

[8] In subordine – nei casi in cui tale criterio non sia utilizzabile –, la competenza è affidata al giudice di sorveglianza «del luogo in cui fu pronunciata la sentenza di condanna [...] e nel caso di più sentenze [...], al Tribunale o al magistrato di sorveglianza del luogo in cui fu pronunciata la sentenza divenuta irrevocabile per ultima».

[9] Per le misure di sicurezza, cfr. *retro*, Cap. VII, § 5.1; per le misure penali di comunità, v. *infra*, § 4.2.1 e nt. 28.

[10] Sulle questioni interpretative che derivano dalla approssimazione dimostrata dal legislatore del 2018 nell'indicare le fonti sussidiarie dell'esecuzione penitenziaria minorile, si rinvia al § 6.

mente, il carattere **non autosufficiente** della disciplina di settore. Posto il rinvio generale al d.P.R. n. 448 del 1988, il principio di specialità va integrato con quello *ex* art. 1, comma 1, l.m.: tutte le disposizioni devono essere osservate «in modo **adeguato** alla personalità e alle esigenze educative del minorenne».

Nel procedimento di esecuzione deve essere, altresì, **assicurato** «il rispetto dei diritti fondamentali riconosciuti dalla Costituzione e dall'art. 6 del Trattato sull'Unione europea, nonché dei diritti riconosciuti dalla direttiva 2016/800/UE del Parlamento europeo e del Consiglio dell'11 maggio 2016, sulle garanzie procedurali per i minori indagati o imputati nei procedimenti penali». Quest'ultimo inciso è stato innestato recentemente nell'art. 1, comma 1, d.lgs. n. 121 del 2018 dall'art. 5 del d.l. 16 settembre 2024, n. 131, convertito, con modificazioni, dalla l. 14 novembre 2024, n. 166 – contenente «Disposizioni urgenti per l'attuazione di obblighi derivanti da atti dell'Unione europea e da procedure di infrazione e pre-infrazione pendenti nei confronti dello Stato italiano» –, finalizzato al completo **recepimento** degli artt. 4, 5 e 8 della **Direttiva (UE) 2016/800** [11]. La precisazione – che, come si è visto [12], ha investito, altresì, l'art. 1, comma 1, l.m., – è finalizzata a «rendere immediatamente percepibile lo stretto legame tra i principi interni e quelli desumibili dal quadro normativo sovranazionale» [13].

Chiaramente tratteggiate sono le **finalità** cui mira l'esecuzione penitenziaria minorile (art. 1, comma 2, d.lgs. n. 121 del 2018): «**favorire i programmi di giustizia riparativa**» (di cui al titolo IV del d.lgs. 10 ottobre 2022, n. 150); «**favorire** la **responsabilizzazione**, l'educazione e il pieno sviluppo psicofisico del minorenne, la preparazione alla vita libera, l'inclusione sociale»; «**prevenire** la **commissione di ulteriori reati**, anche mediante il ricorso ai **percorsi di istruzione**, di formazione professionale, di educazione alla cittadinanza attiva e responsabile, e ad attività di utilità sociale, culturali, sportive e di tempo libero».

Sulla prima finalità è intervenuto il d.lgs. n. 150 del 2022 (**Riforma Cartabia**) che, oltre a sostituire l'originaria locuzione «promuovere percorsi di giustizia riparativa e di mediazione con le vittime di reato» con quella «**favorire** i **programmi di giustizia riparativa**», ha meglio precisato, nel neo introdotto **art. 1-*bis***, tale obiettivo: secondo la citata disposizione, in qualsiasi fase dell'esecuzione, l'autorità giudiziaria può disporre l'invio del minorenne (e del giovane adulto) condannato, previa adeguata informazione e su base volontaria,

---

[11] Sul punto, v. Cap. I, § 7.3.

[12] Cap. II, § 2.

[13] *Relazione illustrativa allo schema di decreto legislativo recante disciplina dell'esecuzione delle pene nei confronti dei condannati minorenni*, p. 7.

ai **programmi di giustizia riparativa**, così come definiti dagli artt. 53 ss. d.lgs. n. 150 del 2022. La partecipazione a tale programma e l'eventuale esito riparativo sono estremamente importanti, posto che verranno valutati dal giudice ai fini dell'adozione delle misure penali di comunità, delle altre misure alternative e della liberazione condizionale. Al contrario, la mancata effettuazione del programma, l'interruzione dello stesso o il fallito raggiungimento di un esito riparativo non influiranno negativamente sulla decisione del giudice in merito alla concessione delle menzionate misure [14].

Va, infine, evidenziato che il già richiamato art. 5 del recente d.l. n. 131 del 2024, convertito, con modificazioni, dalla l. n. 166 del 2024, nel recepire l'**art. 4** della **Direttiva (UE) 2016/800**, relativo al «**diritto all'informazione**», ha innestato, nella novella in esame, l'**art. 11-*bis***, rubricato «**Informazioni relative alla detenzione**», secondo il quale: «Fermo quanto previsto dall'articolo 1, quando è disposta **l'esecuzione della condanna a pena detentiva**» il minorenne (e, ovviamente il giovane adulto) «**è altresì informato** che:

a) ha diritto a che la privazione della libertà personale si svolga in **luoghi diversi** da quelli previsti per gli adulti, fino al compimento del diciottesimo anno di età e, salvi i casi previsti dalla legge, anche fino al compimento del venticinquesimo anno di età;
b) ha diritto ad un **progetto di intervento educativo** personalizzato sulla base di una valutazione individuale;
c) ha diritto ad accedere alle **misure penali di comunità** e alle altre misure alternative alla detenzione, nei casi e alle condizioni previsti dalla legge;
d) ha diritto alla **rivalutazione della decisione** dell'autorità giudiziaria circa le modalità di esecuzione della pena e la sussistenza dei presupposti per l'applicazione delle misure penali di comunità e delle altre misure alternative alla detenzione, tenuto conto che la pena detentiva è disposta solo quando le altre pene non risultino adeguate».

L'*incipit* «Fermo quanto previsto dall'articolo 1» d.lgs. n. 121 del 2018 va inteso nel senso che tali diritti si **aggiungono** a quelli contemplati nelle altre leggi che, in via sussidiaria, regolamentano l'esecuzione penale minorile (richiamate, appunto, nell'art. 1, comma 1, d.lgs. n. 121 del 2018), compresi, dunque, i diritti elencati nell'art. 12-*bis*, comma 2, l.m., dei quali il giovane condannato alla pena detentiva deve essere edotto, in quanto soggetto «sottoposto alla limitazione della libertà personale» [15].

---

[14] Per altri rilievi in tema di giustizia riparativa, v. Cap. V, § 7.

[15] Sul punto, v. Cap. III, § 1.3.

4. *L'esecuzione penale esterna: profili generali.*

Tra le opzioni principali della delega legislativa vi è certamente la preferenza accordata alle **misure alternative alla detenzione** (art. 1, comma 85, lett. *p*, num. 4, l.d.). Agevolando un più efficace percorso di recupero e reinserimento sociale, esse rispondono alla logica del **trattamento differenziato** e della **carcerazione quale *extrema ratio***. L'idea è, dunque, quella di prevedere per il giovane condannato un modello esecutivo penale che, «pur non rinunciando alla detenzione, vi ricorra solo quando nessun altro tipo di trattamento possa consentire di contemperare le esigenze sanzionatorie e di sicurezza con le istanze pedagogiche di una personalità in evoluzione» [16].

Sulla scorta di tale premessa, si è scelto di denominare «**misure penali di comunità**» gli istituti che garantiscono l'esecuzione della pena fuori dal carcere e di riservare ad essi uno spazio topograficamente anticipato (capo III) rispetto a quello assegnato all'esecuzione intramuraria (capo IV). In tal modo, emerge chiaramente «l'opzione di sistema e la prospettiva verso cui tendere» [17]: tali misure non sono alternative al carcere, ma costituiscono «la **scelta prioritaria** operata dal legislatore». Con la specificazione "**comunità**" si mira a sottolineare anche un ulteriore aspetto, «e cioè il coinvolgimento diretto ed immediato della **collettività** nel processo di recupero e reinserimento sociale del minorenne» [18]. In altri termini, essendo l'appartenenza ad una comunità una condizione base per lo sviluppo identitario di ogni singolo individuo, l'opzione lessicale appare eloquente laddove colloca il minore deviante in una nuova dimensione collettiva da cui partire per strutturare la propria personalità. Avviare il minore ad una misura di "comunità" significa, dunque, in qualche modo, tentare di restituirlo all'ambiente di appartenenza all'esito di un percorso di maturazione, in cui un grande contributo per la buona riuscita dello stesso proviene proprio da quella collettività dalla quale il minore si era allontanato con l'azione delittuosa [19].

Le misure penali di comunità, elencate nell'art. 2, comma 1, d.lgs. n. 121 del 2018, sono: l'affidamento in prova al servizio sociale (art. 4), l'affidamento in prova con detenzione domiciliare (art. 5), la detenzione domiciliare (art. 6), la semilibertà (art. 7) e l'affidamento in prova in casi particolari. Ad eccezione dell'affidamento in prova con detenzione domiciliare, le altre misure sono già

---

[16] *Relazione illustrativa*, cit., p. 3.

[17] *Relazione illustrativa*, cit., p. 3.

[18] *Relazione illustrativa*, cit., p. 3.

[19] Così F. TRIBISONNA, *La disciplina per l'esecuzione delle pene nei confronti dei condannati minorenni tra buoni propositi e innegabili criticità*, in *Proc. pen. e giustizia*, 2019, p. 725.

conosciute al nostro sistema penitenziario come alternative alla detenzione per il condannato adulto.

Il legislatore, nei restanti commi dell'art. 2 d.lgs. n. 121 del 2018 (ben undici), definisce i presupposti, fissa l'ambito applicativo, detta i criteri per orientare l'autorità giudiziaria nelle valutazioni discrezionali che le competono, individua i soggetti che intervengono in tale settore e le relative attività.

Innanzi tutto, le misure penali di comunità – la cui **durata** corrisponde a quella della pena da eseguire (comma 6) – possono essere applicate «quando **risultano** idonee a favorire l'evoluzione positiva della personalità, un proficuo percorso educativo e di **recupero**, sempre se non vi sia il pericolo che il condannato si sottragga all'esecuzione o commetta altri reati»; tutte le misure «devono prevedere uno **specifico programma di intervento educativo**» (comma 2) che, costruito sulle esigenze del singolo, senza pregiudizio per i percorsi educativi in atto, miri ad assicurare un rapido e positivo inserimento sociale, con il minor sacrificio della libertà personale (comma 5). Il **Tribunale di sorveglianza** acquisisce informazioni sul contesto di vita familiare e ambientale, sui precedenti delle persone con cui il giovane reo convive e sull'idoneità del domicilio indicato per l'esecuzione della misura (comma 10) e **decide** sulla base dei risultati dell'osservazione e della valutazione della personalità del condannato, delle condizioni di salute psico-fisica, dell'età e del grado di maturità, del contesto di vita e di ogni altro elemento utile, tenuto conto della proposta di programma di intervento educativo e dei percorsi formativi in atto (comma 4).

Per assicurare il **mantenimento e il rafforzamento delle relazioni socio-familiari** – indispensabili per garantire un più agevole rientro nel proprio ambiente di vita –, è affermato il **principio di territorialità**: l'esecuzione avviene, cioè, principalmente «nel contesto di vita del minorenne [...]»; la regola è **derogabile** solo ove vi siano «**motivi contrari**» – si pensi alla situazione del minore straniero non accompagnato – o «collegamenti con la **criminalità organizzata**» (comma 7), evidentemente così radicati da rendere necessario, dal punto di vista educativo, un allontanamento, nella prospettiva di un futuro e positivo inserimento sociale.

Per agevolare l'impiego di tali strumenti esecutivi anche in situazioni-limite, ove è carente un **domicilio idoneo**, è prevista, poi, la possibilità di collocare l'interessato in una comunità pubblica o privata che, in deroga a quanto statuito dalla lett. *a* dell'art. 10 d.lgs. n. 272 del 1989, può essere organizzata anche in modo da ospitare solamente minorenni sottoposti a procedimento penale, ovvero in esecuzione di pena (comma 8).

Particolare importanza riveste l'ufficio di servizio sociale per minorenni (da ora U.S.M.M.), al quale sono affidati diversi compiti: predisporre «la proposta di programma di intervento educativo» (comma 4); effettuare l'osservazione scientifica della personalità, con l'acquisizione di tutti i dati giudiziari e penitenziari, sanitari, psicologici e sociali (comma 9); organizzare i necessari interventi volti ad individuare un domicilio o un'altra situazione abitativa che consenta l'applicazione della misura penale di comunità (comma 11).

Assolutamente **stridente** con il complesso delle prescrizioni sinora analizzate – tutte protese a garantire al giovane condannato l'inserimento in un percorso di recupero sociale, finalizzato a neutralizzare quei fattori di disagio giovanile sfociati nella commissione di un illecito penale – e in chiara lotta di collisione con le linee guida contenute nell'art. 1, comma 85, lett. *p*, num. 5 e 6, l.d. n. 103 del 2017 – che impongono, rispettivamente, l'«**ampliamento dei criteri per l'accesso** alle misure alternative alla detenzione» e l'«**eliminazione** di ogni automatismo e **preclusione** per la revoca o **concessione** dei benefici penitenziari» –, era il **comma 3** dell'art. 2 d.lgs. n. 121 del 2018, che estendeva al minorenne e all'infraventicinquenne le **preclusioni** di cui all'art. **4-*bis*, commi 1 e 1-*bis*, ord. penit.**: al condannato per i gravi delitti espressamente elencati in tale disposizione le misure penali di comunità (nonché i permessi premio e l'assegnazione al lavoro esterno) potevano essere concesse a **condizione** che il giovane reo avesse **collaborato con la giustizia**.

A rimuovere tale sbarramento automatico ha provveduto la **Corte costituzionale** [20], che ha dichiarato l'**illegittimità** del comma in questione, non solo in relazione all'art. **76 Cost.** – per contrasto con le direttive impartite dal legislatore delegante –, bensì anche per violazione degli artt. **27, comma 3, Cost. e 31, comma 2, Cost.**, «espressivi della necessità di un trattamento differenziato» e di valutazioni, da parte del giudice, «fondate su **prognosi individualizzate** in funzione del recupero» del giovane deviante. Per la Corte costituzionale, dunque, il richiamo ai criteri posti dall'art. 4-*bis* ord. penit. determinerebbe «un irrigidimento della disciplina dell'accesso ai benefici penitenziari»: in ragione del titolo di reato per cui è intervenuta la condanna verrebbe «**impedita al giudice una valutazione individuale** sul concreto percorso rieducativo» compiuto dal condannato; in tal modo, le finalità di prevenzione generale e di difesa sociale finirebbero «per prevalere su quelle di educazione e risocializzazione».

Dal superamento di tale meccanismo preclusivo – ha puntualizzato la Corte costituzionale a chiusura della sua pronuncia – «non deriva in ogni caso una **generale fruibilità dei benefici**» per il giovane autore dei delitti elencati nell'art. 4-*bis* ord. penit.: al Tribunale di sorveglianza «compete, infatti, la valutazione **caso per caso** dell'idoneità e della meritevolezza delle misure extramurarie, secondo il progetto educativo costruito sulle esigenze del singolo. Solo attraverso il necessario vaglio giudiziale è possibile tenere conto, ai fini dell'applicazione dei benefici penitenziari, delle ragioni della mancata collaborazione,

[20] Corte cost., 6 dicembre 2019, n. 263.

delle condotte concretamente riparative e dei progressi compiuti nell'ambito del percorso riabilitativo, secondo quanto richiesto dagli artt. 27, comma 3, e 31, comma 2, Cost.».

Il Tribunale di sorveglianza, nel disporre la misura *extra moenia*, deve individuare l'**attività di utilità sociale** da svolgere, anche a titolo gratuito o di volontariato, **compatibilmente con i percorsi** di istruzione, formazione professionale, le esigenze di studio, lavoro, famiglia e salute del minorenne (art. 3, commi 1 e 2, d.lgs. n. 121 del 2018). La previsione è finalizzata a **responsabilizzare il minore** che, analogamente a quanto avviene nel procedimento di cognizione attraverso gli istituti della messa alla prova e del percorso rieducativo, è chiamato in prima persona nella costruzione di un progetto sociale, che riapra la speranza di una realizzazione personale e consenta un proficuo inserimento nella società. Le misure di comunità, dunque, presentano una **spiccata valenza pedagogica**: al giovane condannato è offerta la possibilità di riscattarsi, impegnandosi in un percorso di crescita, attraverso una **condotta** rispettosa delle regole e dei diritti altrui, ben lontana da quella disfunzionale e deviante che lo ha catapultato nel circuito processuale. Con il provvedimento applicativo sono fissate, altresì, le modalità con cui il **nucleo familiare** è coinvolto nel progetto educativo; se necessario, possono essere adottati anche i **provvedimenti civili** di cui all'art. 32, comma 4, l.m. (art. 3, comma 3, d.lgs. n. 121 del 2018).

4.1. (Segue) *Le singole misure penali di comunità.*

Le misure penali di comunità applicabili al minore e al giovane adulto sono disciplinate in una scala di graduale **afflittività**: da quella più favorevole – **l'affidamento in prova al servizio sociale** – a quella più gravosa, che è la **semilibertà**.

1) L'affidamento in prova al servizio sociale (art. 4) è la misura che «più di ogni altra è in grado di soddisfare le istanze educative del condannato minorenne e giovane adulto [...], atteso il suo prevalente carattere pedagogico e i ridotti contenuti afflittivi» [21].

Per usufruire della misura è necessario che la pena da eseguire – inflitta in concreto o residuo di maggiore pena – **non superi i quattro anni di reclusione**. Il limite edittale, che sostituisce quello, più **congruo, di sei anni**, previsto inizialmente nello schema del decreto legislativo, tradisce le aspettative del legislatore delegante (art. 1, comma 85, lett. *p*, num. 5, l.d.): si tratta, infatti, dello stesso sbarramento stabilito per l'adulto (art. 47, comma 3-*bis*, ord. penit.).

---

[21] *Relazione illustrativa*, cit., p. 8.

Il giovane reo è affidato all'U.S.S.M. ed è chiamato a svolgere uno **specifico programma di intervento educativo** (comma 1) – elaborato in collaborazione con i servizi socio-sanitari territoriali – che contiene una **serie di prescrizioni** concernenti l'istruzione, la formazione professionale, il lavoro, la dimora, la libertà di movimento e di frequentazioni personali (comma 2), nonché **obblighi di assistenza familiare** e **altre attività utili** per l'educazione e il positivo inserimento sociale, «compreso, quando è opportuno, il collocamento in comunità» (comma 3), ad esempio, perché il condannato non ha un domicilio idoneo.

L'**ordinanza** con la quale il Tribunale di sorveglianza dispone la misura deve indicare il **ruolo dei servizi coinvolti** e le **modalità di svolgimento** delle attività prescritte (comma 4). I servizi sociali hanno un **compito fondamentale**, non solo nella preliminare fase di predisposizione del progetto bensì, anche, in quella successiva di esecuzione della misura; in particolare, essi **incontrano l'affidato e lo assistono** nel percorso di reinserimento sociale – mettendosi, altresì, in relazione con la famiglia e con gli altri ambienti di vita del condannato – (comma 6) e presentano al magistrato di sorveglianza eventuali istanze tese alla **modifica delle prescrizioni** (comma 5), laddove lo ritengano necessario.

2) L'affidamento in prova con detenzione domiciliare (art. 5) è una misura **ignota** al sistema penitenziario dell'adulto, introdotta in ossequio al criterio di cui all'art. 1, comma 85, lett. *p*, num. 4, l.d. n. 103 del 2017 ed utilizzabile quando l'affidamento in prova al servizio sociale si riveli **insufficiente**.

In definitiva, il giudice ricorrerà a tale misura nei casi in cui risulti necessario **rafforzare il programma** di intervento educativo, attraverso un'**ulteriore prescrizione**: quella di **non allontanarsi** «in giorni determinati della settimana» dall'abitazione o da altro luogo pubblico o privato di cura, assistenza e accoglienza o dalla comunità (comma 1).

Si tratta, dunque, di una misura dalla natura composita, a metà strada tra l'**affidamento in prova** al servizio sociale e la **detenzione domiciliare**: rispetto alla prima, è più afflittiva, perché richiede un **obbligo aggiuntivo** che incide sulla libertà di movimento; rispetto alla seconda, è meno gravosa, perché impone la permanenza nel luogo prescritto solo in **predeterminati** giorni della settimana. Dalla detenzione domiciliare mutua, comunque, struttura e disciplina (comma 2). Resta fermo, tuttavia, che le **condizioni di accesso** sono quelle dell'affidamento in prova al servizio sociale: la pena da eseguire – inflitta in concreto o residuo di maggiore pena – **non deve superare i quattro anni di reclusione**.

3) La **detenzione domiciliare** (art. 6) – che presuppone l'assenza delle condizioni per accedere alle altre due **più favorevoli** misure *ex* artt. 4 e 5 d.lgs. n. 121 del 2018 (comma 1) –, consente al condannato di espiare nella propria abitazione o in altro luogo pubblico o privato di cura, assistenza e accoglienza o presso una **comunità** la pena detentiva da eseguire in **misura non superiore a tre anni**; il limite di pena – inflitta in concreto o residuo di maggiore pena – è più ampio di un anno rispetto a quello fissato per l'adulto dall'art. 47-*ter*, comma 1-*bis*, ord. penit. La disposizione recepisce, quindi, il criterio di cui all'art. 1, comma 85, lett. *p*, num. 5, l.d.

Significativo è il richiamo alla **comunità** come luogo di esecuzione: tale misura, più di ogni altra, richiede un **domicilio idoneo**; per non pregiudicare i diritti e le legittime aspettative del giovane reo che, privo di risorse e di riferimenti socio-familiari sul territorio, sarebbe destinato ad un'esecuzione *intra moenia*, è prevista la possibilità di eseguire la misura non solo presso dimore private, bensì, eventualmente, anche in strutture comunitarie di accoglienza.

Diversamente da quanto stabilito per la simmetrica misura applicabile all'adulto – che differisce dalla detenzione in carcere soltanto per il luogo ove ne viene data esecuzione e risulta quasi totalmente priva di contenuto trattamentale – all'obbligo di "stare" si affiancano altri doveri, **funzionali all'educazione** del giovane condannato e al suo inserimento nella società. Nello specifico, il soggetto sottoposto alla detenzione domiciliare, non solo è tenuto a **non allontanarsi** dal luogo di esecuzione della misura senza l'autorizzazione (comma 4), ma deve, altresì, **seguire le prescrizioni** imposte dal magistrato di sorveglianza – secondo le modalità fissate nell'art. 284 c.p.p. e tenendo conto del **programma di intervento educativo** (comma 2) –, finalizzate a favorire lo svolgimento di attività esterne – di istruzione, formazione professionale, lavoro, culturali, sportive –, utili al successo formativo e all'inclusione (comma 3); il condannato che si allontani dal luogo di esecuzione senza la prescritta autorizzazione del magistrato di sorveglianza commette il **delitto di evasione** *ex* art. 385 c.p. (comma 4).

L'*incipit* dell'art. 6 d.lgs. n. 121 del 2018 fa salva la disciplina generale di cui agli **artt. 47-*ter*, comma 1, 47-*quater* e 47-*quinquies* ord. penit.**, che regolamentano la c.d. **detenzione domiciliare umanitaria**; in particolare, la prima disposizione attiene alla detenzione domiciliare del condannato che versi in particolari **condizioni di fragilità fisica o psichica** – ossia, la **donna incinta** o la madre di prole di età inferiore a dieci anni con lei convivente; il **padre**, esercente la responsabilità genitoriale, di prole di età inferiore a dieci anni con lui convivente, quando la madre sia deceduta o altrimenti assolutamente impossibilitata a dare assistenza alla prole; il **malato grave** che abbia bisogno di costanti contatti con i presidi sanitari territoriali; la persona **minore di ventuno anni**, per comprovate esigenze di salute, di studio, di lavoro e di famiglia [22] – che

[22] L'ulteriore ipotesi, richiamata nell'art. 47-*ter*, comma 1, ord. penit., della persona di età superiore a sessanta anni, se inabile anche parzialmente, non rileva – è evidente – nel rito minorile.

debba scontare una pena detentiva **non superiore ai quattro anni**, anche se parte residua di maggior pena; gli artt. 47-*quater* e 47-*quinquies* ord. penit. disciplinano, invece, rispettivamente, la detenzione domiciliare del **soggetto affetto da AIDS** conclamata o da grave deficienza immunitaria e la detenzione domiciliare **speciale** della **madre** di prole di età non superiore ai dieci anni, che possono essere disposte a prescindere dalla durata della pena da scontare [23].

4) La **semilibertà** (art. 7) – corrispondente alla misura disciplinata per l'adulto negli artt. 48-51 ord. penit. – consente al condannato minorenne e infraventicinquenne di trascorrere **parte del giorno fuori dall'istituto** penitenziario per partecipare ad attività di istruzione, formazione professionale, lavoro, utilità sociale o comunque funzionali all'inclusione sociale. Può usufruire di tale misura il condannato che abbia scontato almeno **un terzo della pena** per un reato comune; per i delitti di cui all'art. 4-*bis* ord. penit., «si tiene conto, altresì, del significativo rapporto tra la pena espiata e la pena residua» (comma 1). Le condizioni per accedere al beneficio sono **più favorevoli** di quelle previste per l'adulto che, a mente dell'art. 50, comma 2, ord. pen., può godere della semilibertà se ha scontato almeno la **metà della pena** e, per i delitti *ex* art. 4-*bis*, almeno **due terzi** di essa. Anche per questa misura, dunque, il legislatore ha recepito il criterio di cui all'art. 1, comma 85, lett. *p*, num. 5.

Come precisato nella Relazione illustrativa, la semilibertà, nonostante rappresenti una modalità esecutiva della pena a carattere marcatamente **detentivo** – e tale resta pure per il giovane condannato –, «è anche la misura che più risponde al principio della **progressione trattamentale**» [24]; il **programma di intervento** educativo elaborato – che indica gli orari di rientro in istituto e le altre prescrizioni da osservare all'esterno, relative anche ai rapporti con la famiglia e con l'U.S.M.M. (comma 2) – deve, pertanto, far leva su quelle prestazioni che implicano un maggiore impegno e coinvolgimento nella prospettiva dell'inserimento sociale (attività di istruzione, formazione professionale, lavoro e pubblica utilità). Tale spiccata vocazione di recupero può efficacemente realizzarsi solo consentendo una "**gestione flessibile**" del condannato. In questa prospettiva, il soggetto ammesso alla semilibertà può essere trasferito in un altro istituto penitenziario che agevoli l'organizzazione e lo svolgimento delle attività esterne e il consolidamento delle relazioni socio-familiari (comma 3).

Come per l'adulto, il condannato che, senza giustificato motivo, non rientri in istituto o rimanga assente per un tempo **superiore alle dodici ore** è punito a norma dell'art. 385 c.p. ma, se si costituisce, la pena è diminuita; per il condannato

---

[23] Quanto alla possibilità di applicare la detenzione domiciliare surrogatoria *ex* art. 47-*ter*, comma 1-*ter*, ord. penit., v., *infra*, § 6.

[24] *Relazione illustrativa*, cit., p. 11.

assente dall'istituto, senza giustificato motivo, per **non più di dodici ore**, scatta la sanzione disciplinare; in entrambi i casi, la semilibertà può essere **revocata** (comma 4).

5) L'affidamento in prova in casi particolari, sebbene sia menzionato nel catalogo *ex* art. 2, comma 1, d.lgs. n. 121 del 2018, non è oggetto di un'autonoma disciplina. È verosimile ritenere che, con tale misura, il legislatore abbia voluto alludere all'**affidamento in prova per tossicodipendenti** di cui all'art. 94 d.P.R. 9 ottobre 1990, n. 309. Due **appigli formali** confortano l'impostazione prospettata: l'art. 2, comma 12, d.lgs. n. 121 del 2018, nell'estendere alle misure penali di comunità la disciplina che la l. n. 354 del 1975 detta per le simmetriche misure alternative alla detenzione, richiama espressamente «l'affidamento in casi particolari» *ex* d.P.R. n. 309 del 1990; l'art. 11, comma 1, d.lgs. n. 121 del 2018, poi – come si vedrà più avanti –, a proposito del limite edittale di pena che consente l'accesso alle misure penali di comunità, precisa che, «per l'affidamento in prova in casi particolari», vale «quanto previsto» dall'art. 94 d.P.R. n. 309 del 1990.

La misura consiste nell'affidare in prova al servizio sociale il **condannato tossicodipendente o alcooldipendente** che abbia in corso un programma di recupero o che ad esso intenda sottoporsi. Per accedere alla misura il condannato deve espiare una pena detentiva, anche residua, **non superiore ai sei anni** ovvero non superiore ai **quattro anni** se si tratta di condanna per un delitto di cui all'art. 4-*bis* ord. penit. Rispetto all'affidamento in prova ai servizi sociali *ex* art. 4 d.lgs. n. 121 del 2018, le prescrizioni imposte, chiaramente, sono più "specialistiche", di **tipo terapeutico**, finalizzate a superare la situazione di dipendenza; all'attività di supporto dei servizi sociali, si aggiunge, dunque, inderogabilmente, l'assistenza svolta dagli **operatori sanitari**.

4.2. (Segue) *Il procedimento: adozione, sostituzione, revoca ...*

Il legislatore del 2018 racchiude in un'unica disposizione – **l'art. 8** – le regole da osservare in tema di **adozione**, **sostituzione e revoca** delle misure penali di comunità. La norma «mira a **razionalizzare e uniformare** le procedure comuni a tutte le misure»[25], così superando quella **frammentarietà** che caratterizza la disciplina relativa alle misure alternative alla detenzione applicabili all'adulto, contenuta nella l. n. 354 del 1975 e in parte affidata al relativo regolamento di attuazione (d.P.R. n. 230 del 2000).

L'elemento qualificante dell'intervento in materia è **l'eliminazione di ogni automatismo**: le modifiche del regime esecutivo sono subordinate alla valuta-

---

[25] *Relazione illustrativa*, cit., p. 11.

zione discrezionale dell'organo giurisdizionale, come espressamente richiesto dal legislatore delegante (art. 1, comma 85, lett. *p*, num. 6, l.d.).

Legittimati a chiedere le misure sono: per il minorenne, **l'esercente la responsabilità genitoriale** o il suo **difensore**; per il maggiorenne, **l'interessato** e il suo **difensore**. L'istanza può essere presentata anche dal **pubblico ministero** e dall'**U.S.M.M.** (comma 1).

Le misure **non possono essere disposte d'ufficio**. Su tale **preclusione** – che non opera nel procedimento di sorveglianza relativo al condannato adulto (cfr. art. 678, comma 1, c.p.p.) – la Relazione illustrativa [26] si sofferma ampiamente: la scelta per un modello attivabile ad **istanza di parte** discende, da un lato, dal superamento della concezione che attribuiva al Tribunale per i Minorenni «una funzione di carattere "tutelare" del minore, considerato più come soggetto incapace, da proteggere, che come persona titolare di diritti»; dall'altro, dalla necessità di **responsabilizzare** il giovane reo. Sotto altro profilo ancora, poi, la procedibilità ad istanza – che impone al condannato l'elezione del domicilio, con conseguente **velocizzazione delle notifiche** dell'udienza – garantisce il rispetto del **principio della ragionevole durata** che, in tale sede, è ancora «più importante», «atteso il rischio che il condannato superi di fatto i **venticinque anni** al momento dell'esecuzione senza poter contare» sui benefici del sistema minorile. Quanto all'obiezione che il mancato intervento ufficioso del giudice potrebbe recare pregiudizio al soggetto sprovvisto di mezzi o di una adeguata assistenza, idonea a scongiurare l'ingresso nella struttura detentiva, la Relazione introduttiva risponde così: «le eventuali situazioni di marginalità sociale o scarse risorse personali e familiari che possono riguardare alcuni minorenni non adeguatamente assistiti, potranno trovare soluzione negli strumenti già presenti nel sistema. Ai minori sono, infatti, garantiti tutori, difesa tecnica, impulso del pubblico ministero minorile e del servizio sociale» [27].

La **competenza** a **decidere** è attribuita, in via generale, al **Tribunale di sorveglianza** per i minorenni; l'applicazione in **via provvisoria** è demandata al **magistrato di sorveglianza**, il quale procederà – secondo la disciplina dettata dall'art. 47, comma 4, ord. penit. – nei casi in cui lo stato detentivo determini un grave pregiudizio al percorso di inserimento sociale del condannato (comma 2).

Sempre nella logica di **abolire ogni automatismo**, è previsto che il Tribunale di sorveglianza possa **revocare** o **sostituire** le misure, oltre che nei casi espressamente stabiliti, anche «qualora il comportamento del condannato, contrario alla legge o alle prescrizioni impartite, appaia incompatibile con la prosecuzione della misura».

---

[26] *Relazione illustrativa*, cit., p. 15.

[27] *Relazione illustrativa*, cit., p. 15 s.

Il magistrato di sorveglianza, dal canto suo, può disporre la **sospensione** in via **provvisoria** della misura; può, altresì, **sostituire** la misura sospesa con un'altra (comma 4), presumibilmente – in applicazione del simmetrico art. 51-*ter* ord. penit. – nelle ipotesi in cui il condannato ponga «in essere comportamenti suscettibili di determinarne la revoca». L'operato del magistrato deve essere convalidato dal Tribunale di sorveglianza che, ricevuti immediatamente gli atti, deve assumere le decisioni di sua competenza entro il termine di **trenta giorni**, a pena di perdita di efficacia del provvedimento di sospensione (comma 4).

Infine, il legislatore, si è preoccupato di colmare una **lacuna normativa** contenuta nella l. n. 354 del 1975, a proposito del **computo del periodo trascorso** in esecuzione di una misura penale di comunità **revocata**.

Il problema sostanzialmente esisteva solo per l'affidamento in prova al servizio sociale o per quello con detenzione domiciliare, poiché, per la detenzione domiciliare e la semilibertà – trattandosi di misure a **carattere detentivo** –, non era revocabile in dubbio che **l'intero periodo** dovesse essere scomputato dalla pena ancora da eseguire. La regola, ora, è espressa *claris verbis* nella disposizione in esame, mentre, per le altre due misure (affidamento in prova al servizio sociale e affidamento in prova con detenzione domiciliare), è stabilito che il Tribunale di sorveglianza **determina la pena da espiare**, «tenuto conto della durata della misura concessa, delle limitazioni imposte al condannato e del suo comportamento durante il periodo trascorso» (comma 5).

4.2.1. (Segue) ... *ed esecuzione.*

Il procedimento esecutivo – del quale si occupa l'**art. 11** d.lgs. n. 121 del 2018, che mutua il contenuto dell'art. 656 c.p.p. – è diretto a favorire un **rapido accesso** alle misure penali di comunità: il pubblico ministero, nei casi in cui la pena detentiva non sia superiore a **quattro anni** – **sei anni** per l'affidamento in prova *ex* art. 94 d.P.R. n. 309 del 1990 –, anche se parte residua di maggior pena, emette l'ordine di esecuzione e **contestualmente ne dispone la sospensione**, salvo che il condannato si trovi per il fatto oggetto della condanna in stato di custodia cautelare ovvero sia detenuto in carcere o in istituto penitenziario minorile per altro titolo definitivo (comma 1).

L'ordine di esecuzione e il decreto di sospensione **sono notificati** al condannato, al difensore nominato per la fase esecutiva o, in difetto, al difensore che ha operato nel giudizio e, se il condannato è minore degli anni diciotto, agli esercenti la responsabilità genitoriale, con l'avviso che, nel termine di **trenta giorni**, può essere presentata una **richiesta** – corredata di dichiarazione o elezione di domicilio – al **Tribunale di sorveglianza** per l'applicazione di una misura di comunità; l'istanza va depositata presso l'ufficio del pubblico ministero, che ne cura l'immediata trasmissione al Tribunale competente unitamente agli atti (comma 2)[28].

Nel caso di **inerzia** del soggetto legittimato, il pubblico ministero **revoca la sospensione** dell'ordine di esecuzione (comma 4). Ciò significa che il condannato **farà ingresso nell'istituto penitenziario minorile** e potrà comunque presentare successivamente la **richiesta** per l'applicazione della misura.

Ove l'istanza sia regolarmente presentata, il Tribunale di sorveglianza, entro il **termine di quarantacinque giorni**, fissa l'udienza a norma dell'art. 666, comma 3, c.p.p. e ne fa dare avviso al condannato, agli esercenti la responsabilità genitoriale (o alla persona idonea, a norma degli artt. 7 e 12, comma 1-*bis*, l.m.) nel caso di infradiciottenne, nonché al pubblico ministero, al difensore e ai servizi sociali minorili dell'amministrazione della giustizia (comma 5). Con questo avviso, le parti sono, altresì, invitate a depositare, almeno cinque giorni prima della data fissata per l'udienza, memorie e documenti utili per l'applicazione della misura. I servizi sociali minorili presentano, anche in udienza, la relazione personologica e sociale svolta sul minorenne, nonché il progetto di intervento redatto sulla base delle specifiche esigenze del condannato. Resta salva, in ogni caso, la facoltà del Tribunale di sorveglianza di procedere, **anche d'ufficio**, all'acquisizione di documenti o di informazioni o all'assunzione di prove, a norma dell'art. 666, comma 5, c.p.p. (comma 6).

Il Tribunale decide con **ordinanza** (art. 666, comma 6, c.p.p.): se **rigetta** l'istanza, il detenuto ha il diritto di presentarne una **nuova**, purché non costituisca mera riproposizione di quella precedente, basata sui medesimi elementi; se così fosse, verrebbe dichiarata **inammissibile** (art. 666, comma 2, c.p.p.).

Se **accoglie** la richiesta, si apre il procedimento di esecuzione della misura, disciplinato dall'**art. 12** d.lgs. n. 121 del 2018. Come già precisato[29], la competenza è affidata al **magistrato di sorveglianza del luogo ove la misura deve essere eseguita** (comma 1). Egli, se ne ravvisa l'opportunità, in presenza di elementi sopravvenuti, può **modificare** le **prescrizioni**, con decreto motivato, dandone notizia all'U.S.M.M. (comma 2); quest'ultimo, in collaborazione con i servizi socio-sanitari territoriali, svolge le consuete attività di controllo, assistenza e sostegno del condannato (comma 3).

---

[28] Va precisato che l'art. 11 d.lgs. n. 121 del 2018 non indica il Tribunale di sorveglianza territorialmente competente a pronunciarsi sull'istanza della misura penale di comunità. In virtù del principio di sussidiarietà, deve, pertanto, ritenersi applicabile l'art. 656, comma 6, c.p.p., che, in deroga all'ordinaria regola fissata nell'art. 677, comma 2, c.p.p., affida la competenza a decidere sull'istanza di misura alternativa alla detenzione proposta dal condannato libero a seguito di sospensione dell'ordine di esecuzione, al Tribunale di sorveglianza del «luogo in cui ha sede l'ufficio del pubblico ministero» che ha emesso (e temporaneamente sospeso) l'ordine di esecuzione.

[29] *Retro*, § 2.

Nell'ottica di preservare i risultati trattamentali raggiunti, il legislatore garantisce al condannato che abbia **terminato l'esecuzione** della misura o che, compiuti i **venticinque anni**, sia transitato dal circuito penitenziario minorile a quello ordinario, la **prosecuzione** dell'intervento educativo avviato: il primo è preso in carico dai servizi socio-sanitari territoriali, che continueranno a svolgere le **attività** di assistenza e sostegno, anche curando, ove necessario, i contatti con i familiari e con le altre figure di riferimento (comma 4); il secondo **proseguirà** l'esecuzione della misura, ove ne ricorrano le condizioni, con le modalità previste dalla l. n. 354 del 1975; a tal fine, il magistrato di sorveglianza per i minorenni trasmetterà gli atti a quello ordinario (comma 5).

L'**art. 13** d.lgs. n. 121 del 2018 – che chiude il capo III – è dedicato alla **sopravvenienza, durante l'esecuzione di una misura penale di comunità**, di un titolo esecutivo di un'altra pena detentiva per **fatti commessi da minorenne**. La disciplina è costruita sulla falsariga di quella contemplata per l'adulto nell'art. 51-*bis* ord. penit.: il pubblico ministero sospende l'ordine di esecuzione se ricorrono le condizioni *ex* art. 11, comma 1, d.lgs. n. 121 del 2018 e trasmette gli atti al magistrato di sorveglianza, il quale, se ritiene sussistenti le condizioni per la prosecuzione della misura, la dispone con ordinanza, altrimenti ordina la cessazione dell'esecuzione (comma 1). Avverso l'ordinanza è ammesso il **reclamo** al Tribunale di sorveglianza ai sensi dell'art. 69-*bis* ord. penit. (comma 2).

5. *L'esecuzione penale* intra moenia.

La riforma del 2018, sempre nell'ottica di favorire le attività di formazione e di risocializzazione del condannato, ha introdotto rilevanti novità in tema di **trattamento penitenziario *intra moenia***. Ad esso è dedicato un intero capo – il IV – la cui norma di apertura – l'art. 14 – definisce il progetto di intervento educativo che sta alla base della permanenza del giovane reo nell'Istituto penitenziario per i minorenni (da ora I.P.M.).

Il progetto educativo va predisposto entro **tre mesi** dall'inizio dell'esecuzione, previo ascolto del condannato; elaborato secondo i principi della **personalizzazione** delle prescrizioni e della **flessibilità** esecutiva, esso tiene conto delle attitudini e della personalità del condannato: contiene, infatti, indicazioni sulle modalità con cui coltivare le relazioni con il mondo esterno, attuare la vita di gruppo, svolgere le varie attività di istruzione, formazione professionale, lavoro e tutti gli altri impegni culturali, sportivi e di tempo libero, utili al recupero sociale e alla prevenzione del rischio di commissione di ulteriori reati (comma 1).

All'ingresso in istituto, è garantito un **supporto psicologico** da parte di personale specializzato, utile anche per la prevenzione del rischio di atti di autolesionismo e di suicidio e per la predisposizione del progetto educativo (comma 2). Quest'ultimo, illustrato al condannato con linguaggio comprensibile, è costantemente **aggiornato** – considerati il grado di adesione alle opportunità offerte, l'evoluzione psico-fisica e il percorso di maturazione e di responsabilizzazione – (comma 3) e assicura la graduale **restituzione di spazi di libertà** in funzione dei progressi raggiunti (comma 4).

Il legislatore ha dettato, poi, una serie di regole che disciplinano la **permanenza negli istituti**.

L'**assegnazione** dei detenuti (art. 15), in linea con le indicazioni contenute nella l. n. 354 del 1975, avviene assicurando la **separazione** del minorenne dal giovane adulto, dell'imputato dal condannato e della donna – ospitata in istituti o sezione apposite – dall'uomo; le **camere** di pernottamento (art. 16) devono essere adattate alle esigenze di vita individuale del condannato e possono ospitare un massimo di **quattro** detenuti; si tratta di una importante novità rispetto all'art. 6 ord. penit., che non prevede limiti massimi di capienza per camera.

Possono essere organizzate sezioni **a custodia attenuata** (art. 21) per ospitare detenuti non pericolosi o prossimi al fine pena e ammessi allo svolgimento di attività esterne. L'organizzazione di tali strutture deve prevedere spazi di autonomia nella gestione della vita personale e comunitaria, funzionale ad avviare il percorso di dimissione e preparare il ritorno alla vita libera.

Quanto alla **permanenza all'aperto** (art. 17), il legislatore, ritenendola una buona occasione per favorire la socialità e proseguire l'intervento educativo, garantisce – come l'art. 10 ord. penit. – **quattro** ore d'aria al giorno (salvo possibili riduzioni per specifici motivi), in spazi attrezzati per lo svolgimento di attività ludico-sportive, alla presenza di operatori penitenziari e di volontari.

Al fine di facilitare il recupero sociale e far acquisire competenze certificate, i detenuti sono ammessi a frequentare **corsi di istruzione e di formazione** professionale, anche all'esterno dell'istituto, previa intesa con istituzioni, imprese, cooperative o associazioni; trova applicazione l'art. 21 l. n. 375 del 1975 in tema di lavoro all'esterno (art. 18).

Particolare attenzione è riservata all'esigenza di preservare le **relazioni affettive**. A tale fine, il legislatore ha fissato il principio di territorialità (art. 22) – alla stregua del quale l'assegnazione agli istituti avviene in modo tale da assicurare, salvo specifici motivi, la prossimità del condannato al luogo di residenza o di abituale dimora della famiglia – e ha previsto una disciplina *ad hoc* in tema di **colloqui** (art. 19). In particolare, il detenuto ha diritto ad **otto colloqui mensili**, di cui almeno uno da svolgersi in un giorno festivo o prefestivo, con i congiunti e con le persone con cui sussiste un significativo legame affettivo. Ogni colloquio ha una durata non inferiore a **sessanta minuti** e non superiore a **novanta**. La durata massima di ciascuna **conversazione telefonica**, mediante dispositivi, anche mobili, in dotazione dell'istituto, è di **venti minuti**. Salvo che ricorrano specifici motivi, il detenuto può usufruire di un numero di conversazioni telefoniche non inferiore a **due** e non superiore a **tre a settimana**. L'autorità giudiziaria può disporre che le conversazioni telefoniche vengano **ascoltate e registrate** per mezzo di idonee apparecchiature. È sempre disposta la registrazione delle conversazioni telefoniche autorizzate su richiesta di detenuti o internati per i delitti indicati nell'art. 4-*bis* l. n. 354 del 1975. Per i **detenuti privi di riferimenti socio-familiari** sono favoriti colloqui con volontari autorizzati ad operare nell'I.P.M. ed è assicurato un costante supporto psicologico.

Sempre nell'ottica di **favorire le relazioni affettive**, il detenuto può usufruire ogni mese di **quattro visite prolungate** della durata non inferiore a **quattro ore** e non superiore a **sei ore**, con i congiunti e le persone legate da un vincolo affettivo. Esse si svolgono in unità abitative appositamente attrezzate all'interno degli istituti, organizzate per consentire la preparazione e la consumazione di pasti e riprodurre, per quanto possibile, un ambiente di tipo domestico. Spetta al direttore dell'istituto verificare la sussistenza del legame affettivo – acquisendo le informazioni necessarie tramite l'U.S.M.M. e i servizi socio-sanitari territoriali –, nonché la sussistenza di eventuali divieti dell'autorità giudiziaria che impediscano i contatti con le predette persone.

Il regime delle **visite mediche** è regolato dall'**art. 9-*bis*** l.m. – introdotto dal già citato d.l. n. 131 del 2024, convertito, con modificazioni, dalla l. n. 166 del 2024 [30] –, con il quale il legislatore domestico ha attuato gli obblighi derivanti dalla **Direttiva (UE) 2016/800**, in particolare, l'**art. 8**, afferente al «**Diritto all'esame medico**».

L'inedita disposizione prevede, innanzi tutto, una **valutazione sanitaria del minore** sottoposto a privazione della libertà personale, senza **indebito ritardo**, finalizzata a valutarne lo stato di **salute fisica e psicologica**; in secondo luogo, prescrive una **rivalutazione** periodica, in presenza di specifiche indicazioni sanitarie o quando lo esigono le circostanze (comma 1); all'autorità giudiziaria, poi, è imposto di **tenere conto dei risultati** delle visite mediche, ai fini delle «[...] **eventuali misure adottate** o previste nei suoi confronti» (comma 2). La disciplina va coordinata con quella generale, contenuta, in particolare, nel d.P.R. n. 230 del 2000 (artt. 17, 18, 19 e 23).

La vita in istituto è presidiata da una **serie di regole interne** (art. 20), illustrate al detenuto con un linguaggio comprensibile fin dal suo ingresso, che possono così sintetizzarsi: osservare gli orari di istituto, curare l'igiene persona-

---

[30] Contenente «Disposizioni urgenti per l'attuazione di obblighi derivanti da atti dell'Unione europea e da procedure di infrazione e pre-infrazione pendenti nei confronti dello Stato italiano».

le, pulire e tenere in ordine la camera di pernottamento, partecipare alle attività trattamentali proposte, consumare i pasti nelle aree a ciò deputate e non nelle camere di pernottamento – salvo indicazione contraria del sanitario – e relazionarsi con gli operatori e con gli altri detenuti nel reciproco rispetto. Nel corso della partecipazione alle attività trattamentali è fatto divieto di trattenersi nelle camere di pernottamento, salvo casi eccezionali o per motivi di salute accertati dal sanitario.

Le **sanzioni disciplinari** (art. 23), in gran parte mutuate dall'art. 39 ord. penit., sono: rimprovero verbale e scritto, attività dirette a rimediare al danno cagionato, esclusione dalle attività comuni e ricreative per non più di dieci giorni. La prima è inflitta dal **direttore**; per le altre è competente il **consiglio di disciplina**, composto dal direttore, da un educatore e da uno dei magistrati onorari esperti addetti al T.P.F.M., designato dal presidente.

Il legislatore disciplina rigorosamente anche la dimissione (art. 24). Si tratta di un momento estremamente delicato e richiede una **fase di preparazione**, tesa ad evitare che, dopo la scarcerazione, il condannato resti privo di quell'adeguato sostegno, affettivo ed economico, necessario per poter avviare un nuovo percorso di vita, lontano dal contesto criminale. Nei sei mesi precedenti, l'U.S.M.M., in collaborazione con l'area trattamentale, **prepara e cura la dimissione**: **elabora**, per il condannato cui non siano state applicate misure penali di comunità, **programmi educativi**, di formazione professionale, lavoro e sostegno all'esterno; **cura i contatti** con i familiari di riferimento e con i servizi socio-sanitari territoriali; **potenzia**, in assenza di riferimenti familiari, **i rapporti con i servizi** socio-sanitari territoriali e con le organizzazioni di volontariato per la presa in carico del soggetto; **attiva** sul territorio tutte le risorse necessarie, in particolare per il condannato privo di legami familiari sul territorio nazionale, ovvero la cui famiglia sia irreperibile o inadeguata.

Il detenuto è tenuto a lasciare l'istituto penitenziario minorile anche in presenza di **due ulteriori circostanze**. La prima, che non è oggetto di una specifica regolamentazione da parte del d.lgs. n. 121 del 2018, si realizza quando il condannato che sta espiando la pena abbia raggiunto i **venticinque anni**.

In tal caso, il detenuto sarà assegnato ad un Istituto ordinario di detenzione e, analogamente a quanto previsto dall'art. 12, comma 5, d.lgs. n. 121 del 2018 per l'ipotesi in cui sia in corso l'esecuzione di una misura penale di comunità, per non vanificare i risultati trattamentali eventualmente raggiunti, dovrebbe essere garantita la **continuità e la coerenza dell'intervento educativo** avviato nell'I.P.M. a sostegno del giovane reo, attraverso una **collaborazione** e un **confronto** tra il personale dell'Ufficio dell'esecuzione penale esterna (U.E.P.E.) e gli operatori dei servizi minorili.

La seconda, contemplata nell'art. **10-*bis*** – introdotto dal **decreto Caivano** –, afferisce al **giovane adulto** e si concretizza in presenza di condizioni tassativamente determinate. Nello specifico, il direttore dell'I.P.M. può richiedere al magistrato di sorveglianza per i minorenni il **nulla osta al trasferimento** «presso un idoneo istituto per adulti, individuato dal Dipartimento dell'amministrazione penitenziaria del Ministero della giustizia», del detenuto che ha compiuto **ventuno anni**, quando quest'ultimo, alternativamente: 1) con i suoi comportamenti compromette la **sicurezza** ovvero turba l'ordine negli istituti; 2) con **violenza o minaccia** impedisce le attività degli altri detenuti; 3) nella vita penitenziaria si avvale dello **stato di soggezione** da lui indotto negli altri detenuti (comma 1).

I casi sono gli stessi che consentono – a mente dell'art. 14-*bis* ord. penit. – l'attivazione, per l'adulto, del regime di **sorveglianza speciale**.

La medesima disciplina opera per il condannato che abbia compiuto **diciotto anni** e **realizzi cumulativamente** le condotte precedentemente descritte (comma 2).

Il potere di decidere le sorti del giovane reo è **nelle mani del direttore dell'I.P.M.**, dal momento che il magistrato di sorveglianza minorile, quando sussistono le condizioni di cui sopra, può **negare il nulla osta solo** per «**ragioni di sicurezza**, anche del detenuto medesimo» (comma 3).

La disposizione, che tradisce lo spirito della riforma penitenziaria del 2018 – così attenta a salvaguardare le **esigenze educative** del giovane condannato – lascia sgomenti: il detenuto, varcata da poco la soglia della maturità, si ritrova espulso dal circuito penitenziario minorile e catapultato nella struttura detentiva degli adulti ove, inesorabilmente, le *chances* di risocializzazione sono destinate ad affievolirsi notevolmente.

Il legislatore del 2023, nell'intento di introdurre «misure urgenti di contrasto al disagio giovanile», si è preoccupato, così, di "ripulire" l'ambiente carcerario minorile da quei giovani condannati "difficili da trattare", che si rifiutino di aderire al percorso educativo *in itinere* o che tengano condotte idonee a vanificare le attività costruttive degli altri detenuti.

In tal modo, anche in fase esecutiva, come in sede cognitiva, torna a riproporsi l'utilizzo di strumenti modulati in una **dimensione prettamente punitiva**, ben lontani dalla logica del sostenere, educare e responsabilizzare.

6. *I vuoti normativi del d.lgs. n. 121 del 2018, il* favor minoris *e gli altri benefici applicabili.*

Seguendo una interpretazione strettamente letterale dell'art. 1, comma 1, d.lgs. n. 121 del 2018, il codice di procedura penale, la l. n. 354 del 1975, il d.P.R. n. 230 del 2000, il d.P.R. n. 448 del 1988 e il d.lgs. n. 272 del 1989 verrebbero in soccorso **esclusivamente** per colmare i **vuoti normativi** che il d.lgs. n. 121 del 2018 presenta in materia di **esecuzione e applicazione** delle **pene** e delle **misure penali di comunità**.

Dunque, il minorenne e il giovane adulto non potrebbero essere sottoposti a **misure alternative alla detenzione** diverse da quelle di cui agli artt. 4-7 d.lgs. n. 121 del 2018, né potrebbero usufruire dei **benefici penitenziari** disciplinati in altre fonti normative.

Appare chiaro che, affidandosi a questa rigorosa esegesi, si corre il rischio di esporre la novella del 2018 a **rilievi di incostituzionalità**, per violazione degli artt. 3 e 31, comma 2, Cost., poiché si assisterebbe al paradosso di avere una disciplina in materia di esecuzione penitenziaria minorile **meno favorevole** di quella predisposta per l'adulto.

Peraltro, la **Corte costituzionale** ha precisato che la differenziazione tra sistemi si giustifica sulla base del principio del ***favor minoris***, alla luce del quale il livello di garanzie e di tutela per il soggetto in età evolutiva deve essere, se non superiore, almeno pari a quello assegnato all'adulto [31]. Ed è sempre la Corte costituzionale a puntualizzare, seppur in altro settore [32], che, in assenza «di ostacoli testuali insuperabili, e dovendosi procedere ad un'interpretazione sistematica», deve darsi rilievo preminente, nella ricostruzione della disciplina minorile, «ai criteri di fondo che la ispirano, fra cui quello appunto del **trattamento più favorevole**».

E allora, in attesa che il Giudice delle leggi si faccia carico di tali delicate questioni, non resta che colmare i vuoti normativi della novella del 2018 attraverso piccole **forzature esegetiche**, in ossequio al principio del ***favor minoris***.

Innanzi tutto, vanno estesi al minore e all'infraventicinquenne gli **istituti di favore** "pensati" per l'adulto, disciplinati dalla l. n. 354 del 1975 o da altre fonti normative non richiamate dall'art. 1, comma 1 d.lgs. n. 121 del 2018, quali:

1) la **misura alternativa della detenzione domiciliare surrogatoria** *ex* art. 47-*ter*, comma 1-*ter*, ord. penit., applicabile nelle ipotesi in cui sussistano le condizioni per disporre il rinvio obbligatorio o facoltativo dell'esecuzione della pena, ai sensi degli artt. 146 e 147 c.p.;

2) la **liberazione anticipata**, disciplinata dall'art. 54 ord. penit., usufruibile dal condannato a pena detentiva che abbia dimostrato di partecipare all'opera di rieducazione, che consiste in una detrazione di **quarantacinque giorni** per ogni singolo semestre di pena scontata;

3) l'**esecuzione presso il domicilio**, regolamentata dalla c.d. l. svuota carceri (l. 26 novembre 2010, n. 199), che consente di eseguire la pena detentiva **non**

---

[31] Corte cost., 21 luglio 2000, n. 323. Sul principio, v. Capp. II, § 2 e IV, § 3.

[32] Quello delle misure cautelari.

superiore ai diciotto mesi, anche se costituente parte residua di maggior pena, presso l'abitazione del condannato o altro luogo pubblico o privato di cura, assistenza e accoglienza;

4) il **rinvio dell'esecuzione della pena** *ex* artt. 146-147 c.p., applicabile quando il condannato sia affetto da A.I.D.S. conclamata, o da grave deficienza immunitaria, o da altra malattia particolarmente grave, per effetto della quale le condizioni di salute del condannato risultano incompatibili con lo stato di detenzione;

5) la **sospensione dell'esecuzione della pena detentiva** di cui all'art. 90 d.P.R. n. 309 del 1990, che può essere disposta per cinque anni, nei confronti del condannato che debba espiare una pena detentiva inflitta per reati commessi in relazione al proprio stato di tossicodipendente.

In secondo luogo, restano applicabili le **misure premiali** disciplinate dalla l. n. 354 del 1975 o da altre fonti normative non menzionate nell'art. 1, comma 1, d.lgs. n. 121 del 2018, per le quali sono contemplate regole *ad hoc* per il minorenne, come:

1) la **liberazione condizionale**, regolamentata dagli artt. 176 e 177 c.p. per il maggiorenne e dall'art. 21 R.d.l. 20 luglio 1934, n. 1404 per l'infradiciottenne; essa comporta la **sospensione dell'esecuzione della pena** che resta da scontare e la sottoposizione del condannato a **libertà vigilata**. Presupposto cardine per l'accesso a tale misura è che, durante il tempo di esecuzione, il condannato abbia tenuto un comportamento tale da far ritenere sicuro il suo **ravvedimento**; il maggiorenne può beneficiare della misura se ha scontato **almeno trenta mesi** e comunque almeno la metà della pena inflittagli, e sempre se il residuo pena non superi i cinque anni; il minore, invece, può lasciare l'istituto di detenzione in qualunque momento dell'esecuzione e **qualunque sia la durata** della pena detentiva inflitta;

2) i **permessi premio**, previsti dall'art. 30-*ter* ord. penit. – peraltro, evocati nell'art. 19, comma 6, d.lgs. n. 121 del 2018 [33] –, concedibili per consentire di coltivare interessi affettivi, culturali o di lavoro, al condannato non socialmente pericoloso che abbia tenuto una regolare condotta; a seconda che il condannato sia maggiorenne o minorenne, la durata non può superare, rispettivamente, **ogni**

---

[33] Secondo la citata disposizione, per il condannato ristretto nell'istituto penitenziario, sono «favorite le visite prolungate per i detenuti che non usufruiscono di permessi premio». Giova precisare che un riferimento a tale beneficio era contenuto, altresì, nell'art. 2, comma 3, d.lgs. n. 121 del 2018: la disposizione, che precludeva al minore e al giovane adulto condannato per taluni delitti particolarmente gravi, indicati nell'art. 4-*bis* ord. penit., di fruire delle misure penali di comunità, dei *permessi premio* e dell'assegnazione al lavoro esterno, è stata dichiarata incostituzionale nel 2019. Sul punto, cfr. *retro*, § 4.

volta, **quindici** o **trenta giorni** e, complessivamente, **quarantacinque o cento giorni**;

3) la **riabilitazione speciale** di cui all'art. 24 R.d.l. n. 1404 del 1934, che può essere concessa al minore degli anni diciotto e al giovane adulto (che non sia sottoposto ad esecuzione di pena o di misura di sicurezza), per i fatti commessi dal minorenne, quando il condannato sia completamente emendato e degno di essere ammesso a tutte le attività della vita sociale. La misura **fa cessare le pene accessorie** e tutti gli altri effetti previsti da leggi e regolamenti penali, civili e amministrativi, con la sola eccezione delle limitazioni stabilite per la concessione della sospensione condizionale della pena e del perdono giudiziale.

Peraltro, che la **liberazione condizionale** e, in generale, le «**altre misure alternative**» alla detenzione siano benefici destinati a convivere nel sistema di esecuzione penitenziaria minorile è confermato dall'**art. 1-*bis*** d.lgs. n. 121 del 2018 – introdotto, come si è detto[34], dalla Riforma Cartabia – che contiene un **esplicito richiamo** a tali istituti: più precisamente, l'inedita disposizione, nel ribadire l'accessibilità ai **percorsi riparativi** «in qualsiasi fase dell'esecuzione», ne prescrive l'incidenza sullo stesso segmento in termini **esclusivamente positivi**, imponendo al giudice l'onere di valutare la partecipazione ai programmi e l'eventuale esito riparativo raggiunto «ai fini dell'adozione delle misure penali di comunità, delle **altre misure alternative** e della **liberazione condizionale** [...]».

---

[34] Cfr. *retro*, § 3.

DOMANDE "TIPO" IN TEMA DI PROCESSO PENALE MINORILE

1. Quali sono le fonti nazionali del diritto penale minorile?
2. Quali sono le fonti internazionali in materia di giustizia penale minorile?
3. La Direttiva (UE) 2016/800 è stata recepita dall'Italia?
4. Quali sono i principi della giustizia penale minorile? In cosa consiste la specializzazione del giudice, del pubblico ministero e della polizia giudiziaria?
5. Come si determina la competenza per territorio del giudice minorile?
6. Per i minorenni opera il criterio della competenza per connessione *ex* art. 12 c.p.p.?
7. Chi è l'indagato? Chi è l'imputato?
8. Che cos'è l'imputabilità?
9. Il minorenne non imputabile può essere sottoposto al procedimento penale?
10. Cosa sono gli accertamenti sulla personalità? Da chi possono essere disposti?
11. Cosa significa *favor minoris aetatis*?
12. Perché nel processo minorile non può essere esercitata l'azione civile?
13. Qual è la differenza fra difensore di fiducia e difensore d'ufficio? Il difensore di fiducia del minorenne deve essere specializzato?
14. Quali sono le funzioni dei servizi sociali minorili? Quali sono le funzioni dei genitori e degli esercenti la responsabilità genitoriale? In quali casi la persona idonea subentra all'esercente la responsabilità genitoriale?
15. Cosa sono le indagini preliminari e quali sono le finalità?
16. Quali sono i presupposti applicativi delle misure cautelari minorili? Quali sono i criteri applicativi? Al minorenne si applicano gli artt. 273, 274 e 280 c.p.p.? Al minorenne si applicano le presunzioni *ex* art. 275 c.p.p.?
17. Quali sono le differenze tra le misure precautelari ordinarie e quelle minorili?
18. Il G.U.P. minorile è monocratico o collegiale? Perché?
19. Come si può concludere l'udienza preliminare minorile? Quali sono state le modifiche apportate all'art. 32 l.m. dalla Corte costituzionale e dal legislatore?
20. Qual è il rapporto tra opposizione e consenso? Verso quali pronunce può essere proposta l'opposizione? Chi può proporre l'opposizione? Chi decide?

21. Cos'è il perdono giudiziale? Quali sono le norme di riferimento? Quali sono i presupposti espliciti? E quelli impliciti? Sono previste cause ostative? In quali fasi del procedimento può essere disposto?

22. Cos'è la sentenza di non luogo a procedere per irrilevanza del fatto? Quali sono le norme di riferimento? Quali sono i presupposti espliciti? E quelli impliciti? In quali fasi del procedimento può essere disposto?

23. Cos'è la "messa alla prova"? Quali sono le norme di riferimento? Quali sono i presupposti espliciti? E quelli impliciti? Sono previste cause ostative? In quali fasi del procedimento può essere disposta?

24. Cos'è il percorso di rieducazione del minorenne? Quali sono le norme di riferimento? Quali sono i presupposti espliciti? E quelli impliciti? Sono previste cause ostative? In quali fasi del procedimento può essere disposto?

25. Cos'è la mediazione? Cos'è la giustizia riparativa?

26. Quale giudice può pronunciare la sentenza di condanna a pena pecuniaria o pena sostitutiva ridotta?

27. Si possono applicare al minorenne i procedimenti speciali? Se sì, quali? E quali sono i presupposti?

28. Nel processo penale minorile opera il principio di pubblicità?

29. Il dibattimento può essere celebrato "a porte aperte"? Nel processo minorile si applicano nei confronti del minore imputato le regole della *cross-examination*?

30. Cosa significa "doppio binario"?

31. L'esercente la responsabilità genitoriale può impugnare la sentenza?

32. Quali sono le pene sostitutive applicabili al minorenne?

33. I provvedimenti che riguardano il minorenne devono essere iscritti nel casellario giudiziale?

34. Si possono applicare al minorenne le pene accessorie?

35. Quali sono le differenze, sotto il profilo qualitativo e quantitativo, delle pene applicabili al minorenne rispetto a quelle applicabili all'adulto?

36. Quali sono le misure di sicurezza applicabili al minorenne e quali sono i presupposti applicativi?

37. Quale legge disciplina l'esecuzione penale minorile? Quali sono i principi fondamentali? A quale organo giudiziario è attribuita la competenza?

38. Cosa sono e quali sono le misure penali di comunità? Qual è il procedimento applicativo?

39. Quali sono le regole che disciplinano la detenzione nell'I.P.M.?

40. In quali casi la disciplina del d.lgs. n. 121 del 2018 non si applica al giovane adulto?

41. In quali casi il giovane adulto può essere trasferito dall'I.P.M. all'istituto penitenziario per gli adulti?

Finito di stampare nel mese di aprile 2025
nella Stampatre s.r.l. di Torino – Via Bologna, 220